Homo exul

Homo exul

Cómo el hombre perdió su naturaleza y conoció la violencia

James Hamilton

Papel certificado por el Forest Stewardship Council®

Primera edición: junio de 2025

© 2025, James George Hamilton Sánchez
© 2025, Penguin Random House Grupo Editorial, S.A.U.
Travessera de Gràcia, 47-49. 08021 Barcelona

Penguin Random House Grupo Editorial apoya la protección de la propiedad intelectual. La propiedad intelectual estimula la creatividad, defiende la diversidad en el ámbito de las ideas y el conocimiento, promueve la libre expresión y favorece una cultura viva. Gracias por comprar una edición autorizada de este libro y por respetar las leyes de propiedad intelectual al no reproducir ni distribuir ninguna parte de esta obra por ningún medio sin permiso. Al hacerlo está respaldando a los autores y permitiendo que PRHGE continúe publicando libros para todos los lectores. De conformidad con lo dispuesto en el artículo 67.3 del Real Decreto Ley 24/2021, de 2 de noviembre, PRHGE se reserva expresamente los derechos de reproducción y de uso de esta obra y de todos sus elementos mediante medios de lectura mecánica y otros medios adecuados a tal fin. Diríjase a CEDRO (Centro Español de Derechos Reprográficos, http://www.cedro.org) si necesita reproducir algún fragmento de esta obra.
En caso de necesidad, contacte con: seguridadproductos@penguinrandomhouse.com

Printed in Spain – Impreso en España

ISBN: 978-84-19642-98-1
Depósito legal: B-6.354-2025

Compuesto en M. I. Maquetación, S. L.

Impreso en Black Print CPI Ibérica
Sant Andreu de la Barca (Barcelona)

C642981

*A Valérie y a mis seis hijos;
ellos representan mi humanidad.
A ellos quiero dejar este vaso roto que hoy
ya puede llenarse de agua sin derramar
tristeza ni resentimiento*

Índice

Introducción 9

1. Bajo la piel 17
2. Rumbo al Vaticano 28
3. Trauma 35
4. Los primeros pasos: Ausangate y Amazonas 45
5. De vuelta al diván 58
6. Daño en evolución 67
7. Eventos adversos durante la infancia 74
8. Si Darwin hubiese sabido 81
9. Orígenes 89
10. Vitaminas y ácido úrico 100
11. Cambios en el ADN y epigenética 111
12. Una historia de abejas 128
13. Los cuatro componentes de las especies
    y la microbiota 135
14. Las hormonas del comportamiento 149
15. *Homo exul* 161
16. Se hace camino al andar 173
17. Reproducción e hibridación del *Homo* 187
18. Cazadores-recolectores: las revelaciones
    de Abu-Hureyra 199
19. Un planeta peligroso 207

20.	Fuego del cielo	216
21.	El impacto de Abu-Hureyra	226
22.	El trauma individual y colectivo	239
23.	La expulsión del edén: la revolución agrícola	250
24.	La violencia	264
25.	Los machos	278
26.	La mujer y los niños	281

Epílogo	285
Notas	289

Introducción

Este libro, *Homo exul*, es consecuencia de una pregunta que no me atreví a esbozar en mi mente durante mucho tiempo, tampoco en terapia. No me era posible, pues su respuesta resultaba en aquel entonces demoledora: «¡Me lo merecía! ¡Yo lo había provocado!». No valía la pena formularla. Al pasar el tiempo, y a medida que la terapia progresaba, empecé a verme como una persona, un ser humano digno, y fui descubriendo que aquella pregunta inimaginable por fin se podía enunciar. Eran muchas las respuestas, muchas opciones, muchos errores. Y de pronto, un día de paz, conseguí preguntarme: «¿Por qué fui abusado?».

No pude detenerme; el mero hecho de buscar una explicación me llevaba a otras preguntas que no era capaz de contestar. Así comencé a abrir puertas desconocidas que dejaban entrar una luz tenue en un laberinto tan complejo como la condición humana. Al principio no lograba hilar las explicaciones, los libros que leía solo describían el fenómeno (si se puede llamar así) y sus consecuencias, pero al hablar del origen siempre hacían referencia o a la «condición humana» o a teorías del mal y de su presencia en él. Pero ¿qué era la «condición humana»? ¿Se refería acaso a esa sombra que forma parte de todos nosotros y que esconde debilidad, inseguridad, ansia de poder, perversión, sometimiento, agresividad sexual y violencia? Claramente, recurrir a una palabra como «condición» hace que, de alguna manera, estas «imperfecciones» sean percibidas como inherentes a nuestra especie, y apelar a los mitos de la eterna lucha entre el bien y el mal es como someterse a un titiritero siniestro que mueve los hilos de nuestra vida.

Durante mucho tiempo encontraba explicaciones y ejemplos que no iban al centro del problema, que no aclaraban por qué la persona que abusó de mí no fue capaz de considerarme un prójimo. ¿Por qué no fui visto como alguien digno, merecedor de respeto y solidaridad? ¿Qué profunda necesidad lo llevó a buscar mi sometimiento total? ¿Por qué quien se había comprometido a ayudar a sus semejantes terminaba usándolos para propósitos que ni siquiera él comprendía? Entonces decidí reunir fuerzas para recorrer un camino desconocido e incierto. Poco a poco me fui dando cuenta de que, para transitarlo, sería necesario responder también a otras cuestiones: ¿qué me había hecho, a ojos de este depredador, una víctima potencial? ¿Por qué no había sucumbido a las consecuencias del abuso? ¿Qué impidió que condujese mi coche hacia un despeñadero o, sencillamente, apoyase el cañón de una pistola en mi sien?

Trataba de entender el origen de la violencia, de la guerra, del abuso en todas sus formas, la fuente de la rabia y la envidia. Necesitaba contar por qué la profunda capacidad social de los seres humanos, caracterizada por la práctica del cuidado, que les permitiría sobrevivir como especie durante cientos de miles de años, desencadenó en descuido, negligencia, agresión y sometimiento. Si nos remitimos a la imagen del cavernícola con el mazo, vemos que es una caricatura que normaliza de manera inconsciente tanto el carácter violento del ser humano como el avance de la sociedad. ¿Y si esto fuese una falacia? ¿Y si lo real fuese todo lo contrario y la caricatura apropiada fuera la de un soldado contemporáneo armado hasta los dientes? No sería tarea fácil demostrarlo, y nunca imaginé que el camino me iría desvelando una explicación lógica que se identifica con el periodo de nuestra evolución en el que todo cambió, en el que el ser humano dejó de ser *Homo sapiens*, un ser que formaba una unidad indivisible con el medioambiente. Un momento de nuestra historia en el que se inició lo que algunos consideran la sexta extinción planetaria.

A lo largo de estas páginas explicaré algo que hace algún tiempo me parecía imposible de entender: ¿por qué, en un momento preciso de la historia de la humanidad, un grupo de seres humanos dejan de reconocerse a sí mismos y dejan de ver a los demás como al prójimo? ¿Por qué el ser humano «civilizado» pasa de tener un comportamiento hipersocial y colaborativo, durante el 99 por ciento de nuestra evolución de varios millones de años, a actuar de manera violenta, renunciando a las conductas que le permitieron sobrevivir como especie? A diferencia de lo que la caricatura del cavernícola sugiere, la inteligencia social, el conocimiento del medioambiente, el cuidado y la colaboración son las principales características de nuestros antepasados. Nunca estuvimos «predestinados» a la enfermedad, y la mayoría de las dolencias que hoy nos afectan se originaron en las lentas y dolorosas consecuencias del proceso evolutivo y no están determinadas por nuestros genes.

Quiero compartir el mapa de esta ruta personal, y a pesar de que sé que ninguna vivencia es igual a otra, creo que los conceptos fundamentales aquí expresados harán eco en el corazón del lector y quizá representen una gota de alivio a la sed de sentido que todos tenemos. Este será un camino distinto, original, incluso creo que valiente, nunca antes transitado. Soy consciente de que seguir las ideas de esta narración a veces podrá resultar un poco árido, y aunque quizá no se entiendan todos los términos técnicos, intentaré despojarlos del peso científico para darles sentido y hacerlos más cercanos a todos. Así pues, el lector percibirá una trenza en la que se entretejen mi experiencia personal, mis reflexiones y las bases del argumento científico que dará sustento a las claves para desentrañar un misterio hasta ahora no resuelto acerca de nuestra «condición» humana.

Esta es una historia real miscelánea y multifacética que surge de la vida misma, de mi vida. No es una autobiografía, pues incorpora una nueva mirada objetiva del mundo que nos rodea y del cual formamos parte. Mi relato es un grito de supervivencia que brota de lo profundo de mi corazón y es mi legado de amor y gratitud al mundo. Sin duda no ha sido un sendero fácil de transitar, algunas veces incluso se ha mostrado feroz, pero recorrerlo me ha permitido repararme y sanar. Tal vez mi experiencia y mi investigación me brinden la oportunidad de acompañar a otros, como si fuera un antiguo chamán que desciende con ellos a los submundos del dolor para ofrecerles un derrotero distinto, quizá una posible salida. No es un libro de recetas ni de fórmulas mágicas, sino el intento de comprender nuestra interacción permanente con el medioambiente, que no se limita a los bordes del planeta y la atmósfera, sino que abarca al sistema solar y al universo que nos contiene.

A lo largo de estas páginas descubriremos que las enfermedades crónicas son una condición nueva, y que envejecer por el deterioro progresivo de nuestras capacidades se corresponde con un fenómeno ocurrido en la era agrícola como consecuencia de los cambios alimentarios y sociales. Si contemplamos de manera integral la historia de nuestra evolución comprenderemos los desvíos que hemos tomado en el camino e identificaremos aquellos cambios de rumbo que nos han alejado del proceso natural que comenzó con el Big Bang. Así, sabremos entender que han sido las modificaciones introducidas por el hombre —tanto en la dieta como en el medioambiente— las que han generado gran parte de las enfermedades crónicas e infecciosas que hoy padecemos. Sin embargo, al contrario de lo que se cree, no fueron decisiones pensadas o planificadas, sino la consecuencia de desastres globales que obligaron al ser humano a hacer uso de su máxima capacidad de adaptación para sobrevivir a la extinción. No obstante, tal capacidad ha tenido repercusiones, dado que las soluciones implementadas en una época determinada, en especial con la introducción del cultivo de cereales, fueron el germen de la aparición de las ciudades, que en conjunto han sido el origen de las principales causas de muerte tanto de un gran número de especies animales como de poblaciones humanas alrededor el mundo. Muchos pensarán que tal grado de mortalidad es el producto solo de la densidad poblacional, las infecciones, la contaminación, la alimentación y el sedentarismo, pero lo cierto es que la principal variación provocada por la llamada «revolución agrícola» fue el cambio en el comportamiento humano, que daría paso a una amplia gama de violencias, abusos y guerras.

Esto no fue solo un subproducto de la cultura emanada del nuevo estilo de vida, sino la consecuencia de la interrupción de procesos fundamentales del desarrollo neurobiológico y social del ser humano establecido durante millones de años de evolución. No fue el «pecado original» cometido por Adán y Eva lo que introdujo el mal en el mundo, fueron los cambios de los procesos evolutivos naturales que se dieron como respuesta de supervivencia en algunas poblaciones de Oriente Próximo, los cuales, además, alteraron la fertilidad femenina, el desarrollo social y las poblaciones de *Homo sapiens*.

La mayoría de las enfermedades que hoy nos azotan son producto de la propagación de este fenómeno por el planeta mediante las invasiones y el colonialismo de los últimos cinco mil años. Los componentes nutricionales que conforman más del 70 por ciento de la dieta occidental constituyen los ingredientes principales que conducen a la obesidad, la diabetes, el cáncer, el asma y a las enfermedades cardiovasculares, reumatológicas, autoinmunes o degenerativas como el alzhéimer y el párkinson. Menos del 10 por ciento de las enfermedades están determinadas por la herencia genética. La principal fuente de enfermedad es nuestro ambiente y nuestro estilo de vida.

Es un hecho verificado que el ser humano puede vivir con salud y claridad mental más de cien años. Ejemplo de ello son las denominadas *blue zones*, o «zonas azules», esto es, ciertos lugares del mundo donde se encuentran personas que superan con facilidad esa edad. Lamentablemente, múltiples factores de la vida moderna, entre ellos la inequidad, la concentración de población, el estrés y la desconexión con la naturaleza han llevado a que en el resto del planeta el promedio de vida no supere, en la mayoría de los casos, los ochenta años de edad. Las claves reales de la salud y de la calidad de vida no se encuentran en ninguna de las recetas milagrosas, tan en boga en nuestros días, sino en entender que los seres vivos dependemos los unos de los otros y del ambiente. En este sentido, iremos descubriendo que el tiempo es clave en la adaptación evolutiva de nuestros sistemas biológicos y que no podemos alterar un proceso natural sin pagar un precio por ello.

En este viaje visitaremos la sierra de los Andes y los cauces de los ríos de la selva amazónica, donde no existían las enfermedades crónicas hasta la llegada del hombre occidental y donde la medicina se basa en una comunicación íntima, ancestral e intuitiva con la naturaleza de la que provenimos. La selva transforma su ensordecedor ruido primero en un canto, luego en un lenguaje y, por último, en una fuente de conocimiento que algunos entienden y distinguen como la base de la salud. En esta travesía, tan personal como profesional, me propongo explicar por qué el deterioro crónico de nuestra salud está inevitablemente asociado a la presión alimentaria que, desde hace más de siete milenios, no solo cambió el orden evolutivo del planeta, sino también de nuestro propio camino como especie. Tal presión sentó las bases de la economía, del lenguaje y las matemáticas, además de provocar guerras, esclavitud, enfermedad, así como el sometimiento de la mujer y la segregación de los sexos. Esta nueva alimentación occidental (nueva, pues es de origen antropogénico, definida por el hombre) no es más que un proceso agroindustrial asociado al poder y al control que los seres humanos ejercen sobre la tierra.

INTRODUCCIÓN

Hoy es difícil predecir nuestro futuro, pues hemos alterado el ecosistema que nos rodea de manera radical. Por primera vez en la historia del planeta una especie se atribuye el poder y el dominio sobre todo lo viviente, las aguas, la tierra, la atmósfera e incluso el espacio exterior. El cambio en la alimentación generará la transformación del medioambiente al que estamos expuestos, enrareciendo sus cualidades, provocando una poda de nuestras capacidades físicas y mentales, restándonos años y (lo que a mi entender es igual de importante) calidad de vida.

Se trata de entender que ya no somos ese *Homo sapiens* que dejó huellas artísticas en diversas cavernas de Europa y que pobló gran parte del planeta. Hoy somos otra especie con características distintas, una variación evolutiva más agresiva y menos colaborativa que algunos autores han llamado *Homo bellicus*. Somos una especie que sufrió una cuasi extinción masiva y que, gracias a sus capacidades y resiliencia logró sobrevivir, pero a un coste notable (desconexión con la naturaleza, desconocimiento de nosotros mismos y de nuestros semejantes), reemplazando la cooperación propia del *Homo sapiens* por el egoísmo, la competencia y la rivalidad. Estos cambios del comportamiento solo han sido evidentes en los últimos once mil años, y tienen el origen biológico en una catástrofe ambiental que generó terror, trauma y hambruna, y que transformaría nuestra relación con el mundo. Y cual maldición bíblica, esto significó nuestra expulsión del edén.

1

Bajo la piel

Siento la necesidad de comenzar este libro con un relato personal. No puedo hacerlo de otra manera, pues mi historia está íntimamente entrelazada con el origen de esta exploración y con las cicatrices que me dejaron los traumas y eventos adversos de mi infancia y adolescencia. Nací el 18 de octubre de 1965 en Santiago de Chile, en el extremo sur del mundo. Soy el mayor de tres hermanos: Philip, un año y nueve meses menor que yo, y Consuelo, con casi cinco de diferencia. Los primeros ocho años de mi vida fueron muy felices; era una época en la que se podía jugar al fútbol en las calles del barrio, pues la frecuencia con la que pasaban los automóviles permitía varios minutos de juego ininterrumpido. Y, de hecho, lo usual era que se detuvieran para que pudiéramos recoger la pelota y luego se marchaban lentamente mientras seguíamos con nuestro partido, «chuteando tiros» a los arcos hechos con ladrillos o piedras sobre el asfalto. Jugar con los vecinos y recorrer las calles de nuestra comuna en bicicleta hasta el anochecer era lo normal. Los días estaban llenos de aventuras y, por supuesto, no faltaban las travesuras.

Desde mi casa puedo ver la silueta de un antiguo volcán que divide en dos la ciudad, el cerro Manquehue. Vivimos en un barrio acomodado, lleno de niños con los que jugamos hasta la hora en que mi madre sale a la calle a avisarnos de que la cena está lista. Las referencias cardinales son fáciles gracias a una cordillera llena de glaciares, al este. Aún quedan quebradas y laderas semivírgenes en las faldas de la precordillera, cubiertas con la flora endémica milenaria.

Estudio en el Liceo Francés Saint Exupéry, donde aprendo a observar el mundo. No a mirarlo distraído, sino a fijar la vista y a asombrarme de las maravillas que me rodean. Durante la primavera de septiembre de 1973, en la mañana del martes 11, antes de desayunar, escucho por primera vez el estruendo de motores mucho más potentes que los de los automóviles y las motos antiguas que circulan por el barrio. Al salir a la calle me encuentro con mi amigo Andrés, que vive en la acera del frente. Juntos vemos pasar y oímos rugir los aviones. Impresionante: un escuadrón de Hawker Hunter de la aviación chilena se dirige a lo que nos parece es el centro de la ciudad. A los pocos segundos oímos las detonaciones a lo lejos y veo a mi padre corriendo hacía mí para llevarme dentro de casa. Ese día y los siguientes se suspenden las clases en todos los colegios del país.

La semana siguiente regreso al Liceo, algunos de mis compañeros ya no están. Nadie conoce su paradero. De hecho, por muchos años no sabré de ellos. Mis vecinos, hijos de funcionarios de la embajada de Suecia, tampoco están. Mi amigo de la esquina, con el que jugaba a armar monstruos prehistóricos de Lego, también se ha ido. La vida del barrio continúa con normalidad aparente, pero nada volverá a ser lo mismo.

A mis nueve años, todo empieza a cambiar. Los fines de semana me despierto con los gritos de mis padres, que están en la habitación contigua. La alarma y el miedo que me generan me confunden profundamente. Su separación poco amistosa es una espada que me atraviesa el corazón, y que nadie puede sacar. Al poco tiempo aparecen la nueva esposa de mi padre y el nuevo novio de mi madre. Debo acostumbrarme a la presencia de ambos. No sé lo que sienten mis hermanos ante la separación, pero me propongo evitarles más sufrimiento. Mi madre se encarga de nuestra manutención. Con su trabajo y la ayuda de mi abuela logramos sobrevivir.

Es la madrugada del 1 de enero de 1977. Hace calor, y estoy en el dormitorio que comparto con mi hermano. Vemos a Steve McQueen en la película *El Yang-Tsé en llamas*. Pienso en lo maravilloso que sería ver esa película en color. Hace poco que he descubierto que existen televisores en color y ansío encontrar uno. Hemos pasado la tarde del 31 de diciembre con mi padre volando aviones de aeromodelismo en un parque junto al hotel Sheraton de Santiago. Nos ha dejado en casa a la hora de la cena. Los niños siempre comemos aparte en la cocina, y esa víspera de año nuevo no es una excepción. Como premio, mi madre ha conseguido pavo asado con puré de manzanas. Todo un manjar en un año en el que la adaptación al nuevo presupuesto familiar nos ha generado ciertas estrecheces.

Mi madre, de veintiocho años, y su novio de cincuenta y tres siguen en el comedor de la casa junto con la tía Constance y algunos amigos. Mi hermano duerme profundamente. En la habitación contigua, mi hermana pequeña también.

Pocos minutos antes de las dos de la mañana —casi en sincronía con una escena de acción en la popa del barco— escucho un estrépito que enmudece el televisor. Proviene de la zona del comedor y la cocina. Es un estallido impresionante, seguido por gritos de horror y desesperación, que choca con el silencio de la madrugada. Mi madre grita de una manera que no conocía. No logro entender lo que dice, o simplemente lo guardo en el olvido. Estupefacto, temblando de miedo, veo que mi hermano despierta sin entender lo que sucede. Intento calmarlo y espero que algún adulto aparezca por la puerta. No sé si mi hermana se ha despertado. Por fin aparece mi madre, bañada en lágrimas, con mi hermana. Nos pide que salgamos de la habitación porque las bombonas de gas de la cocina han estallado. Aterrados, esperamos a que lleguen los bomberos y nos aprestamos a huir del fuego que debía de haberse iniciado en esa zona de la casa. Pero no hay sirenas, ni humo, ni fuego. Solo el llanto inconsolable de mi madre, que se escucha a lo lejos. Un olor familiar que no logro distinguir flota en el aire.

En la entrada de casa está estacionado un vehículo de Carabineros. Mi madre nos pide que subamos al Fiat 600 que nos regaló nuestra abuela, y comenzamos a recorrer las calles del barrio de Vitacura. Finalmente nos deja en la casa quinta de nuestros primos del sector de San Damián. Lo sucedido me impide dormir. En los días siguientes, un silencio propio de las familias chilenas acomodadas caerá como un grueso manto. No se dará explicación alguna.

Mi madre está taciturna y silenciosa. Su belleza de siempre contrasta con una sombría mirada, perdida en un mar de sentimientos, preocupaciones y dudas. Es una tarde de sol, y paseamos por el jardín para luego ir a recolectar frambuesas al huerto. Mientras caminamos por los surcos de regadío, sin mucho preámbulo se decide a narrarme los hechos: «Tu padre mató a Juan», dice. Yo escucho, sin entender, en silencio. No soy capaz de organizar la información ni de medir el impacto. Al verme atónito se acerca a una rama con frambuesas maduras y me las entrega para continuar con su relato.

Ese día de fiestas, mi padre, borracho y en un arrebato desquiciado de celos, entró por el jardín de casa con una escopeta del calibre doce. El ventanal del comedor estaba a medio abrir. Sin previo aviso y sin mediar palabra, a menos de dos metros de distancia, lanzó un tiro certero al cuerpo de Juan, el novio de mi madre. La muerte fue inmediata. El estallido que oí esa noche no había sido una explosión de gas sino la pólvora en los cañones del arma de caza. Ahora entiendo por qué aquel olor que impregnaba el vestíbulo de nuestra casa, mezclándose con el aire caliente de aquella noche, me era tan familiar. Más de una vez había acompañado a mi padre a cazar tórtolas y, como buen sabueso, recuperaba las presas caídas durante las cacerías en los campos de trigo del sur de Chile.

El olor a pólvora quemada no se me olvidaría nunca.

Así entré en la preadolescencia. En un abrir y cerrar de ojos me convertí en el hijo de un asesino. Sin darme cuenta iría desarrollando la actitud subconsciente de intentar borrar las huellas de ese acto, de generar una identidad propia, desvinculada de mi padre. Una vida en busca de pertenencia y aceptación. Un esfuerzo agotador por agradar, destacar y ser reconocido.

Naturalmente, no era consciente de que estas experiencias tendrían su coste, y de que iría acumulando lo que hoy sabemos que son factores traumáticos que dejan marcas indelebles y profundas en nuestro cuerpo. Estaba respondiendo a un fenómeno de estrés generalizado y persistente que se denomina «estrés postraumático crónico». Me sentía cada vez más aislado y distinto, particularmente solo. Muchos años después descubriría que la expresión «calar hasta los huesos», en referencia a una experiencia tan intensa e imposible de olvidar, también podía aplicarse a las marcas que estos eventos adversos dejarían en mis genes y mi salud.

Con mi padre en la cárcel, y el sentimiento de que me había convertido en el hombre de la casa, se estableció una especie de pacto de silencio entre mis hermanos, mi madre y yo. No se hablaría más de lo acontecido ni de mi papá.

La vida transcurría con relativa calma y la rutina escolar ayudaba a crear un clima de normalidad. Al terminar el colegio apareció un nuevo desafío, también motivo de estrés: definir a qué quería dedicarme el resto de mi vida. De manera un poco impulsiva decidí que estudiaría Medicina. Nunca me arrepentí de aquella decisión. Deseaba dedicarme a los demás y ayudar a sanar. Posiblemente fuera una forma profunda y subconsciente de reparar el daño que había hecho mi padre y, como comenta

Alice Miller en *El drama del niño dotado y la búsqueda del verdadero yo*, una forma de ser aceptado y querido.

Con esta configuración mental, a mis diecisiete años, recién ingresado en la universidad y un poco perdido y sin rumbo, me invitaron a formar parte de una agrupación de estudiantes en la parroquia El Bosque, la más conservadora e influyente de Santiago y también de Chile. Solo admitían a los hijos de la *high society* chilena. Eran reclutados por un grupo numeroso de proselitistas religiosos que configuraba Acción Católica, un movimiento juvenil fundado por el sacerdote Alberto Hurtado (santo de la Iglesia católica) en 1950, y que por razones desconocidas aún perduraba en esa parroquia. Fue allí donde, bajo el régimen del Gobierno militar, surgieron parte de las vocaciones sacerdotales que cambiarían el rumbo de la Iglesia del país. El sacerdote encargado de esa parroquia y de su asociación juvenil sería conocido años después como el Señor de los Infiernos.

Todo comenzó con la invitación de una alumna de Medicina a participar en charlas de ética cristiana. Fue una luz de esperanza frente a mis muchas preguntas y pocas respuestas, que me llevó a caer en la red tejida por uno de los peores abusadores que ha sufrido la Iglesia católica. Nunca había formado parte de ningún grupo parroquial. Todo era nuevo, y viví con mucha alegría la experiencia de pertenecer y ser reconocido no como «hijo de», sino como un integrante de más una pandilla de jóvenes que aspiraban a cambiar el mundo.

La comunidad juvenil de la iglesia del Sagrado Corazón El Bosque, bautizada así por la calle en la que se encontraba, fue creada a finales de los años sesenta y principios de los setenta por un sacerdote que se decía discípulo predilecto de san Alberto Hurtado. A diferencia de Hurtado, gran defensor de las reformas sociales en Chile, su «discípulo», Fernando Karadima, era radicalmente conservador y ferviente partidario tanto del general Pinochet como del golpe militar de 1973.

Karadima gozaba de todo el apoyo del Gobierno y mantenía una oposición férrea a la defensa de los derechos humanos que ejercían otros sacerdotes chilenos. En ese momento tan crítico de la historia de nuestro país, alababa las acciones del Gobierno durante sus prédicas. Con el tiempo se había erigido como líder espiritual y moral de la clase alta santiaguina.

Nunca sospeché que ese sacerdote me conocía y conocía mi pasado. Seguramente, durante semanas, mientras yo meditaba en una capilla lateral por las tardes, fui foco del ojo escrutador de quien se convertiría en un depredador. Fernando Karadima se ofreció como guía espiritual y confesor, y poco a poco se fue apoderando de mi voluntad. Allanó el terreno para dar el golpe definitivo, y abusó de mí físicamente. El estupor que me produjo este primer acto me provocó tal *shock* que cualquier atisbo de resistencia se desvaneció en la confusión y el dolor. El periodo de sometimiento psicológico que precedió al primer ataque me dejó vulnerable a que se repitiera durante años.

A pesar de todo, me esforzaba en mantener mis estudios de Medicina y conservar la cordura. Como a todo en la vida, me iba adaptando, o eso creía. Me desempeñé como dirigente del grupo de universitarios de dicha parroquia y, tras lograr mi título profesional, seguí trabajando en la «evangelización» de jóvenes. No veía gran peligro para ellos, pues en mi inocencia pensaba que esos actos abusivos no se repetían con otras personas, y creía que quizá estos nuevos participantes podrían avanzar en una vida espiritual más plena. Años después algunos se ordenarían sacerdotes.

Sin embargo, yo nunca podría ser sacerdote, pues era imposible que alguien en ese torbellino de abusos cumpliera los requisitos para recibir o responder a la vocación religiosa o sacerdotal. Por otro lado, la idea de que en mí se alojaba alguna condición oscura que provocaba una atracción maligna no dejaba de repetirse en mi mente, pues qué otra explicación podía haber para que un santo varón como Karadima no pudiera resistirse y abusara de mí sexualmente. Es importante entender que, según la concepción católica, el demonio y sus poderosos efectos son permanentes adversarios que intentan impedir que alcancemos la santidad. Los ingredientes psicológicos con los que se «cocinaban» los sometimientos y abusos en aquella parroquia hundían sus raíces en las vidas de santos, de las que se resaltaban actos irracionales de obediencia y sometimiento. Todo era posible en esa lógica. El demonio nos tentaba; al fin y al cabo, las «debilidades» eran parte de la condición humana tras el pecado original, las faltas nos hacían reconocer nuestra imperfección y el amor incondicional de Cristo las limpiaba en el océano de su misericordia a través de la confesión. Círculo del abuso cerrado. Trampa perfecta. El condimento final era el secreto: nadie podía comentar con los demás las conversaciones o actividades con el cura. Peor aún: él era el confesor y director espiritual de todos, por lo que sabía y controlaba todo. Estas dinámicas perversas hoy se repiten en muchas parroquias católicas, en seminarios de formación sacerdotal y en conventos y congregaciones religiosas.

Aunque parezca increíble, una luz de racionalidad y sentido común hizo que me propusiera formar una familia. Poco o nada sabía yo de esa tremenda labor, y menos que se requerían una serie de condiciones humanas para lograrlo. Los tres hijos maravillosos que tuve con mi primera mujer sufrieron las consecuencias de un padre desadaptado y atormentado. Como marido era incapaz de articular la complicidad necesaria en la pareja, y las normas que me imponía el cura incluían contarle los detalles de mi vida personal y familiar. Uno de los requisitos para casarme era que mi mujer también se confesara con él y lo aceptara como guía espiritual. Finalmente era una especie de *affaire* a tres. Este control no era solo con nosotros: había muchísimos matrimonios sometidos por Fernando Karadima. Por supuesto también controlaba las economías familiares, y con ello iba creando un pequeño imperio económico.

No resistí. Antes de los cuarenta años mi mente y mi cuerpo se derrumbaron.

Me cuesta dormir. En ciertos momentos mi respiración se detiene, como si alguna fuerza externa me estrangulase y no pudiese oponer resistencia. Por la mañana me despierto abatido, con un cansancio inexplicable que me persigue durante el día y que me hace buscar nuevamente ese sueño perdido en el que regresa la asfixia. Es un círculo vicioso. Poco a poco empiezo a ganar kilos y sufro frecuentes esguinces de tobillo a causa de la inestabilidad al caminar, producto de la somnolencia y el exceso de peso.

Pierdo el ánimo y el sentido. Toda esperanza de vida libre y digna se esfuma. La alegría que me había acompañado en los inicios se desvanece, cubierta por niebla y oscuridad. En momentos como esos no es extraño que fantasee con quitarme la vida. Aunque en mi caso no es más que una idea, para muchas personas, lamentablemente, es la única opción posible.

Al no poder escapar de la trampa del abuso psicológico, espiritual y sexual, mi sensación de angustia es tan intensa que solo otros dolores, incluso físicos, pueden aliviarme momentáneamente. La sensación de daño permanente recorre mi cuerpo y nubla mi mente. Esta tortura ya había causado irremediables estragos en mi salud, o por lo menos eso creía yo.

En el espejo veo a un ser desfigurado, cubista, sin sentido ni unidad. No sé en lo que me he convertido. Poco a poco voy perdiendo la noción de la realidad y se adormecen mis sentimientos. El coste fisiológico y vital es enorme. Empiezan las arritmias, los exámenes, las coronariografías, las hospitalizaciones y los medicamentos. Al parecer, el daño ya se ha instalado y poco se puede hacer para recuperar mi salud. Me ha tocado vivir una realidad perversa que mezcla religión, fe, ética, esperanza, obediencia, sometimiento, sexo y una promesa perdida. No puedo explicar cómo ni a través de qué mecanismos he llegado a tal grado de deterioro físico y psíquico. Tiempo después descubriré que si no hubiera hecho nada para remediarlo me exponía a perder hasta veinte años de vida.

Me invade una sensación de angustia desgarradora. Me siento un desecho, un algo, sin función ni sentido. Un desperdicio por reciclar. Las pesadillas me despiertan entre el ahogo y el sudor, hasta que en una madrugada de invierno finalmente me derrumbo. Son las cuatro. Un amigo y colega que vive en el mismo edificio reconoce mi número de teléfono en su móvil. Acude en mi ayuda. En pocos minutos estoy en la unidad coronaria de la misma clínica donde un tiempo después me despedirán por ser «un mal cristiano». Siento que por fin se acaba todo. Pienso que debo matar a Dios si quiero sobrevivir.

Escapo. Me separo de mi familia y me sumo en una profunda depresión potenciada por una culpa y un miedo inmensos. Culpa por traicionar a la Iglesia y también por destruir a mi familia. Me adentro en las tinieblas.

Cuando después de años por fin logré dimensionar el sometimiento al que estuve expuesto, tuve que enfrentarme a tres fantasmas que rondaban mi mente y que deterioraron de manera crítica mi bienestar: el primero fue la persistencia de la culpa. A pesar de haberme liberado persistía la sensación de traición, pues había renegado de «la familia» parroquial. Aunque entendía parcialmente los abusos a los que había sido sometido, para mí no era fácil distinguir entre el valor de la lealtad y obediencia hacia a ese cura y el valor de mi libertad. Sentía que estaba traicionando a Dios. Muchas veces pensaba que todo era culpa mía: «Seguramente había algo maligno en mí que tentaba al sacerdote y lo hacía caer», o simplemente todo era parte de las «pruebas» a las que Dios me sometía para demostrar mi fidelidad, como a Abraham, a sus designios y llamados. Si Dios era capaz de pedir la vida de un hijo, ¿por qué no haría lo mismo con mi voluntad? La deformación de la lógica de la obediencia llevada a una interpretación feroz y textual.

El segundo fantasma que me atormentaba era el miedo, el terror profundo frente a la posible condena de Dios por mi ingratitud y desobediencia a sus designios. El miedo a encontrarme por las calles de mi ciudad con el abusador u otros sacerdotes que habían surgido de esta incubadora artificial de vocaciones. Miedo a que persiguieran a mi familia, e incluso miedo a perder mi trabajo, lo que finalmente ocurrió.

El tercer fantasma con efecto devastador fue la desorientación. No sabía dónde estaba, ya no tenía la plataforma católica heredada de mis padres, en la que se estructuraban y sostenían mis creencias, lo que desencadenó una caída en barrena sin que hubiera nada a lo que aferrarme.

El responsable de este sufrimiento no soy yo, sino un perverso depredador que utiliza el poder de Dios y de la Iglesia para abusar y satisfacer sus desviaciones. Con el tiempo descubro que no soy la única víctima; hay cientos de jóvenes que han sufrido esta desoladora experiencia. Saber que no estoy solo tiene un efecto revelador: al parecer, no hay algo siniestro en mí que tentaba a un hombre santo. Karadima es un ser tenebroso que busca someter a jóvenes para utilizarlos en su afán de control y poder.

2

Rumbo al Vaticano

Es difícil entender que estos depredadores no sufren trastornos psiquiátricos graves, como la pedofilia, sino que padecen patologías o enfermedades del poder potenciadas por personalidades narcisistas originadas en infancias traumáticas carentes de cuidado y afecto, deformadas por una educación basada en una cultura represiva y opresiva. Con esto no quiero decir que no haya responsabilidad personal, sino que estos monstruos son hijos de nuestra sociedad y de nuestra cultura. Diferentes estudios indican que el promedio de edad de los sacerdotes abusadores es superior a los treinta y cinco años y, por lo general, no tienen antecedentes de haber abusado antes de su ejercicio sacerdotal.[1] No se han podido establecer patrones psiquiátricos que definan un perfil de tipo pedófilo entre ellos.

Mi experiencia en aquella parroquia tenía mucho más que ver con un fenómeno de sometimiento y subyugación que con el abuso meramente sexual. No todos los jóvenes éramos víctimas de este tipo de abuso, pero casi todos sí del psicológico. Tras nuestro caso fueron apareciendo muchos otros en diversas parroquias, movimientos católicos y congregaciones religiosas en las que se repetían los mismos mecanismos. No solo ocurrían en Chile, también en cualquier lugar del mundo donde hubiese presencia clerical vinculada a la Iglesia católica. Se trata de un estilo de construcción de poder en el que el abuso psíquico, espiritual y sexual es parte fundamental de determinados grupos que ven en la Iglesia una plataforma de dominación y sublimación para compensar estructuras de personalidad patológicas, y que pueden deformar y transformar a muchos de quienes son víctimas inconscientes de dicho peligro.

En mi mente se articulaba una analogía similar a la de las epidemias, en las que un agente infeccioso se dispersa por el mundo enfermando a quienes son susceptibles, en especial allí donde se dan las condiciones ambientales y sociales para que se propague. Evidentemente, la hipótesis de considerar a la Iglesia como un antro de pedófilos no explica el fenómeno y es necesario ir a la raíz de lo que, en general, produce las principales calamidades sociales: el poder y sus patologías. Me refiero a patología porque considero que existe un poder sano, una fuerza orientada al bien común, a la creatividad y al amor.

Seis años después de mi partida de aquella parroquia, junto con otros dos hermanos en el sufrimiento, decidimos denunciar y llevar a los tribunales a nuestro abusador. El proceso hizo que muchas otras víctimas dieran su testimonio. Durante los casi diez años que estuve enfangado en procesos penales, civiles y eclesiásticos, me llamaba profundamente la atención el concepto judicial de prescripción de los delitos utilizado tanto en las leyes canónicas como civiles. El origen arbitrario de este concepto basado en el código romano —el mismo código que permitía al *pater familias* vender a sus hijas al mejor postor, o matar a voluntad a cualquier miembro de la familia o a sus esclavos— no busca la justicia, sino facilitar la resolución de litigios que no pueden quedar pendientes por siempre. La defensa del sacerdote Fernando Karadima, nuestro abusador, se apoyaba en esa supuesta garantía penal para evitar y desacreditar cualquier investigación o juicio en su contra. «No valía la pena investigar», pues sus actos ya habrían prescrito. Era sumamente contraintuitivo e ilógico considerar que un asesinato o abuso sexual pudiese prescribir. La resistencia inicial de jueces y legisladores a mover una coma del código de derecho penal era lacerante. Como si la letra fuera más importante que la realidad o la sangre. ¿A quién podía defender esa cláusula más que a los perpetradores? Obedecía a una lógica legal basada en leyes originadas en Roma hace dos mil años, cuando el valor del Estado estaba por encima del individuo y cuando el código de derecho buscaba proteger al Imperio y su estabilidad. La *lex* no apuntaba a la justicia personal, sino a la estabilidad del poder.

En 2010 creamos una fundación para prevenir los abusos en la infancia y la adolescencia. En 2011, Fernando Karadima fue declarado culpable, pero nunca cumplió condena. Murió en 2021 en libertad. Sin embargo, jamás será canonizado como deseaban sus seguidores más recalcitrantes.

Tras lograr la justicia anhelada me quedó el sabor amargo de que, a pesar de que los crímenes cometidos contra nosotros habían sido acreditados, y que la red de protección del abusador en la sociedad chilena y en la Iglesia católica se había desbaratado parcialmente, las normas de prescripción de los delitos dejaban libre a nuestro abusador. Por ese motivo, desde 2010 promovimos la promulgación en Chile de la ley de imprescriptibilidad de los abusos de menores. Fue una tarea titánica en la que abogados y legisladores se opusieron durante más de ocho años a aceptar las características particulares que hacían de este tipo de delitos un capítulo aparte incluyéndolos en los delitos de lesa humanidad. El aporte científico y médico fue fundamental en su aprobación unánime.

Por esos tiempos, el papa Francisco realizaba un viaje apostólico a nuestro país, negándose a recibirnos a pesar de numerosas solicitudes por nuestra parte. Pero Chile ya no era el mismo, se había cansado de abusos, de encubrimientos y privilegios eclesiásticos. Su visita fue el peor fracaso de un viaje pontificio por el mundo. Insensible a los clamores por parte de las víctimas de abuso del clero a nivel mundial, se dio cuenta de que su popularidad no mejoraría si no actuaba. Semanas después de regresar al Vaticano de su visita a Chile nombró a dos emisarios especiales para investigar los cientos de casos de abuso eclesiástico denunciados en nuestro país. La conclusión fue demoledora: la Iglesia se había transformado en un nido de abusadores sexuales y las autoridades lo habían encubierto por décadas. No solo eso, también se habían refugiado entre las faldas de empresarios y familias muy acomodadas de la clase alta católica chilena. Al papa no le quedó otra que establecer una estrategia comunicacional que revirtiera parte de los efectos devastadores y atroces de su Iglesia, de manera que, en una medida astuta, nos invitó al Vaticano para iniciar una serie de entrevistas sobre abuso y encubrimiento por parte de las autoridades del clero. Horas de conversación durante las cuales, a medida que avanzaba la charla, no sabía si me estaban tomando el pelo o si realmente el sumo pontífice desconocía las atrocidades que cometían y encubrían sus sacerdotes y obispos. A pesar de terminar las conversaciones con un gusto amargo en la boca, en menos de un año se produjo el primer encuentro mundial de obispos para tratar el tema de abuso eclesiástico.

Desde entonces ha habido algunos cambios que buscan proteger a niños, adolescentes y jóvenes, aunque la raíz del problema no se ha tratado y la Iglesia católica sigue siendo una de las instituciones más peligrosas para la infancia. El encubrimiento del abuso continúa y las medidas necesarias para prevenirlo están lejos de ser implementadas. Al parecer, Francisco no entendió que la credibilidad de la Iglesia se escurrió entre sus dedos. El abuso sexual de su clero es incompatible con ser luz del mundo.

La empatía

Entender la condición humana pasa por aceptar que no somos seres duales, sino uno en el que lo psíquico y biológico se funden expresando un ser indivisible que se ha analizado e interpretado bajo la mirada primero religiosa y luego filosófica. Este sesgo histórico y cultural nos ha impedido entender en profundidad las bases neurobiológicas del comportamiento humano, de la herencia y de nuestra interacción con el medio que nos rodea. Pero, antes de continuar, es necesario analizar uno de los conceptos más importantes en la existencia del ser humano y enriquecerlo con un sustento neurológico. Este conocimiento será fundamental para entender las claves que estructuran este libro. Me refiero al análisis biológico de la empatía.

Se describen dos tipos de empatía, ambas fundamentales y distintas: la empatía emocional, aquel sentimiento a través del cual podemos identificar y experimentar las sensaciones que a su vez experimenta otra persona, tanto de alegría como de tristeza, por lo que podemos reconocer lo que está viviendo. Este mecanismo es como una imagen especular de la vivencia del otro y tiene su sustento neurológico (funcional y anatómico) en ubicaciones precisas del cerebro.[2] Los estudios de resonancia magnética nuclear han identificado la amígdala, una zona llamada ínsula cerebral y el surco cingulado como las zonas cerebrales clave para la empatía emocional. Dichas zonas participan en lo que se llama «sistema neuronal espejo», que es capaz de procesar movimientos faciales y corporales que nos permiten identificar sensaciones, sentimientos o experiencias del otro y replicarlas en nosotros. Quienes han sufrido algún tipo de lesión en esas zonas ven afectada de manera parcial o total su capacidad de empatía emocional.

Por su parte, la empatía cognitiva está basada en conceptos racionales e intelectuales que tienen que ver con la ética del grupo humano al que pertenecemos o a su cultura. Como la emocional, mediante la empatía cognitiva también podemos entender lo que le sucede a otra persona, pero sin experimentar necesariamente las mismas emociones. Esta capacidad se localiza en otras zonas del cerebro, principalmente en la corteza cerebral, donde se procesa la información sin que pase por el sistema de neuronas espejo.

Entre la empatía emocional y la cognitiva se establece un equilibrio que puede tener mayor o menor preponderancia en las relaciones sociales, dependiendo de muchos factores, como el desarrollo cerebral durante la infancia, el apego o la lactancia materna. También puede haber variaciones según el género. La principal sustancia que ha sido identificada como reguladora de todos estos procesos es la oxitocina y sus receptores en el organismo.[3]

La empatía es una capacidad de origen biológico, con sustento anatómico y bioquímico. Se ha desarrollado durante la evolución de los mamíferos, en especial en la del ser humano. Es el sustento de nuestras relaciones sociales y es la única que permite la cooperación basada en la confianza y el altruismo. Si bien ninguno de los dos tipos de empatía es más importante que el otro, un exceso de empatía emocional puede derivar en un proceso de transferencia de experiencias que, en el caso de ser muy intensas o persistentes, pueden llevar a confusión y generar un comportamiento de índole narcisista, dañando la autonomía afectiva. Un sobreestímulo de la empatía emocional puede contrarrestar a la cognitiva (razonada), provocando que la tolerancia al sufrimiento ajeno disminuya, y que la persona se centre en un interés propio que le impida ayudar al otro, que es quien sufre de manera inicial.

La cantidad de oxitocina que circule por el torrente sanguíneo y los receptores que activa en nuestro cuerpo va a determinar nuestra capacidad de empatía de manera global. Hoy sabemos que las alteraciones del gen de oxitocina o de su receptor pueden llevar a trastornos psicopáticos y antisociales. La empatía se construye en la infancia o se aprende durante los primeros años, y requiere de los mecanismos naturales que la evolución ha seleccionado para nosotros entre los últimos seis y siete millones de años y entre los últimos doscientos y doscientos cincuenta millones para el resto de los mamíferos. La oxitocina ha sido una hormona crucial en la evolución del reino de los mamíferos. Las capacidades sociales han estado al servicio principalmente de nuestra sobrevivencia.

Quiero adelantarme y mencionar qué es la empatía, ya que casi todas las patologías del poder tienen su origen en un déficit de estos mecanismos. Somos incapaces de ver al otro o «lo otro» en su dimensión real, por lo que cualquier cosa que le hagamos o le provoquemos pierde significado y no desencadena culpa. También existen mecanismos psicológicos para bloquear la empatía; el principal de ellos es la negación.

El fruto más transformador y poderoso de la empatía quizá sea el amor. La falta de amor durante la infancia nos vuelve frágiles, necesitados y susceptibles al maltrato. El equilibrio interno que dan el apego y el amor hace que nuestro yo se estructure en un andamio poderoso y equilibrado. Una estructura interna desequilibrada podría buscar, como hemos dicho, compensar sometiendo o abusando de otros. Además, si el niño o el adolescente padece nuevos eventos traumáticos, el daño que estos provocarán solo acrecentará esta debilidad y desajuste. Esto se traduce en un nuevo daño a la autoestima y a la seguridad en sí mismos. La falta de amor es el primer y el mayor trauma en la biografía del individuo. La ausencia de amor incondicional en la infancia será el origen de muchos trastornos de salud física y mental a lo largo de la vida.

3

Trauma

El camino de reivindicación y justicia fue un arma de doble filo, ya que, por un lado, me iba reparando mientras que, por otro, consumía mi energía y vitalidad. La dureza, la insensibilidad e indiferencia de jueces y fiscales eran una manifestación de lo incómodo que eran estos «temas» para la sociedad.

Ya en la soledad y en el abandono de mí mismo pasé muchas noches pensando que la precariedad de mi salud quizá se debía a la herencia inevitable de mis ancestros maternos o paternos, o a algún factor desconocido cuyo origen podría eventualmente investigarse, incluso corregirse. Esa posibilidad me daba esperanzas. Un deseo imperioso de gozar de buena salud me impulsó a buscar respuestas y soluciones. Lo que nunca sospeché es que la principal causa de mis enfermedades eran los efectos de los traumas ocurridos a lo largo de mi vida.

La medicina ha sido mi herramienta de investigación y de esperanza, una profesión en la que las experiencias de enfermedad, dolor y recuperación de mis pacientes me enseñaron que no estamos solos. Compartimos historias muy similares, a pesar de nuestra individualidad y nuestra biografía. También descubrí que las vías biológicas que afectan nuestro bienestar son comunes y pueden activarse de diferentes formas. Un bloqueador hormonal puede generar daños similares al exceso de cortisol del estrés postraumático crónico, mientras que las moléculas de azúcar que consumimos a diario pueden ser la causa de la inflamación crónica que nos lleve al alzhéimer o la diabetes. En mi caso, la enseñanza llegó a través de los eventos traumáticos.

El trauma no solo es un fenómeno psíquico o psicológico, es también una tormenta bioquímica que modifica de forma implacable funciones, órganos, genes y destinos. Desde el punto de vista psicosocial, me referiré a eventos adversos sufridos durante la infancia y la adolescencia originados en el seno del hogar y en la comunidad por parte de pares e instituciones. Describiré cómo las negligencias o la falta de cuidado, las respuestas impredecibles o ausentes de padres o cuidadores pueden provocar un daño similar al de la agresión física directa. También veremos que los desastres naturales, las guerras, los regímenes abusivos, la escasez extrema y el cambio climático nos afectan a todos, y se traducen siempre en cambios biológicos transitorios o permanentes que pueden llevarnos a la enfermedad. Este trastorno físico implica a su vez un proceso de agotamiento psíquico que en algunos puede cronificarse y disminuir la expectativa de vida. Si bien todos estos efectos son más graves en niños, niñas y adolescentes, veremos que también son determinantes en el desarrollo intrauterino del individuo. El adulto no está exento de estos fenómenos, ni mucho menos es inmune a ellos; sin embargo, las consecuencias nocivas a largo plazo y la capacidad de transmitirlas son mucho mayores cuando el trauma ocurre durante el embarazo y en los primeros años de vida. La persistencia del trauma lleva al debilitamiento del *self*, al aislamiento social de quien lo sufre y, en el caso de niños y adolescentes, a la desorganización psíquica que provoca un daño cerebral que perpetúa el ciclo. Así, disminuyen las capacidades de respuesta y resiliencia frente a nuevas agresiones o indiferencias de su medio afectivo y social.

El poder

El poder no es solo un concepto, es más bien una energía viva con una capacidad multifacética para crear, destruir, cuidar o traumatizar. Es una fuerza maleable que ejerce sus efectos según la intención de quien lo utiliza.

Cuando hablamos de patologías o de enfermedades del poder es indispensable precisar que todo poder que deja de estar al servicio de la vida, el autocuidado, la creatividad, el prójimo y el entorno se puede considerar patológico y puede traducirse en alguna forma de abuso. No solo el sexual, pues existen numerosas expresiones de abuso entre seres humanos, cuyo origen es casi siempre el mismo: la incapacidad de empatía psicológica o de empatía emocional, lo que lleva a una desconexión de nuestros semejantes y a la abolición del altruismo natural. El «otro» deja de ser un semejante para quien carece de empatía; aquel puede ser querido, odiado, usado o destruido a placer sin que este sienta remordimiento alguno. Aunque no lo creamos, muchos de nosotros oscilamos entre momentos de desconexión de nuestros semejantes y momentos de empatía en los que volvemos a encontrar las referencias de nuestra existencia. Son instantes de «cable a tierra», a veces tan escasos que la soledad y el aislamiento activan las vías del estrés y entramos en un circuito de ansiedad y angustia cuya causa desconocemos.

Todos poseemos una cuota de poder que nos permite sobrevivir e interactuar con el mundo. Dicha dosis depende del desarrollo y la organización neuronal que se produce en la primera infancia, en especial en los primeros tres años de vida. Este periodo es el más sensible a los estímulos externos y será un factor decisivo en la construcción de nuestra estructura de personalidad y capacidad de resiliencia. Este proceso se iniciará en el momento de la concepción, a través de las experiencias existenciales, y del resultado de la exposición de la madre al ambiente que la rodea durante el embarazo. Lo que respire, coma, sienta o imagine se traducirá en señales fisicoquímicas que moldearán el desarrollo del embrión, del feto y del recién nacido. El mayor escultor de este poder intrínseco e integrador será el apego con la madre.

El apego en la primera infancia es el determinante de la estructura del poder interno que nos da la autonomía necesaria para desenvolvernos como individuos en el mundo. El amor hace que nuestro yo se estructure en un andamio poderoso y equilibrado. Nos capacita para utilizar dicha energía como un motor productivo de creatividad y cuidado del otro. Cuando el apego inicial y primordial del niño falla, se produce una deuda de poder, un déficit en la estructura interna, que da lugar a un yo debilitado y, por tanto, necesitado, en permanente búsqueda de fortalecimiento. Este desequilibrio interno será la fuente de síntomas como ansiedad, angustia y miedos inexplicables que moverán a la persona en distintas direcciones en busca de alivio.

Si el niño, la niña o el adolescente sufre nuevos eventos traumáticos durante la vida, se acrecentará dicha debilidad y asimetría, puesto que perderá una porción restante de su cuota de poder interno establecida en la primera infancia, dañando aún más la autoestima y seguridad en sí mismos.

La asimetría de poder hace que el individuo sea más frágil y vulnerable, lo que lo lleva a una búsqueda permanente de protección o reconocimiento para así tratar de empoderarse, generando un equilibrio y fortaleza interna. Lamentablemente, es un esfuerzo enorme que nunca acaba, pues la estructura básica de la personalidad donde se asienta el «poder propio» (*self*) está dañada en su origen y ya no cumple con los requisitos mínimos para una reconstrucción ulterior. Como si se quisiera construir un gran edificio sobre cimientos carcomidos. Como un barril sin fondo, un adicto al poder difícilmente verá saciada su sed, ya que, al querer sanar, va destruyendo uno de los pocos mecanismos de reparación: la colaboración, la integración y el reconocimiento social. Este es el caso de aquel que abusa buscando aumentar su cuota de poder y, sin embargo, cae en una espiral de egoísmo narcisista que le impide entender que el quitar a los demás lo hará más infeliz.

Si una persona pobre de poder, en desbalance y asimetría interna, cae en las redes de otra persona ávida de poder (también en carencia), se generará una dinámica de sometimiento en la que abusado y abusador quedarán atrapados en un bucle de dependencia, resentimiento, dolor y frustración. El abusado sentirá rabia hacia sí mismo y hacia el mundo, por la falta de libertad que significa estar en las redes del abusador. La impotencia de no poder sobreponerse a esta esclavitud lo llevará a conductas autodestructivas conscientes e inconscientes que pueden derivar en abuso de sustancias, exposición a riesgos, hipersexualidad y descuido. En suma, caminos que llevan a una pulsión hacia la muerte, como decía Freud. La depresión e ideación suicida son elementos comunes en las víctimas.

Estos fenómenos no son solo psíquicos o sociales, sino que tienen una traducción física anatómica y fisiológica producida por las hormonas del estrés, el sistema neurovegetativo y factores tanto genéticos como epigenéticos que predisponen a y se traducen en la reducción del tamaño de la corteza cerebral y de las zonas reguladoras del centro del cerebro donde residen el hipotálamo y la amígdala. La suma de estos factores potencia el circuito de daño, una retroalimentación que llevará a la «tormenta perfecta».

Al buscar las causas del sufrimiento humano en general, nos centramos en los daños que nos han afectado de un modo directo (lo que se entiende más fácilmente como traumas). Sin embargo, hoy se hacen cada vez más evidentes los efectos del descuido y la indiferencia. Son millones en el mundo los que sufren soledad y desconexión con su entorno y sus semejantes. El efecto del descuido (*neglect*) puede ser tan devastador como la agresión generada por el trauma. La falta de congruencia entre el trato esperado y el recibido (o no recibido) genera una profunda confusión y frustración provocada por la desilusión de la expectativa no cumplida. Un ejemplo de esto sería un padre que abusa sexualmente de la hija, cuya expectativa es que su padre le dé amor, la cuide y la proteja, y no que la victimice sexualmente.

Ese tipo de experiencias son devastadoras y carcomen el equilibrio psíquico de los menores, llevándolos a un estado de estupor y desregulando las funciones neuroendocrinas y cognitivas. Las oleadas de cortisol y adrenalina que circulan en altas y constantes dosis por los vasos sanguíneos de aquellos expuestos a eventos tan adversos debilitan y destruyen la trama neuronal del cerebro, afectando gravemente la capacidad de resiliencia y resistencia. Toda interacción con el entorno se traduce en descargas químicas en nuestro cuerpo que repercutirán en nuestra salud. Es imposible separar lo psíquico de lo físico, y ya sabemos que la interacción entre ambos es capaz de regular genes, activándolos o inhibiéndolos de forma permanente o transitoria.

Caminos del abusado

Quisiera mencionar que no todos los que fuimos víctimas de ese sacerdote logramos huir, y algunos ya no están vivos. He sido testigo de los múltiples caminos que puede tomar una persona abusada o expuesta a eventos adversos durante su infancia. Vi a muchos caer en la depresión, en el alcohol, en las drogas, en la hipersexualidad y en la violencia. Algunos no fueron capaces de soportar el sufrimiento, y en la desesperación que produce el abuso, la soledad y la duda de sus familiares, decidieron poner fin a la tortura con sus propias manos. Otros fallecieron por enfermedades debilitantes o cáncer y otros, tras reconocer la manipulación, dejaron el ministerio sacerdotal. Algunos de los que quedan llevan su sacerdocio con convicción y bondad, sin dejar de denunciar el abuso espiritual o sexual al que fueron sometidos, empeñándose en transformar la Iglesia y ayudar a otras víctimas.

También los hay que manifestaron su dolor como una rabia insaciable contra el mundo. La injusticia del abuso es tan grande, que muchos abusados creemos que la deuda se hace extensiva al resto del género humano, por lo que exigimos amor y cuidados muchas veces desmedidos. Son deseos por lo general imposibles de satisfacer, que nos provocan un sentimiento de ira y de culpa. Es este famoso chantaje emocional, casi siempre inconsciente, el que impide a algunos de los abusados establecer relaciones constructivas y nutritivas. Buscaremos reconocimiento y aprecio o exigiremos una lealtad amorosa «a prueba de balas»; siempre existirá un fenómeno transaccional regido por «te doy para que me quieras» o «te exijo hasta el cansancio para que me demuestres tu amor». Será muy difícil saciar la necesidad de compensación y reparación. Algunas de estas víctimas se convertirán también en abusadores, y transitarán por la vida personificando almas en pena, sin consuelo, exigiendo y maltratando a otros por aquel daño «original». Otros, atrapados o convencidos, se hicieron sacerdotes y fueron adquiriendo las conductas y los comportamientos de su maestro, integrándose en la jerarquía eclesiástica y perpetuando la lógica del abuso en la Iglesia católica. Están entre nosotros hoy. El clericalismo católico los pervirtió. Poco a poco se insertaron en los círculos de poder del clero mundial y algunos también han sido acusados por abusos.

Tema aparte son las redes de poder eclesiástico y de ciertos estamentos sociales a menudo asociados, en Latinoamérica y en España, a grupos de poder económico que protegen a perpetradores y abusadores, pues muchos de ellos llegaron a sus posiciones utilizando las mismas estrategias y abusos. Los pactos de silencio y el secretismo que rodea estos delitos son propios de organizaciones criminales como la mafia.

Estas conductas no vienen impresas en nuestros genes ni se heredan, sino que se imitan; precisan de una escuela en la que se enseñan principios cada vez más alejados del proceso evolutivo del hombre y la naturaleza. Requieren también de un proceso de insensibilización y normalización de conductas antisociales, imposible de implementar sin el miedo y la complacencia de personas que están anestesiadas en su confort, que ven el sufrimiento humano a través de pantallas en las que realidad y ficción se entrelazan, dando paso al aturdimiento de la empatía y la solidaridad. Ya no hay espacio para la compasión.

No más

Mi profesión, bastión de mi resistencia física y mental, se transformó en el agente más poderoso para la recuperación. El entrenamiento recibido en la universidad me permitió volver a mirar el mundo desde otro punto de vista, ya no basado en creencias inculcadas, sino a partir de la observación, la reflexión y la asociación de las diferentes disciplinas del conocimiento humano, atreviéndome a explorar el universo evitando ideas preconcebidas, limpiando mis gafas del polvo del trauma. Con esta nueva mirada inicié el camino hacia mi sanación.

La cartografía de mi historia de reconstrucción me llevó, cual navegante de los siete mares, a las mismísimas estrellas. Y desde allí hasta el original Big Bang y de vuelta. Descubrí cómo del supuesto caos del mundo surge un profundo sentido de la vida y de la conciencia humana. No di con Dios, pero encontré algo que se le parece: una energía inteligente que nos habla con un lenguaje universal que se traduce en sonidos, armonías, simetrías, colores, proporciones y en las más variadas formas de vida. Descubrí también que nadie está realmente solo, y que todos formamos parte de esta sinfonía de colores, formas y sensaciones que, como las pinceladas en un cuadro, dan sentido a la obra. Hoy ya no vemos el firmamento, a veces casi ni la vegetación, estamos envueltos en estructuras de cemento en las que rebotan ruidos de automóviles, motocicletas y máquinas taladrando nuestros oídos. Ni siquiera podemos escuchar nuestros propios pensamientos. Aunque no lo sepamos, estamos agotados y angustiados por el solo hecho de haber sido trasplantados de un ambiente rebosante de todo tipo de vida a un recinto cercado, infértil y contaminado.

Por aquel entonces sentía la desconexión a la que me había llevado el abuso y, aunque no me quedaban fuerzas, persistía una luz en mi interior que me empujaba a seguir. La resiliencia y la autorreparación son caminos que decidí transitar, pese a que en momentos de fanatismo y confusión me había transformado, de alguna manera, en un proselitista religioso. Buscaba, sin saberlo, someter a otros, imitando enseñanzas de años de sometimiento psicológico y espiritual.

Ahora me daba cuenta de que era posible volver a educarme imitando otros modelos y figuras. Las creencias son la manera en que interpretamos el mundo que nos rodea. Buscamos anticipar los eventos de la vida diaria para planificar el futuro, intentado trazar un camino predecible y ordenado. Esa estructura mental, que involucra los aprendizajes culturales y sociales, no se reemplaza fácilmente, y cambiarla requiere de una gran adaptabilidad psíquica para contemplar el mundo desde una nueva perspectiva. En el fondo, se trata de confiar en uno mismo y sentirse libre para recibir todo lo que nos parece que tiene sentido y rechazar lo que nos perturba. Esa libertad interna es la que dará paso a la paz, y la paz a la salud. Ya veremos cómo estos términos tienen una traducción biológica en el funcionamiento de nuestro cuerpo.

Lo que sigue es uno de los infinitos posibles caminos hacia la reconstrucción psíquica, física y espiritual. En mi caso, la búsqueda de sentido ha sido uno de los pilares en mi reparación. El sentido es difícil de definir, pero tengo claro qué cosas carecen de él, como las religiones, la intolerancia, la violencia, el sexismo, la homofobia y todo lo que trate de etiquetar al ser humano como un subproducto «a imagen de». Las diferentes ramas de la ciencia son los hospitales del alma, y el conocimiento es el camino donde confluyen el juego, la exploración y la curiosidad humana. Sé que a muchos estas palabras les resonarán, y que para otros serán solo datos anecdóticos, pero cuenten con que todo estará respaldado con una sólida base científica. Para mí esta búsqueda ha sido como encontrar la verdadera alquimia, la ciencia que transforma la chatarra y los desechos en oro.

4

Los primeros pasos: Ausangate y Amazonas

Tras comprender que podría cambiar mis creencias, lo primero que intento es aliviar mi angustia permanente, saber si es una condición adquirida o heredada. La posibilidad de encontrar una solución en una condición hereditaria se ve difícil y poco alentadora. A pesar de ser médico, no tengo idea de por dónde empezar, así que me pongo a buscar entre los especialistas de la mente. Visito a numerosos psiquiatras y psicólogos, y reconozco que, al igual que muchos, e influenciado por la desconfianza adquirida en los años pasados, siento que no me ofrecerán nada nuevo. Nada que yo no hubiese escuchado ya en los cursos de mi carrera y durante el ejercicio de mi profesión.

Gracias al encuentro con una mujer admirable, mi terapeuta Gracia María, inicio la primera parte de mi proceso de sanación. A su lado comienzo un camino de introspección y reinterpretación de mi pasado; voy descubriendo que no traigo un daño ancestral heredado en mi genética, sino que es producto de las consecuencias del trauma crónico. Al inicio resultará fundamental la ayuda de medicamentos antidepresivos, pero con el tiempo, y luego de algunos años de terapia, la angustia y la ansiedad empiezan a ceder. De repente noto que existen otras explicaciones y fundamentos para mi dolor. Es así como, mirando el techo blanco de su despacho, con la cabeza apoyada en un cojín cuzqueño, decido ser sincero conmigo mismo y, mirándome como a un niño asustado, por primera vez me trato con compasión. Poco a poco voy suspendiendo los antidepresivos y pienso en los pasos a seguir. Sé que apenas empieza mi camino de reconstrucción; también sé que no estoy solo.

Es una mañana de abril de 2005. Recibo el llamado de mi amigo Alberto, antropólogo de la Universidad de California que había vivido años estudiando las culturas preincaicas de los Andes peruanos, y las costumbres y creencias de las tribus de la selva amazónica. Me invita a un viaje a las faldas del monte Ausangate, junto con descendientes de los laikas, un antiguo grupo preincaico que, ante la llegada de los españoles a América, decidieron ascender por encima de los cinco mil metros de altura para refugiarse de los invasores y preservar así su cultura, tradiciones y conocimientos ancestrales. Subiríamos a casi seis mil metros para luego descender hacia el río Madre de Dios, afluente peruano del Amazonas. Mi amigo había sido una de las primeras personas a las que le había confiado mi historia y, por motivos aún misteriosos para mí, sentí que él sabía de lo que le estaba hablando.

Sin tardar, acepto su invitación y me dirijo a Lima para luego tomar rumbo a Cuzco. En un pequeño autobús de los años setenta y, por escarpadas rutas, llegamos a la base del cordón montañoso desde donde iniciaríamos el ascenso del Apu («montaña sagrada», en quechua) Ausangate. Alejarse del mundo «civilizado», respirar el aire puro de las más altas montañas de los Andes en compañía de personas inseparables de su tierra y tradiciones significa un despertar a un mundo distinto. La potencia de la naturaleza se percibe intensamente. Las noches son estrelladas y puedo apreciar el cielo en forma de bóveda cósmica. Anida en mí un sentimiento de unidad que no había experimentado nunca. Quizá la hipoxia de los cinco mil metros ayuda a este estado de contemplación y paz.

Tras lanzarnos en lagunas de aguas gélidas y color calipso, caminamos horas por las mesetas de la sierra para terminar las tardes participando en ceremonias milenarias. Los cantos de gratitud a la tierra y las montañas hacen eco en la profundidad de los valles lejanos. La montaña es un ser vivo que atrapa la nieve para transformarla en glaciares que, según cuenta la leyenda, dieron origen al río más caudaloso del mundo: el Amazonas.

Aprendo entonces que la montaña es vital, pues permite entregar el agua a los cultivos de manera gradual y sistemática, alimentando a los habitantes de aquellas serranías y a los pueblos que cultivan los valles más abajo. Con métodos ancestrales, por medio de la manipulación genética, a través de terrazas que disponen los cultivos de plantas y tubérculos cada vez a más altura, alimentan a todos y cada uno de los habitantes y animales. En los relatos de los primeros conquistadores era conocido que en el Imperio inca nunca faltaba alimento.

Tras una semana de caminar y experimentar este nuevo universo nos trasladamos en avión a Puerto Maldonado, pequeño pueblo al borde del río Madre de Dios. Al llegar nos espera una canoa de unos diez metros de largo con un motor diésel y un techo de lona multicolor.

Comienza mi entrada a otro mundo. Hemos cambiado las rutas asfaltadas por un río serpenteante de color café claro a causa de las recientes lluvias. Se ven rudimentarias estructuras de extracción de arena utilizadas aún por buscadores de oro. En pocas horas, la humedad, el calor y el sonido de monos, pájaros e insectos me indican que estoy dentro de una especie de nuevo útero natural, desconectado del resto de mi vida. No hay rastros de civilización ni del impacto humano. Allí, junto con las tribus y chamanes de las riberas del río Madre de Dios, en Perú, empiezo a percibir un ambiente distinto en el que la naturaleza no está al servicio del ser humano, sino que lo contiene y mantiene.

Alberto conoce el lugar y a los principales caciques de las comunidades indígenas. Me pide que lo acompañe a presenciar y participar en diferentes ceremonias de sanación. Observo la preparación de ungüentos y remedios naturales y su aplicación en los que acuden en busca de ayuda. Veo a enfermos, a los que yo hubiese tratado con antibióticos y hospitalización, que se recuperan en pocos días para regresar a su vida normal.

Durante las noches junto al fuego, sentados en restos de troncos arrastrados por la corriente del río, escuchamos las narraciones de los chamanes. Me sorprende especialmente descubrir que en su entrenamiento y aprendizaje no hay libros o «materias» a estudiar, sino una experiencia solitaria de descubrimiento en el interior de la selva. No existe una «escuela de chamanes», ni un método de transmisión de conocimiento de maestros a aprendices. Solo un proceso de selección de candidatos, supervisado por otro chamán experimentado que les indica qué llevar consigo. El aprendiz solitario parte con una bolsa de sal, otra de arroz y otra de tabaco en sus manos y se adentra en lugares recónditos, donde crece la chacruna y el yagé que, mezclados en una cocción de más de doce horas, forman la ayahuasca, un jarabe negro tan amargo que apenas se resiste en la boca. Bajo el efecto del hambre a causa del ayuno, el chamán busca el lugar adecuado para instalarse. Tras limpiar un claro construye una choza sobre la base de ramas verdes y varillas del árbol de ajo. Luego, como un explorador que se adentra en lo desconocido, empieza a recorrer siete caminos cuyas direcciones dibujan radialmente, adentrándose día a día en la selva por cada uno de ellos. A veces en ayuno y otras fumando tabaco, experimentando la potencia de la naturaleza selvática del Amazonas, registra de manera diferente los sonidos, los colores, los olores... y eso le presenta una realidad muchas veces imposible de percibir para nosotros.

En su imaginario, y por medio de sus experiencias culturales y vitales, el Amazonas verdaderamente le «habla» y de manera misteriosa aprende —sin otro instructor que la selva misma— a utilizar diferentes plantas, árboles, frutos, enredaderas o flores para cocciones cuyo efecto experimentará en sus propias dolencias y enfermedades, como si fuera una suerte de farmacia local. Al ampliar su percepción y conectarse al «espíritu» de cada planta, hongo y ser vivo del bosque tropical se va transformando en comunicador de una experiencia ancestral en la que la evolución de la tierra, la flora y la fauna han estado íntimamente ligadas a la nuestra, compartiendo un mismo código en el ADN, así como sustancias químicas que corren tanto por la savia de los árboles como por nuestro torrente sanguíneo.

Muchos llegan a identificar la mezcla única que les permite viajar a un espacio donde todo se fragmenta en moléculas comunes, uniéndose y transformándose según lo que el «espíritu de la naturaleza» desee revelar. Este «viaje» está mediado por una mezcla que ni el mejor de los químicos actuales sería capaz de sintetizar. En él, la ayahuasca provee las sustancias alucinógenas (*Psychotria viridis*) que recorren el sistema digestivo y pasan directamente al torrente sanguíneo, abriendo las puertas de una percepción que ni siquiera el mismo Aldous Huxley, autor de *Un mundo feliz*, pudo atisbar.

Así, durante meses escuchará cada sonido, percibirá cada olor, verá cada forma y se estremecerá al sentir que forma parte de esta sinfonía donde el Todo comunica la esencia de sus componentes al ávido aprendiz que desea conocer los secretos de cada planta y ser vivo de este cosmos. Con el tiempo escuchará el mensaje de cada árbol, cada helecho o enredadera que, según su tradición, se presentarán para entregarle el conocimiento de su uso. Lo que parece una ilusión termina transformándose en un conocimiento que permite al chamán asistir a su comunidad, manteniendo la salud de su tribu, y a la vez cuidar y respetar el medio que los sostiene. Este proceso, que aún perdura en muchas partes de la selva amazónica, ha sido ampliamente estudiado por etnobotánicos en busca de compuestos naturales que, con tiempo y análisis, han derivado en muchos de los medicamentos actuales que médicos, bioquímicos y farmacólogos siguen evaluando con grandes esperanzas.

Poco a poco el chamán se va transformando en un mensajero de su cosmos, uniendo su experiencia física con la psíquica, considerándose parte del todo. No hay cabida para la ilusión de separación, de dominio ni de propiedad. Nadie puede ser dueño de la tierra, como tampoco del aire que respiramos, del agua que bebemos ni de las estrellas que iluminan nuestra noche. En los casi tres millones de años que nos han forjado desde el *Homo erectus*, pasando por el *Homo heidelbergensis*, el *Homo denisoviensis*, el *Homo neanderthalensis* hasta el *Homo sapiens*, nunca existió la desconexión ni la ilusión de separación que existe ahora.

El concepto de posesión de la tierra y del desarrollo de cultivos es nuevo en la evolución humana y solo aparece en el último segundo de la historia de la tierra que habitamos. Este fenómeno, tan particular y sorpresivo, es uno de los elementos cruciales en la aglomeración de las poblaciones en las llamadas «ciudades estado» de la antigüedad mesopotámica. También constituye el origen de la discriminación entre seres humanos (y hacia la naturaleza), detonante de guerras, de esclavitud y de las principales enfermedades que empezaron a azotar a la humanidad y que hoy están destruyendo la biosfera.

Este viaje al hogar de caimanes, jaguares, anacondas y monos, en un exuberante despliegue de flora y fauna, me llevó a descubrir que, en estas comunidades alejadas de la llamada modernidad, donde habitaban los chamanes, casi no se veían enfermedades cardiovasculares, diabetes, gota, alzhéimer, ni cáncer.[1] Comprendo que la salud de los pueblos amazónicos originarios era inquebrantable hasta que comenzaron a introducirse hábitos occidentalizados. En la medida en que los gobiernos de los países a los que pertenecían fueron acercando el desarrollo hacia sus territorios, estas comunidades se fueron asimilando inexorablemente al resto de la sociedad. Asumieron nuevos hábitos alimentarios y costumbres que modificaron su estilo de vida y consumo. El deterioro de su entorno y el divorcio de su sistema inmune, digestivo, neuroendocrino, microbiota con el tipo de nutrición al que ahora tienen acceso, ha generado la aparición de todas aquellas enfermedades antes inexistentes y que hoy en día son su principal causa de muerte.

Esta expedición al corazón de la selva también me lleva a comprender que mi salud no es un efecto de la herencia de mis antepasados, sino un proceso en el que el equilibrio natural del hombre está íntimamente ligado a su entorno.

Entrelazados

Ahí, en el Amazonas, cambia de rumbo mi historia. Ya no tengo dudas sobre la vinculación inseparable entre cuerpo y alma. Incluso se hace necesario utilizar otra denominación para un fenómeno en el que la unidad original se está transformando en una dualidad irreal que solo genera desconexión y sensación de separación. Donde el apego se transforma en distancia y confusión. Entender la vida como una unidad me permitirá descubrir los nexos entre trauma y biología y describir las vías de comunicación entre el ambiente que nos rodea y las entrañas de nuestro cuerpo. Estoy feliz, pero con más preguntas que respuestas. Deseo saber si este fenómeno solo ocurre con las poblaciones indígenas en zonas remotas y poco accesibles o si es posible encontrar ejemplos de esta armonía en otros lugares del planeta.

Entonces recuerdo el origen del estudio del aceite de pescado (omega-3, omega-6 y omega-9) y sus beneficios cardiovasculares, inspirado por la salud de los esquimales que aún vivían en su medio natural, conservando sus costumbres y tradiciones.[2] Los inuit, como hoy se les llama, prácticamente no padecían infartos al corazón ni hipertensión arterial, a pesar de comer carnes rojas abundantes en grasa de focas y osos polares, además del pescado y el marisco que les ofrecía el mar. Su salud y costumbres nutricionales se transformaron en una fuente de gran curiosidad científica durante los años sesenta y setenta. Aunque su alimentación carecía de frutas y verduras, su salud era robusta y les permitía sobrevivir en condiciones climáticas extremas. Lamentablemente, con la integración social de los pueblos árticos del círculo polar de Canadá, Groenlandia y Dinamarca, las nuevas generaciones, al cambiar su estilo de vida y alimentación, empezaron a sufrir las mismas enfermedades que el resto de las poblaciones de dichos países.[3]

Otros ejemplos se pueden ver en las poblaciones euroasiáticas. Sus gentes también conocían la naturaleza que les rodeaba y utilizaban plantas como la *Galega officinalis* (ruda cabruna) para tratar el azúcar en la sangre dando origen al mejor tratamiento que conocemos para la diabetes: la metformina. También sabían que flores como la *Digitalis purpurea* (dedalera) servían para las afecciones del corazón y fueron el origen de los primeros medicamentos contra la insuficiencia cardíaca: los digitálicos, que permitían estabilizar la función y el ritmo cardíaco. Pero la estrella fue sin duda una sustancia que se concentraba en la corteza del sauce y de innumerables especies arbóreas en su defensa contra los insectos y bacterias: el ácido acetilsalicílico (popularmente conocido como aspirina), que ha salvado a más personas de la muerte por infarto y embolias que cualquier procedimiento vascular (*bypass* coronarios) y endovascular (los célebres *stents*). Hasta el día de hoy continúa utilizándose en la prevención de muerte por infarto de miocardio,[4] y tiene probados efectos en la conservación de la función neuronal.[5] Últimamente se ha demostrado que también ayuda disminuir la tasa de mortalidad por cáncer de mama en pacientes con receptores hormonales de tipo estrogénico,[6] y en la prevención primaria y de recurrencia del cáncer de colon,[7] gástrico y otros.[8] Notable es la conexión de las moléculas de la naturaleza y nuestras funciones corporales. Es evidente que esta relación no es nueva y ha sido fundamental en el desarrollo de los seres vivos.

En mayo de 2024 la revista *Nature* publicó uno de los primeros estudios que documenta el uso de plantas por un orangután con el fin de curarse una profunda herida facial.[9] Las fotografías del antes y el después son asombrosas, pues lo muestran en su entorno natural mientras se aplica un emplaste de hojas masticadas. El seguimiento fotográfico de su curación es notable.

Hace no muchos años, en las arenas de Rapa Nui, el descubrimiento de la bacteria *Estreptomyces hygroscopicus* dio origen a la sustancia rapamicina, pilar en el tratamiento del trasplante de órganos. Hoy constituye un medicamento clave en la terapia antienvejecimiento, inhibiendo una cadena enzimática celular (mTor), fundamental en la regeneración celular y la destrucción de las células senescentes (envejecidas).[10]

Tras estas aventuras de búsqueda, y después de ser testigo de los procesos de curación de chamanes locales, empiezo a intuir el nexo de lo físico con lo psíquico y a comprender que todo lo que nos afecta, de forma positiva o negativa, se percibe y realiza su acción a través de fenómenos físicos y químicos. Por ejemplo, el dolor se experimenta mediante receptores que se ubican en todo el cuerpo y de neurotransmisores que desencadenan una señal eléctrica que recorre los nervios hasta llegar a los centros cerebrales que codifican dichos estímulos y nos permiten percibir esa sensación de manera consciente. Los neurotransmisores son sustancias generadas por las neuronas, pero no solo por ellas, ya que la microbiota intestinal también contribuye de manera significativa a su producción, siendo relevante en los estados de ánimo y en algunas enfermedades psíquicas.

Al igual que el dolor, el trauma psíquico también se difunde o propaga por nuestro cuerpo mediante neurotransmisores, a lo que se suman hormonas, siendo las más destacadas el cortisol, la adrenalina y las prostaglandinas. Estas sustancias se originan tanto en el sistema neurovegetativo (simpático y parasimpático o vagal) como en una pequeña glándula, con forma de boina, que se ubica coronando la parte superior de los riñones, la glándula suprarrenal. El sistema neurovegetativo, que constituye casi toda la red neuronal no voluntaria y no sensitiva del cuerpo, controla principalmente los sistemas digestivos, cardiovascular, las glándulas de la piel (sudoración), la dilatación pupilar y múltiples glándulas hormonales.

La alegría y el placer se transmiten también a través de las redes neuronales, pero en este proceso contribuye otra hormona producida en la hipófisis llamada oxitocina. La hipófisis se ubica en la zona central del cerebro y su funcionamiento puede verse afectado por el trauma. La sensación de bienestar también depende de dosis adecuadas de los neurotransmisores serotonina y dopamina. Este último es el que se eleva con el azúcar, las drogas, el ejercicio o el sexo, pero que disminuye abruptamente al cesar el estímulo, salvo en el caso del ejercicio, generando abatimiento y a veces síndrome de abstinencia.

Como consecuencia de mi propio trauma y el deterioro físico que me provocaron aquellas transformadoras y profundas vivencias, empecé a vislumbrar la existencia de un eslabón perdido que conecta todo lo que nos ocurre física y psíquicamente con el ambiente que nos rodea. Este conector debía de ser el mensajero que proporcionaba la información necesaria para la respuesta adaptativa o patológica (enferma) de nuestra biología. Dicho factor, concepto, sustancia, molécula o mecanismo, como quiera que se llamase, estaba delante de nuestras narices y, sin embargo, no éramos capaces de verlo.

Durante los años cincuenta, los conceptos científicos erigidos por Watson y Crick sobre el ADN eran tan inamovibles que estábamos entrampados en una interpretación errónea de la herencia.[11] No podíamos entender cómo frente a nuestros ojos veíamos transformarse —para bien o para mal— a los seres vivos influidos por el ambiente. Tampoco podíamos entender que los traumas y la negligencia, que también forman parte de las interacciones ambientales que nos rodean, pudiesen provocar enfermedades como el asma, la hipertensión arterial, el cáncer o la diabetes. Ahora sabemos que gran parte de nuestro destino no viene escrito en los genes que la evolución ha seleccionado para la especie humana, sino que es producto de las vivencias de nuestros ancestros recientes y de la interacción con el medioambiente.

El efecto de experiencias felices o traumáticas son legadas a través de un proceso que hoy llamamos epigenético, en el que el ADN no sufre mutaciones (cambios estructurales en la escritura del código), sino que en la superficie de las moléculas que constituyen el ADN se pegan trozos de material genético regulador, grupos metilo (CH^3) o microRNA (miRNA) modificando su lectura, cambiando la expresión del código y la capacidad de expresión del material genético, lo que dará como resultado funciones distintas e incluso cambios en la apariencia y el tamaño de los seres vivos. La epigenética, de la que hablaremos detenidamente más adelante, surgió de la observación de la expresión física (genotípica) de los genes y el descubrimiento de que su lectura no siempre genera los mismos resultados. Por ejemplo, en el caso de dos hermanos gemelos con ADN idéntico, uno puede sufrir un tipo de enfermedad o bien expresar un aspecto físico distinto, como obesidad mórbida, y el otro no. En ellos no existe un trozo de ADN distinto. La obesidad mórbida es una afección que reúne ambos aspectos y que puede manifestarse solo en uno de los gemelos, dependiendo del estilo de vida y los eventos que hayan determinado su desarrollo en los primeros mil días y durante su infancia.

A partir de estos hallazgos, los científicos se dieron cuenta de que, para poder expresar una característica biológica, los genes deben desenrollarse y ser interpretados, como un manual de instrucciones. Cualquier cambio, falla o bloqueo en este proceso de «lectura» determinará un cambio epigenético. Esto hace que hechos y eventos que han afectado a cada vida humana puedan ser heredados. Todo lo que nos pasa deja marcas claras y activas en nuestro cuerpo, señales que quedan grabadas «sobre» el ADN y que, a su vez, podemos heredar a nuestros hijos. La intensidad de exposición será lo que determine la fuerza hereditaria y la posibilidad de que aparezcan rasgos, capacidades o enfermedades que definirán estado de salud de los descendientes; es posible que podamos modificarlas si conocemos su origen y mecanismos. Este fenómeno es la verdadera clave de la evolución de las especies.

Hay momentos en los que pensamos que las enfermedades que padecemos, el deterioro del ánimo y la pérdida de la alegría son fruto del natural desgaste de la vida y del envejecimiento programado en nuestras células. Muchas veces mis pacientes sienten que las dolencias que sufren no tienen remedio, que hagan lo que hagan no volverán a sentirse bien, y que la medicina solo puede intentar ralentizar el proceso y aliviarlos un poco. Esa es la primera trampa. Sería como decir que no tenemos la capacidad de cicatrizar nuestras heridas o regenerar nuestros órganos. El ser humano siempre tiene la posibilidad de reconstruirse; cada año renovamos la mayoría de nuestras células y átomos. A modo de ejemplo, me vienen a la mente todos aquellos pacientes a los que tuve que resecarles más de la mitad del hígado por alguna enfermedad o tumor y, en menos de seis meses, ya casi habían recuperado su tamaño normal. Los glóbulos rojos se renuevan por completo en poco más de un mes. El hueso se hará más firme si tiene una fuerza que se le oponga, como levantar un peso o durante el ejercicio. La síntesis de músculo no será posible sin la gravedad y el ejercicio adecuado, a pesar de que disponga de las proteínas necesarias para ellos. El cerebro humano no se desarrolla si no se lo somete a estímulos y entrenamiento continuo.

Aportar los «ladrillos» nutricionales para reconstruirse es sin duda fundamental, y un paciente desnutrido no será capaz de sobreponerse de igual manera que uno que no lo esté. Ese es uno de los principales componentes de la mejoría y del desarrollo de los seres vivos: aportar los materiales de construcción necesarios en proporciones y cantidades adecuadas, utilizar los planos precisos, estimular su uso y enfrentar nuevos desafíos.

5

De vuelta al diván

Al regresar del Amazonas continúo, perseverante, la terapia. Las conversaciones en el diván con mi psicoanalista van surtiendo efecto. De alguna manera misteriosa el proceso analítico que realizamos, y que ya lleva tres años, genera cambios importantes en mi estado de ánimo. Me maravilla el efecto que tiene la interacción terapéutica. Como si se hubiesen creado nuevas avenidas de información en mi cerebro. Antes, la alegría, la pena o el miedo se transformaban, irremediablemente, en angustia, lo cual me llevaba a evitar todo tipo de vínculos afectivos y me impedía disfrutar de momentos como mi cumpleaños o mis éxitos profesionales.

Tan profundo era el efecto del trauma sufrido que había eliminado los sentimientos básicos: ver cómo se iban restaurando mis conexiones con el amor, la felicidad, la pena y la esperanza fue un tremendo aliciente para confirmar que no estaba dañado definitivamente. Incluso la incapacidad previa para planificar proyectos iba dando paso a pequeños signos de mejoría que me permitían pensar en unas vacaciones durante el próximo verano. Ahora la tristeza se va por el camino del llanto, la alegría por el camino de la risa, el amor por el de la infinitud oceánica. Hoy no sabría si atribuir a la terapia todo el éxito de este proceso, pues volvía de manera intermitente junto con Alberto a la selva, donde reconectaba con lo que consideraba el estado de salud basal o inicial. Pero el factor crucial en el «despegue» de mi recuperación fue, sin duda, el encuentro con el amor.

Pasar por la experiencia del abuso es un golpe tremendo para la autoestima. Daña la dignidad humana, creemos que ya no somos dignos de amor, ni de respeto, ni de empatía ni de compasión. Ese tipo de herida no sana con la terapia. Solo el afecto comprometido y desinteresado de otro ser humano puede curar un quiebre estructural del alma. Se necesita a alguien que, a través de su mirada limpia y diáfana, nos vea tal cual somos. Así, esa mirada se transforma en el primer espejo que nos permite vernos de manera distinta, no desfigurada. El amor paciente nos hará sentir apreciados, valiosos y únicos, y nos dará el espacio y el tiempo necesarios para ello. El amor desinteresado nos permitirá creer en que se nos puede querer sin buscar utilizarnos o someternos.

El encuentro con mi esposa Valérie significó poner a prueba todo lo procesado en terapia. Me preguntaba con frecuencia cómo una persona tan dañada como yo podía establecer una relación sana y constructiva sin lastimar al ser querido. La pulsión de la autodestrucción, como refería Freud, es un residuo poderoso que deja este tipo de traumas. En pareja, esa tendencia destructiva nos podría arrastrar a ambos. Era consciente de mis circunstancias, de quién era y hacia dónde quería ir. Abrigaba la esperanza de que establecer una relación sentimental saludable era posible. Me sentía optimista y con la fuerza para intentarlo y no repetir la frase que muchas veces me atormentaba: «¿Para qué probarlo si finalmente no resultará?». El mero hecho de atreverme significaba para mí un enorme avance y sentía que era posible reparar el espíritu quebrantado. Uno de los caminos a seguir sería la búsqueda de justicia. Durante este proceso aprendí lo que significaba la palabra resiliencia y descubrí que era un atributo fundamental para la sanación y reparación.

Cada día se me hacía más patente y determinante la importancia de perseverar en la terapia. Con frecuencia buscamos muchas alternativas, a veces mágicas, para reparar cuerpo, mente y espíritu. Pero es un poco ingenuo pensar que los efectos que dañan nuestra estructura cerebral y neuronal pueden recomponerse sin una terapia psicológica prolongada que permita reeducar nuestra mirada hacia nosotros mismos y hacia el mundo. Eso solo se logra con la interacción con la o el terapeuta en ese espacio transaccional en el que, al estilo del amor, el espejo donde nos miramos se expande para también abarcar el mundo que nos rodea. Se trata de ampliar nuestro imaginario, grabarlo en nuestra memoria neuronal para desarrollar una nueva mirada del mundo y de nosotros mismos; de demoler parte de la construcción para reconstruirla con los planos adecuados. Esas directrices se van escribiendo en nuestra biología gracias a la terapia, en mi caso, psicoanalítica.

Muchos se preguntan de qué sirve mirar al pasado y dar vueltas a nuestros traumas si eso solo nos traerá penas y sufrimiento. Pues bien, si no lo hacemos, jamás podremos reescribir nuestra historia y darle un nuevo significado. Como en una obra de teatro, pasamos de ser villanos y personajes despreciables a ser héroes, víctimas o personajes colaboradores. Si vemos la obra desde esta nueva perspectiva podremos resignificar nuestra vida. Este proceso tan fundamental como decisivo es la clave para descubrir quiénes somos realmente, y cambiar los efectos que la visión distorsionada de nuestra propia historia provocó en nuestra salud. Es como si reparar nuestra historia retrospectivamente nos permitiera eliminar los efectos actuales de eventos pasados en nuestra salud.

La culpa

Sentirme insignificante, solo y dañado hacía que buscara maneras de validarme, de ser útil, de pensar que algo bueno podía brotar de mí, tratando de compensar los efectos del abuso psicológico y espiritual (de los cuales en ese momento no era consciente), esforzándome en cumplir lo mejor posible mi rol de médico y ayudar a quien me lo pidiese sin buscar retribución. Necesitaba creer que aportaba algo a la vida de alguien; esperaba algún agradecimiento, quería compensar el desgaste de sentirme como un desperdicio, un desecho. La deformación de mi propia imagen me impedía saber en qué me había transformado; no era capaz de reconocer qué era lo que me hacía pensar que yo no era un buen tipo. Hoy me doy cuenta de que no eran acciones para equilibrar el mal que aparentemente habría causado o generado en otros, sino que de verdad gratificaban mi espíritu y me parecían naturales. Ver la alegría y la gratitud de los demás impedía que colapsara mi corazón.

Al narrar estas experiencias busco ilustrar las dos vertientes que nutren la confusión emocional y mental que provoca el maltrato, la negligencia y el abuso. La primera, como he dicho antes, es la deformación de la realidad y de nuestra autoimagen, la segunda es cómo nos sentimos debido al trauma. La primera pertenece a la esfera de lo mental y lo psíquico; la segunda, a los efectos químicos que son producto de las activaciones de los centros de control de la respuesta de «combate o huida» y del estrés. Al volver la vista atrás me doy cuenta de que se necesita un espejo que refleje de manera unívoca quiénes somos y qué papeles desempeñamos en la obra de teatro de la vida y otro que proyecte la mirada amorosa de quienes nos aprecian o nos aman. Si no pasamos por esta experiencia que corrija nuestra percepción de la realidad será muy difícil lograr la autoestima tan preciosa.

Al avanzar la terapia empezaba a percibir que, a medida que pasaba el tiempo y lograba establecer vínculos más sanos, se alejaba el personaje sombrío y malvado en el que me habían hecho creer que me había convertido. Algunos de los cambios físicos que sufrí durante los peores años de mi vida en «la parroquia» empezaban a ceder. Muchas veces pensaba en la física cuántica, donde pasado, presente y futuro colapsan en el hoy, y me imaginaba que, al describir y dar un nuevo significado a mi pasado, revertían los daños físicos que en esa época me produjo el trauma. Como si en la terapia no solo se pudiese sanar la historia y por consecuencia la psique, sino también el cuerpo. De hecho es así, dado que se van reduciendo los flujos de adrenalina y cortisol que saturan el torrente sanguíneo y que son el origen de la ansiedad y angustia constante que nos impiden tener control de nuestra vida. Cuántos de nosotros sentimos estas sensaciones y no tenemos ni una idea remota de por qué están ahí y de cuándo fueron originadas. Casi siempre provienen de algún tipo de trauma que quizá apenas recordamos o que hemos bloqueado. Pero el efecto no se detiene ahí, pues el cuerpo tiene memoria del estado de equilibrio saludable y tratará de repararse según ese modelo. Como si aún tuviésemos guardado en el cajón de un escritorio el manual de instrucciones del Lego y lo utilizáramos para reconstruirnos según la imagen original del modelo.

Otra de las taras psicológicas que deja el abuso es la desconfianza: ¿a quién creer? Ya que aquellos que la sociedad había erigido como potenciales «buenas personas», incluso candidatos a santos, eran realmente depredadores despiadados. En varias ocasiones, al conversar con Gracia, mi terapeuta, me enfrenté a la misma duda: creer o no lo que me decía, en particular en lo que se refería a mi condición de víctima; tan poderosa era la telaraña psicológica, pues creaba al abusador haciéndome responsable o provocador del abuso mismo, que me era en extremo difícil salir del patrón de la culpa. Tan marcados quedan en nuestra psique la culpa y el miedo que, cuando ella intentaba traducir a la realidad lo que yo trataba de expresar del modo más objetivo y lógico posible, me obstinaba en diseñar argumentos que la rebatieran y que confirmaran mi culpabilidad, contradiciendo su mirada sana y realista.

La tendencia autodestructiva que dominaba mi mente no quería ceder ante la evidencia, siempre encontraba algún subterfugio al que echar mano para desacreditar lo que mi terapeuta me decía. Es impresionante ver las trabas que vamos poniendo a la propia mejoría y salud. Como diría Freud, todo se transforma en argumentos válidos para autodestruirnos (pulsión de autoeliminación) pero no para justificarnos, fenómeno ausente en las personalidades narcisistas. A veces era el propio cansancio el que me provocaba mi obstinación en la culpa, lo que permitía que Gracia infiltrara algún mensaje inconsciente en mi mente. Un mensaje que más tarde reverberaría en mi interior para conectarse a alguna zona de mi cerebro donde se transformaría en un concepto que tendría sentido y que luego sería capaz de expresar como un resultado de mis propias reflexiones. Es muy interesante ver cómo se pueden plantar semillas en nuestra mente de pensamientos que no son propios. La paciencia inquebrantable de mi terapeuta y su mirada sin juicio iban transformando mi pensamiento. No a su voluntad, sino disipando tinieblas y dudas que me atormentaban incluso durante mis sueños.

El miedo

Así como pasé por un proceso de reinterpretar mi vida para tratar el sentimiento de culpa durante mi recuperación, también fue necesario que pasara por otro para aliviar el temor. Unos dos años después de alejarme de aquella parroquia, aún me asustaba la idea de encontrarme con alguno de los sacerdotes o con el mismísimo Karadima. Algunos de ellos deambulaban por los pasillos de clínicas del «barrio alto» ofreciendo la ostia consagrada a enfermos hospitalizados y a sus parientes. Algunas tardes me los topaba en una donde yo realizaba cirugías en el tiempo que me dejaba libre mis funciones de jefe de servicio de cirugía del hospital Padre Hurtado (hospital público), ubicado en una de las zonas más pobres y abandonadas en el sureste de la capital.

En aquella época no era posible que un médico pudiera subsistir, junto con su familia, solo con el sueldo del hospital público, por lo que luego de una intensa jornada de cirugías, docencia y reuniones, me trasladaba a la Clínica Alemana de Santiago. Allí, a pesar de que existía un capellán asignado para las labores espirituales, algunos enfermos pedían la visita de los sacerdotes de El Bosque, como denominábamos a aquella parroquia. Debo decir con un poco de vergüenza que, en el transcurso de las visitas posoperatorias, muchas veces tomaba atajos internos entre los distintos pisos para evitar toparme con cualquier miembro del grupo de Karadima. En esa época me consideraban un traidor por haber abandonado al «santito», y confieso que una parte de mí también lo creía.

A esa altura ya me daba cuenta de que debía de haber otras víctimas entre mis colegas, y se me ocurría al menos uno que además había sido mi paciente. Se trataba de un médico que había vivido, durante una parte de sus estudios, en la casa parroquial, a cuatro habitaciones de distancia de la del sacerdote Karadima. No tenía ninguna prueba, pero el trato y las preferencias que le daba dicho sacerdote me hicieron pensar que pudiese tratarse de una víctima a la que manipulaba con permanentes favores. Además, veía cómo él también engordaba y para mí era evidente que su salud no estaba bien, por lo que me solicitó asistencia. Dada nuestra amistad y relación médico paciente, imaginé que podía contarle algo de lo que me había pasado, al menos explorar su reacción. Yo, ingenuo de mí, creí que al haber sido su médico sería capaz de escucharme y compartir su propia experiencia. Error garrafal: no solo se molestó cuando, tomando un café, le expuse algo del tema, sino que se levantó indignado amenazándome con las penas del infierno si difamaba al «santo». Mal cálculo, acto seguido, este médico fue a informar de nuestra reunión y del peligro de que yo hiciese una denuncia a toda la red de protección que tenía este sacerdote, lo que sirvió como argumento para que el director del Departamento de Cirugía de la Clínica Alemana, perteneciente a una «obra» católica, me indicara que ya no serían necesarios mis servicios. Así iba la cosa, me quedé sin una fuente de ingresos, asustado y sintiéndome esclavo de mis miedos que, gracias a estos eventos, se hacían cada vez mayores.

A pesar de esas circunstancias, no era capaz de sentir rabia, solo me inundaban el miedo y la culpa. Estaba totalmente desconcertado, pues todo ocurría a mis espaldas. Sabía que la humillación profesional por la que me hacían pasar era solo el comienzo de un afán vengativo mayor. Ya me había expuesto y presentado mis cartas en la conversación fallida con mi colega. Ahora solo me quedaba cerrar los puños y esperar el próximo golpe. En ese estado de terror, ansiedad y expectación imposible de ocultar me volqué con más ahínco en el trabajo de mi hospital hasta que un día, mientras le contaba lo ocurrido a un amigo, de súbito me dijo: «Debes ir y perdonarlo». De inmediato me di cuenta que solo así podría vencer el miedo y librarme del poder que ejercía aún sobre mí. Un par de días después, un sábado por la tarde, me dirigí a la parroquia Sagrado Corazón (el nombre original de aquella iglesia) y enfrenté a mi abusador. Recuerdo como si fuese hoy la fórmula que rompió el embrujo: «Usted me ha hecho un daño enorme, pero lo perdono. Si sé que esto le ha ocurrido a algún otro joven, volveré a enfrentarlo». Me contestó: «Me impresiona tu actitud evangélica», y me invitó a pasar a una capilla interior a orar. Me marché sin decir nada. Desde ese momento desapareció el temor y dejé de sentir su dominio.

Seis años después me enfrentaría a él en un juicio penal por abuso. Frente a una jueza nombrada especialmente por la Corte Suprema de mi país, en una declaración cara a cara, él negaría cualquier acto de abuso psicológico, espiritual o sexual. Ahí me quedó claro que nunca temió el juicio de su Dios y nunca creyó en su sacerdocio. Hoy me doy cuenta de que este tipo de depredadores muchas veces identifican víctimas ya dañadas, que acumulan un alto grado de eventos adversos sufridos en la infancia. En mi caso, aprovechó las condiciones y secuelas que mi adversidad había provocado. Hoy me siento con autoridad para decir que si queremos superar el miedo debemos perdonarnos a nosotros mismos y a nuestros agresores. Es la única manera de recuperar la libertad y el poder que conlleva.

6

Daño en evolución

El Código Civil de Chile —basado en el derecho romano y en las leyes francesas de los siglos XVIII y XIX— permitía, no hace más de cincuenta años, la agresión física «en casos justificados» por parte del marido y del padre hacia la esposa y los hijos. Aún más, si la víctima no denunciaba a su maltratador antes de que pasaran cinco años desde que cumpliera la mayoría de edad, los fiscales y jueces ni siquiera se tomaban la molestia de iniciar un proceso. Resultaba inútil, pues el abusador nunca sería condenado.

En casi todos los países del mundo, incluso en los más desarrollados, las garantías aún están de parte del agresor, que casi siempre es del sexo masculino. Las niñas constituyen más del 80 por ciento de las víctimas y, por lo general, no encuentran justicia; aún más, se las retraumatiza cuando, durante los juicios, se las expone frente a sus agresores y se cuestionan sus versiones de los hechos.

Ante tal injusticia, pensé que valía la pena intentar cambiar las leyes, y junto con un grupo de personas sensibilizadas con el tema iniciamos un proceso en el que logramos cambiar la legislación. Hoy en día, el abuso sexual de menores y adolescentes no prescribe en Chile. Uno de los argumentos clave para conseguir este cambio fue describir la permanencia del daño en víctimas de abuso sexual. Este no cesaba, por lo que el delito aún no estaba consumado. La víctima no había muerto, ni se había delimitado ni concretado su daño, sino que aún sufría sus efectos. Los fiscales, defensores y jueces no podían definir cuándo cesaría, ni tampoco su intensidad.

Un breve inciso: en el centro de investigación CUIDA de la Fundación para la Confianza y la Universidad Católica de Chile, publicamos en los últimos tres años estudios orientados a identificar marcadores epigenéticos que permitiesen identificar a personas víctimas de eventos adversos en la infancia.[1] El objetivo es conocer el nivel de daño que su cuerpo ha acumulado. Estos marcadores también se usan hoy para medir el envejecimiento genético. En 2024, junto con el Tecnológico de Monterrey, México, trabajamos en la búsqueda de marcadores de tipo biológico que permitan identificar en una muestra de sangre, pelo, células bucales o de microbiota humana la presencia de efectos que el trauma puede haber dejado en nuestro organismo.

Para ganar el caso, recopilé gran cantidad de información científica actualizada de diferentes disciplinas, donde se establecía la evidencia de los efectos a largo plazo de este tipo de agresiones. Me quedaba muy claro que la salud y la calidad de vida de muchas víctimas, entre ellas pacientes mías, empeoraba a pesar del cese del abuso. Era, en definitiva, un proceso de «daño en evolución», durante el cual se veían paulatinamente afectados la corteza prefrontal, el hipotálamo y la amígdala, responsables del control cerebral. Son zonas del cerebro responsables de la memoria, de inhibir actos agresivos o temerarios, del control de la sexualidad, así como de la respuesta de alerta, lucha o huida.

Para poder dimensionar un poco lo anterior, imaginemos que, durante una noche fría de invierno, caminando por una calle solitaria poco iluminada, de repente, frente a la reja del jardín de una casa, salta un enorme perro negro de ojos brillantes y amenazadores. Ladra y arremete corriendo hacia esa barrera de poca altura, que creemos que podría saltar con facilidad intentando devorarnos. Estoy seguro de que a muchos nos ha pasado, hemos sentido cómo los pelos de nuestra piel se erizan y un escalofrío recorre nuestro cuerpo inmovilizándonos, dejándonos a merced del peligro. En ese momento, y de manera casi instantánea, se activa en nuestro cerebro una señal de alarma de tal intensidad que todo lo que ocurre a nuestro alrededor se esfuma, limitándonos a una mirada tubular, donde el perro es lo único que atrae la atención de todos nuestros sentidos. En ese momento damos un salto reflejo que nos intenta alejar del ataque, iniciando la huida o dejándonos en posición de recibir la arremetida del can. La ya agitada respiración se mezcla con los latidos que sentimos en la boca y en las sienes, las pupilas se dilatan, empezamos a sudar y todo nuestro cuerpo se tensa. Más de alguno se habrá desmayado del horror.

Ahora pensemos qué sentiríamos si esto se repitiese todos los días al recorrer esa calle o camino, en momentos imprevistos, pues no existe otra vía para llegar a casa. Esa repetición del evento traumático generaría un terror anticipatorio y haría que nuestro sistema cerebral se mantuviera preparado y en alarma permanente, en un estado que gatillará una nueva respuesta de estrés al recibir el nuevo ataque. Esta situación es la que se vive en las guerras, en el abuso sexual de menores y adolescentes, en el acoso escolar, en las violaciones, en el maltrato de parejas y en un sinnúmero de situaciones de abuso de poder en las que los ataques pueden ser reiterados. El resultado acumulado de este trauma repetitivo deriva en lo que se denomina estrés postraumático, que puede ser crónico (permanente) o de intensidad progresiva, que caracteriza al estrés postraumático tóxico.

El problema es que en los casos de estrés postraumático crónico y tóxico, al cesar la señal de alarma o la agresión, la respuesta de alerta del cuerpo ya no se detiene, lo que hace que las concentraciones de cortisol y adrenalina se mantengan muy elevadas en los tejidos, en especial en el cerebral. Esto afecta nuestra inmunidad, agota los precursores de estrógeno y progesterona, consume nuestras hormonas tiroideas y desestabiliza todas nuestras funciones de reparación de tejidos y de eliminación de células senescentes (las denominadas *zombies cell*), dejándonos agotados y expuestos a toda clase de enfermedades.

Las señales de alarma que recibimos a través de nuestros sentidos serán interpretadas casi siempre como amenazas (aunque no lo sean), gatillando en microsegundos el circuito de reacciones que se dirigen a la amígdala (zona reguladora de respuesta al miedo) ubicada en el centro del cerebro, para luego desencadenar las respuestas físicas durante el ataque.[2] Cuando este proceso es repetitivo o de gran intensidad, como en el caso de las violaciones o de los abusos sexuales, la noradrenalina y el cortisol inundan la sangre, manteniéndose en niveles elevados que generan un estado inflamatorio en extremo dañino que propicia la muerte de las neuronas y muchas otras células del organismo.[3] La falta de freno en los controles cerebrales hace que las glándulas suprarrenales produzcan permanentemente tales sustancias, liberando enormes cantidades de neurotransmisores (adrenalina) y glucocorticoides (cortisol) en el torrente sanguíneo. Lo normal es que luego de cesar las amenazas o los ataques, el sistema se *apague* para dar paso al funcionamiento normal orientado a mantener la vida, a la reparación de nuestros órganos, a la eliminación de células tumorales y a la reproducción de la especie.

Hasta hace dos décadas no se sabía que la noradrenalina y el cortisol, claves para nuestra supervivencia, podían a su vez dañar nuestros tejidos si se mantenían en circulación permanente en la sangre o en las terminaciones nerviosas, en especial las cerebrales.[4]

En estudio de imágenes en personas que sufren estrés postraumático crónico,[5] se aprecia que la región del hipotálamo, la corteza prefrontal y la amígdala reducen su tamaño, alterando su funcionamiento.[6] Entre otros efectos, se pueden mencionar alteraciones y bloqueos de memoria, exposición a actividades de alto riesgo físico, hipersexualidad y comportamiento violento. Cuando este proceso de estrés postraumático y daño cerebral se inicia temprano en la infancia, un porcentaje de quienes lo padecen presentan alto riesgo de caer en actividades delictivas, violencia, consumo de sustancias, embarazo adolescente[7] y déficit de aprendizaje, simplemente porque sus mecanismos biológicos de inhibición neuronal, que se encuentran en la corteza prefrontal, están dañados o atrofiados por la noradrenalina y el cortisol.[8] Esto es tan categórico que si hacemos una resonancia magnética nuclear a un joven que sufre esta condición veremos diferencias asombrosas en el grosor de la corteza cerebral, que puede llegar hasta un centímetro de diferencia en comparación con otro que no la sufre, y una reducción del volumen cerebral que puede superar el 10 por ciento. En 2022, Demers *et al.* publicaron un estudio desarrollado en recién nacidos cuyas madres habían sido sometidas a algún trauma durante el embarazo como, por ejemplo, maltrato por parte de la pareja, un conflicto armado o una guerra.[9] Los investigadores identificaron una clara disminución del tamaño de la amígdala cerebral, lo que afecta su posterior desarrollo y temperamento. El efecto de los neurotransmisores (adrenalina y noradrenalina) y de las hormonas (cortisol) llega a ser tan poderoso que traspasan la placenta para afectar también al feto en desarrollo intrauterino. Lamentablemente, esto no se detiene en el daño de la hija o hijo, sino que, como veremos más adelante, las generaciones venideras también verán afectada su salud por este sufrimiento. Cuando las víctimas son varones, sus espermatozoides podrán transportar también sus historias de trauma.

Es este daño, y la activación constante de la alerta, así como la modificación de las conexiones neuronales, lo que lleva a que síntomas como la ansiedad y la angustia se manifiesten de manera permanente. Quienes los hemos sufrido, pensamos que estamos dañados y enfermos, que son consecuencia de una herencia desafortunada. Esto significa que mantenemos activa la respuesta de alarma sin que exista una amenaza real o un peligro inminente. Este fenómeno es la base del síndrome de estrés postraumático crónico y del estrés postraumático tóxico, dos procesos dañinos con el poder de transformar la personalidad y las capacidades de los seres humanos.

No solo las células cerebrales están expuestas a tal caldo tóxico de sustancias químicas, sino que el resto de las células de nuestro organismo también sufren esta agresión, incluso nuestra microbiota. Es así como nosotros, los médicos, constatamos cambios y daños en la función de órganos y sistemas que no se explican por los síntomas asignados a enfermedades específicas que tienen nombre y apellido, bautizándolas, sin más, como enfermedades psicosomáticas, retraumatizando a pacientes injustamente por nuestra ignorancia. El trauma es tan poderoso que nos hará susceptibles a infecciones, enfermedades autoinmunes, enfermedades inflamatorias, metabólicas o neuropsiquiátricas.

Hace algunos años no sabíamos que había daños que perduran en el tiempo y que incluso son heredables, es decir transgeneracionales, lo cual cambia de manera radical la forma de ver la justicia, los delitos, las víctimas, las penas y las reparaciones. Estos conceptos eran impensables y estaban ausentes en el Senado romano hace dos mil años, por lo que mantener normas tan arcaicas como si fueran una verdad inamovible termina siendo fuente de injusticia. La clave está en conectar las ciencias biológicas con las humanistas y sociales, para que evolucionen en armonía en favor del bienestar de los seres humanos y del planeta.

Estos fueron algunos de los argumentos que me permitieron plantear la hipótesis de que el daño no se circunscribía y delimitaba en el tiempo, sino que estaba «en evolución», por lo que no era medible como se puede cuantificar una cantidad robada, una lesión corporal directa o la vida misma. Por ende, no se podía aplicar ningún tipo de prescripción, pues aún no se detenían los efectos deletéreos y no sería posible aplicar una pena o sanción proporcional.

Los argumentos médicos, biológicos y científicos del siglo XXI fueron capaces de unificar los criterios y, en votaciones unánimes de la Cámara de Diputadas y Diputados y del Senado de la república de Chile, se promulgó la ley. Pocas veces una nueva ley generó tanto consenso.

7

Eventos adversos durante la infancia

Hoy en día, es posible que unos de los factores más influyentes en el desarrollo de enfermedades crónicas en el mundo sean los eventos adversos sufridos durante la infancia (Adverse Childhood Experiences, ACE). Es tal el impacto social y económico de estos eventos en Estados Unidos que los costos directos e indirectos que generan sobrepasan los 748 billones de dólares y, en Europa, los 581 billones, sin considerar los costos sociales y económicos de la violencia atribuible a jóvenes con elevados índices de ACE.[1] Esto se debe a que sus consecuencias no son solo psicológicas, como se pensaba antes, sino biológicas y epigenéticas, pues cambian el comportamiento del ADN.

De manera más precisa, los genes se encuentran en permanente «escucha» de todo lo que nos ocurre, y se modifican en un intento de ajuste. Cuando el efecto sobre ellos es demasiado intenso o se prolonga en el tiempo, la capacidad de reorganización del ADN queda sobrepasada y se desregula, generando fallas en el sistema celular. Estos «errores» de información se pueden localizar en algún tejido u órgano específico y traducirse, por ejemplo, en un cáncer; si lo que se ve afectado es el funcionamiento energético de la célula, puede producir debilidad, fatiga crónica o fibromialgia cuando afecta células musculares, o depresión si las implicadas son las células nerviosas.

En 2012, en una sesión del Senado de Chile en la que se analizaban las antiguas normas de prescripción argumentando a favor de la imprescriptibilidad, hice referencia a uno de los estudios más reveladores que haya leído en mi vida, el cual conectaba, de manera directa e irrefutable, todas las adversidades y los sufrimientos que padecen los seres humanos durante la infancia y la adolescencia con su salud física y mental. Hasta entonces yo no era consciente del impacto que la historia de mi vida había causado en mi salud. «Relationship of childhood abuse and household disfunction to many of the leading cause of death in adults. The adverse childhood experiences (ACE) study», publicado en la revista *American Journal of Preventive Medicine*, produjo un cambio de rumbo en cómo entender el sufrimiento humano.[2] Por primera vez se apuntó al maltrato, al abuso sexual, a la disfunción familiar grave y a las condiciones del hogar como causas directas de enfermedades y de disminución del tiempo de vida de aquellos que sufrían alguna de dichas formas de violencia. Hasta ese momento la división entre el mundo psicológico y el biológico era incontestable y no se podían encontrar los nexos que explicasen cómo la depresión o un sentimiento de pena extrema podían enfermar a una persona, o el estrés mantenido quebrar nuestra salud. Los hallazgos del equipo liderado por los doctores Felitti y Anda dieron el puntapié inicial para que cientos de científicos en el mundo comenzaran a buscar los conectores. Así pues, la angustia, la ansiedad, el sobrepeso y la asfixia nocturna que me acompañaron durante años, debilitándome y deprimiéndome, al parecer tenían un origen concreto.

A mediados de los años noventa, el doctor Felitti, que trabajaba como especialista en obesidad y enfermedades metabólicas para los usuarios de la aseguradora estadounidense Kaiser Permanente, con base en el estado de California, empezó a notar que pacientes mujeres con un exceso de peso considerable relataban historias de abuso sexual y maltrato en la infancia. Durante las entrevistas con mujeres que padecían obesidad mórbida empezó a notar una cierta reticencia a comentar su niñez o adolescencia, por lo que acondicionó la encuesta y decidió agregar una cita privada con la idea de conseguir la información que él percibía sus pacientes no querían compartir.

Después de entender que su aproximación no podía hacerse a partir de una entrevista clínica clásica, sino que era preciso tener una conversación empática, profunda y de larga duración, descubrió historias que lo sorprendieron sobremanera. Como mencionaría años después en un artículo conmemorativo,[3] al menos un 60 por ciento de sus pacientes mujeres que sufrían obesidad mórbida habían experimentado, como mínimo, un episodio de abuso sexual en su infancia o adolescencia. En palabras del especialista: «Al poco tiempo un nuevo *insight* nos fue aportado por una paciente adulta, que nos comentó que había sido violada a los veintidós años y que, tras ese evento traumático, aumentó sesenta kilos en un año. Su comentario fue: "Las obesas pasamos desapercibidas, y así es como quiero ir por la vida"».[4]

Tras hacer su labor estadística presentó sus resultados en múltiples congresos, donde nadie quería aceptar este tipo de conexión entre obesidad y abuso. No fue hasta 1995 cuando, durante una cena en un congreso, un doctor epidemiólogo y estadístico se le acercó a comentar sus resultados. Ese doctor era Robert Anda, quien en esos años trabajaba en los U.S. Centers for Disease Control (CDC), en Atlanta, que estudian y regulan todas las enfermedades infecciosas y transmisibles en Estados Unidos formulando las normas nacionales de vacunas y tratamientos, incluida la COVID-19.

El doctor Anda le propuso a Felitti analizar siete parámetros de eventos adversos durante la infancia y la adolescencia, y seguir el historial de salud física y mental de los participantes. Se enrolaron trece mil quinientos adultos, de los cuales nueve mil quinientos contestaron el cuestionario, en el que se les preguntaba, básicamente, por dos aspectos: si habían sufrido abuso físico, psíquico o sexual y presenciado violencia contra la madre u otro miembro de la familia, o si vivían con familiares drogodependientes, criminales o con trastornos mentales severos.

Al completar el estudio y analizar las asociaciones significativas estadísticamente, se dieron cuenta de que no solo el abuso sexual podía generar obesidad mórbida, sino que todas las categorías antes mencionadas se relacionaban con riesgo de alcoholismo, drogadicción, depresión, enfermedades de transmisión sexual, suicidio, así como con el desarrollo de enfermedades cardiovasculares y hepáticas, cáncer, asma y fracturas. En estudios posteriores, la lista se iría incrementando de manera alarmante. Felitti y Anda descubrieron, asimismo, que si se sumaban nuevos eventos adversos, las consecuencias para la salud y la expectativa de vida eran peores.

Felitti entendió, poco a poco, que aquello era solo la punta del iceberg, y una cosa ya estaba clara: con las dietas y los medicamentos no se abordaban los verdaderos orígenes de la obesidad extrema de sus pacientes, cuyos relatos no lograban explicar por completo su evolución corporal; sin embargo, después de entrevistar a más de trecientas de ellas que sufrían obesidad mórbida, no podía obviar la necesidad de profundizar en los eventos traumáticos que habían sufrido el resto de personas que llegaban a su consulta con patologías como la diabetes, el hipotiroidismo y la obesidad de menor grado. Los hallazgos de Felitti fueron los que, tras años en busca de apoyo académico, sentaron las bases del estudio seminal del CDC y de Kaiser Permanente.

Cuando Felitti y Anda publicaron los resultados de sus investigaciones no imaginaban la cantidad de años de esperanza de vida que podían perder quienes acumulaban altos grados de eventos adversos (varios de ellos simultáneos o uno tras otro) sufridos en la infancia, que en el caso de aquellos que habían sufrido seis o más eventos, podía ser de hasta veinte años.[5]

En 2012, la Organización Mundial de la Salud amplió el cuestionario en el que se basó el estudio ACE para incorporar tres modalidades de violencia comunitaria, consideradas agentes traumáticos de trascendencia —la violencia entre pares (acoso), la violencia en la comunidad (bandas delincuenciales, narcotraficantes) y la violencia institucional, como la ejercida por gobiernos no democráticos o a causa de la guerra—, consolidando lo que hoy es la escala ACE-IQ.

En 2023 se quiso evaluar esta nueva clasificación. Alhowaymel *et al.* se propusieron saber cuántos eventos adversos podían resistir una niña o un niño antes de que el trauma dejara marca en «sus huesos».[6] Tras encuestar a varios miles, demostraron que el corte que se asocia con enfermedades crónicas como hipertensión arterial, diabetes, obesidad, enfermedad coronaria, asma, depresión e intento de suicidio son la suma de cuatro a más eventos adversos durante la infancia y la adolescencia.

Los eventos adversos durante la infancia y la adolescencia no solo provocan daños imperceptibles y de mucha trascendencia en nuestro ADN, también distorsionan nuestra visión de la realidad y de la vida. Es tan violento el impacto en nuestra psique, que en particular se deforma la percepción que tenemos de nosotros mismos. Sencillamente dejamos de saber quiénes somos, lo que creemos, los códigos éticos que nos regulan y nuestro lugar en la sociedad. Son muchos los sentimientos que nos invaden cuando nos maltratan y somos abusados. Una mezcla ponzoñosa de desorientación, rabia, culpa, vergüenza, soledad y miedo se apodera de nuestro corazón, congelando nuestra mente, impidiendo romper con la esclavitud que genera el dolor del trauma. El sufrimiento reverbera en la ansiedad que nos impide sentir y pensar con lucidez, tratando de aliviarla con la comida, el alcohol, las drogas o con actos de evasión de la realidad. Porque la realidad no se entiende y duele demasiado.

En 2023 se inauguraba el centro de primera infancia en el Tecnológico de Monterrey, ocasión en la que se me pidió mostrar nuestros resultados de la primera encuesta chilena de eventos adversos durante la infancia. Estos serían la base para los estudios que ellos han concluido recientemente. Descubrir que más del 80 por ciento de la población chilena había sufrido como mínimo un evento adverso en la infancia y que más del 30 por ciento al menos cuatro, nos dejó atónitos. Descubrimos que el abuso sexual en mujeres y la violencia colectiva en hombres eran los factores de mayor peso en las enfermedades que presentarían en la edad adulta.[7] El acoso escolar constituye el tercer evento adverso que más impacta la salud de nuestras niñas y niños. ¡Y los resultados del Tec de Monterrey eran casi idénticos! A dicha inauguración también fue invitado el director del Stanford Center on Early Childhood de la Universidad de Stanford, quien mencionaba que, al evaluar a los niños de los orfanatos del estado de California, se habían dado cuenta de que la falta de respuesta a las necesidades afectivas y de cuidado —así como lo impredecible de las reacciones de los cuidadores— eran tan dañinos como el maltrato o el abuso directo. La actitud negligente y el descuido de menores y adolescentes son tan nocivos para la salud, el desarrollo y la felicidad humana como los eventos adversos.

Así pues, tomando como base el estudio ACE, empecé a intuir que para descubrir y entender la interconexión entre el ambiente al que estamos sometidos y la profundidad de nuestro cuerpo sería clave ahondar en el estudio de la biología celular, la ecología, el envejecimiento y los estudios genéticos, para analizar el origen de las enfermedades modernas y el desarrollo del cerebro humano. Sin embargo, no parecía suficiente y, poco a poco, por necesidad de contexto, fui adentrándome en la antropología, la arqueología, la sociología, la geología, el estudio del clima y de la botánica. En el camino de descubrimiento del conocimiento iría encontrando respuestas por completo novedosas que no solo me dejarían satisfecho, sino que me explicarían la violencia, la discriminación de la mujer, el maltrato a los niños, el abuso y las guerras. Se hace camino al andar.

Para empezar, necesitaba información. Me atreví a escribirle a Vincent Felitti. A los pocos días recibí un correo electrónico en el que me daba consejos, además de todos los estudios escritos por él y sus colaboradores. Me sugirió empezar por recabar información en mi país. La tarea no era fácil, pues no existía ningún estudio similar al original en ningún país de Latinoamérica. Esto me motivó a proponer la creación de un centro de estudio en Chile, en una asociación de la Fundación para la Confianza y la Universidad Católica, y en dos años se realizó la primera encuesta nacional de eventos adversos durante la infancia y abuso sexual realizada en Chile y Latinoamérica.

Simultáneamente, iniciamos estudios que mostraron la conexión del trauma con cambios genéticos permanentes.[8] Necesitábamos explicar cómo el efecto de un episodio traumático tenía el poder de producir cambios en la anatomía y en la función de distintas zonas del cerebro. Entrevisté a colegas y científicos con quienes pasé largas horas conversando acerca de la psique humana y la biología, tratando de imaginar ideas alternativas que explicaran estos fenómenos. Llegamos a pensar que quizá el recuerdo permanente del estrés sufrido en circunstancias traumáticas hacía revivir los eventos adversos, generando un estado depresivo que podría afectar las defensas, con lo que el individuo se hacía más propenso a infecciones o incluso al cáncer. También era posible imaginar que esta misma depresión afectara a la autoestima y al autocuidado, derivando en una alimentación deficiente, descuido en el cuidado personal, así como una eventual exposición a situaciones de riesgo como las adicciones o conductas sexuales de alto riesgo. No obstante, dichos argumentos no eran suficientes para explicar el fenómeno.

8

Si Darwin hubiese sabido

Para seguir avanzando necesitaba adentrarme en el tema de la evolución de los seres vivos. Se hacía necesario entender nuestra interacción con el ambiente, dado que todo lo descrito en el estudio de Felitti y Anda tenía que ver con eventos externos que, evidentemente, no estaban programados en nuestros genes. Para tal fin, recurrí a uno de los conceptos científicos que explica la influencia del entorno en nuestra salud y qué tiene que ver la genética en todo esto.

«Exposoma» (del inglés *exposome*) se refiere a las sustancias, los alimentos, las interacciones fisicoquímicas y, en general, a todos los eventos a los que estamos expuestos durante las diferentes etapas de la vida. Claramente, determina un porcentaje relevante de lo que hoy somos en cuerpo y mente. Este concepto no se contrapone al darwinismo, sino que lo complementa, al reconocer aspectos como la contaminación ambiental y el efecto que compuestos químicos sintéticos producidos por el hombre —por ejemplo, los pesticidas, las hormonas administradas en la cría intensiva de peces, aves y de otros animales, los aditivos presentes en el papel de los cigarrillos, entre miles de otras sustancias nocivas y potencialmente cancerígenas— tienen en nuestra salud.

Hoy sabemos que la evolución de las especies responde a tres fuerzas poderosas: el *ambiente externo* (evolución clásica), el *ambiente interno* (microbiota, procesos genéticos y cognitivo-emocionales) y la *fuerza autoevolutiva o fuerza de evolución*, que es el motor de la vida misma y que se habría generado en cualquier lugar del universo donde se dieran las condiciones fisicoquímicas propicias. Estos tres componentes están en permanente comunicación e interacción, dependen los unos de los otros. Cuando hablamos de una fuerza primordial autoevolutiva, esta se ve reflejada por una tendencia a la organización y a una superorganización atómica y molecular que depende de mecanismos cuánticos, cada vez más complejos, que recién hemos empezado a vislumbrar. Entre estos mecanismos, hoy definidos por la física cuántica, destacan la observación (observador), la interacción y la comunicación. Tan poderosa es esta fuerza organizadora que fue capaz de generar la vida. Es como cocinar un caldo primordial que siempre dará como resultado un plato delicioso, independientemente de si la cocción se lleva a cabo en una olla de cerámica, de metal o en una cáscara de coco, siempre y cuando contemos los ingredientes necesarios y en una proporción adecuada. Lo concreto es qué ocurre, el por qué ocurre es harina de otro costal. Lo más impresionante es que ni siquiera será necesario revolver esta sopa original, pues la mera interacción de sus ingredientes (moléculas) los aglutinará de una manera inteligente, estable y «sabrosa».

Es posible que tal fuerza autoevolutiva esté detrás del desarrollo de tejidos y órganos tan complejos y eficientes como el cerebro humano. Sin embargo, para analizar cómo el *Australopithecus* (primer homínido descubierto hasta la fecha), con una capacidad craneal inferior a los quinientos centímetros cúbicos, evolucionó al *Homo erectus*, con más de mil centímetros cúbicos, en un periodo de tiempo récord, es necesario considerar distintas variables. La suma de los efectos del medio externo —en especial la sociabilización de la especie—, el medio interno —determinado por el cambio de microbiota— y de la fuerza intrínseca de organización evolutiva se puede apreciar en la necesidad y capacidad de nuestras células y tejidos por establecer conexiones de manera permanente. Separar estas tres fuentes de fuerza evolutiva tiene un objeto didáctico, pues no es posible establecer un límite preciso en cada una de sus áreas de influencia. Por ejemplo, gran parte de la producción de serotonina no está dada por los cuerpos neuronales que la liberan en sus axones. La serotonina como molécula del bienestar se produce también gracias a los trillones de bacterias que viven en nuestros intestinos. Un cambio o una alimentación deficiente alterará la composición y el equilibrio de nuestra microbiota, disminuyendo la producción de serotonina, pudiendo causar trastornos del ánimo u otras enfermedades de la esfera de la salud mental.

Hoy sabemos que en el proceso de desarrollo cerebral fueron necesarias proteínas de origen viral, que reforzaron el sostén energético de las células gliales y de las neuronas,[1] e intervinieron en la formación de la mielina, esto es, la capa que recubre los tractos nerviosos y que permitió las conexiones de la compleja red neuronal cerebral de los animales.[2] La síntesis de estas proteínas en el cerebro fue posible gracias al aporte de material genético proveniente de genes virales que se introdujeron en nuestras células a través de infecciones o bien como parte integral de la microbiota intestinal. Por otra parte, si consideramos que las infecciones virales se generalizaron en núcleos poblacionales de más de cien mil habitantes, es posible afirmar que este hecho habría permitido su multiplicación y una tasa mayor de mutaciones.

Hace más de siete mil años, después de la revolución agrícola, se fundaron las primeras ciudades estado en Mesopotamia. No existen registros antropológicos del Pleistoceno que indiquen la presencia de infecciones o pestes como las registradas en la historia moderna, a pesar de que en nuestro sistema digestivo siempre han estado presentes diferentes tipos virales. En este sentido, el proceso evolutivo es abierto, responde a todos los cambios del cosmos sin que ningún ser vivo pueda ser ajeno a ellos, pues pertenecen a este mismo universo. Los virus solo se convirtieron en nuestros «enemigos» durante el Holoceno, cuya propagación estuvo promovida por el aumento de la densidad poblacional humana. Posteriormente, el contacto estrecho con animales derivado de la domesticación generó la transmisión zoonótica (el paso de microorganismos entre animales y humanos, y viceversa) de virus, bacterias y parásitos.

Evolución antropogénica

En el siglo XIX no se consideraba al hombre como un agente de evolución, tampoco se creía relevante su impacto en el planeta. Éramos los dueños, y todo lo que hacíamos estaba bien. Hoy en día, no hay duda de nuestra influencia en la flora, la fauna, la geología y el clima de la Tierra, lo cual nos obliga a introducir un nuevo concepto: el Antropoceno (una era originada por el hombre). Se trata de los efectos ambientales que no tienen un sentido de adaptación evolutivo natural, salvo quizá el de satisfacer las necesidades, reales o imaginarias, de una población inmensa y en constante crecimiento. Somos nosotros, para bien o para mal, un nuevo agente de cambio.

No obstante, desde una perspectiva histórica, los conflictos humanos han contribuido a la modificación de los ecosistemas, y esto es lo que Darwin considera para explicar la evolución natural. Según él, en la naturaleza todo es competencia, y la supervivencia en ella está determinada por la ley del más fuerte y del mejor adaptado. Sin embargo, estos son solo conceptos culturales propios de la época que vivió Darwin: un mundo en el que la Revolución Industrial, la competencia y el liberalismo controlaban la cultura e influían en el conocimiento. En síntesis, una cultura fruto de nuestra historia reciente —últimos diez mil años— caracterizada por la aparición súbita del egoísmo, la violencia, las guerras y la falta de colaboración. Hasta ahora no hay evidencia de que otra especie haya torcido el camino de la evolución natural de esta manera y en tan poco tiempo. Son tantos los cambios generados en los ecosistemas del planeta que las consecuencias se hacen impredecibles.

Uno de los subproductos desconocidos de la evolución antropogénica son las enfermedades crónicas o degenerativas y las oncológicas, pues las primeras y la mayoría de las segundas no existían hace veinte mil años, o al menos no hay evidencia, por ejemplo, de metástasis o tumores primarios como osteosarcomas (cáncer óseo) en restos óseos. Sin embargo, en animales tan antiguos como los dinosaurios se han identificado abundantes rastros de enfermedades transmisibles, como la producida por un tipo de parásito aviar, por el consumo de aves o por canibalismo. Sí se han identificado rarísimos especímenes de tiranosaurios con estigmas de tumores óseos, en su mayoría benignos, en especial en Brasil.[3]

La enfermedad, como la conocemos hoy, es un subproducto de cambios recientes (diez mil años) y no solo nos ha afectado a nosotros, sino también a los animales domésticos y a muchos de los que criamos para el consumo masivo. Los perros y los gatos, al compartir nuestro hábitat, presentan cada vez más enfermedades relacionadas con nosotros. Nuestra presencia en lugares tan remotos como la Antártida ha provocado el contagio de la gripe aviar a poblaciones de aves y pingüinos australes. Otros contaminantes atmosféricos prohibidos desde los años ochenta y que se depositaron en la superficie de los hielos antárticos se están virtiendo al océano por los deshielos masivos, producto del recalentamiento atmosférico. Aunque no sea de dominio público, sabemos que los seres vivos, y en particular el ser humano, no tienen *desperfectos de fábrica*, ni enfermedades heredadas entre generaciones desde hace millones de años, ya que menos del 10 por ciento de los males que nos aquejan hoy son atribuibles a la herencia de mutaciones. Esto se explica dado que aquellas mutaciones no compatibles con la salud no prosperaban entre los descendientes. Respondemos principalmente al entorno en que vivimos, y esto incluye lo que comemos, respiramos, sentimos o sufrimos.

Poseemos un código adaptativo que responde a nuestro estilo de vida en el entorno y a la microbiota que cultivamos a lo largo de la vida. La enfermedad es solo una respuesta al desbalance entre estos dos aspectos. Recuperar la salud dependerá de nuestra capacidad de identificar los factores inmunitarios, genéticos, neuroendocrinos, alimentarios y de la microbiota que se establecieron entre los últimos dos o tres millones de años, que representan el 99 por ciento de nuestra existencia como especie, para compararlos con los que hemos modificado en los últimos milenios (1 por ciento de nuestra historia evolutiva), tanto en relación con nuestra alimentación como con nuestro estilo de vida, conductas, hábitos y ambiente.

Este proceso de la vida y la evolución tiene un sentido bidireccional: los seres vivos pueden afectar al ambiente como el ambiente a los seres vivos. Un ejemplo son las minicélulas que proliferaron hace millones de años; eran más pequeñas que las bacterias y contaban con un sistema interno que les permitía utilizar la luz solar para producir oxígeno y energía. Aquellas jóvenes bacterias, llamadas cianobacterias, fueron las precursoras de los conocidos cloroplastos de las plantas, que cumplen la misma función, transformando el dióxido de carbono en oxígeno e hidratos de carbono (fructosa, celulosa, almidón) en el mundo vegetal por medio de la fotosíntesis. Como consecuencia, se produjo una hipersaturación de oxígeno en la atmósfera del planeta que, al ser cada vez más abundante, atravesó las paredes de las primeras células para convertir las moléculas lipídicas en colesterol, lo que permitió el futuro desarrollo de células más complejas y de los primeros organismos multicelulares. El colesterol fue el «ladrillo» que reemplazó al «barro» de las membranas celulares, permitiendo que otras moléculas llamadas receptores proteicos aparecieran como antenas de telecomunicaciones en cada célula de nuestro organismo.

En resumen, existimos gracias a una serie de fenómenos físicos y bioquímicos, así como al efecto, como veremos, de choques estelares semejantes a los que muestra la película *No mires arriba*, con Leonardo DiCaprio. Será entonces necesario conocer y comprender los factores que hemos modificado durante los últimos milenios, y en particular en el último siglo, distinguiendo aquellos que nos dañan de aquellos que nos benefician para, como si de un proceso de ingeniería inversa se tratara, introducir los cambios en nuestro estilo de vida y así entrar de nuevo en armonía con la tendencia evolutiva ancestral. No estamos diseñados para controlar el mundo o el universo, sino para vivir y ser parte de ellos.

Puesto que en el curso de este libro comentaremos algunos de estos cambios, es imprescindible que volvamos brevemente al pasado más remoto, al origen del universo, en un breve recorrido por la historia de la vida, de los mamíferos y de la evolución del hombre, que nos proporcionará un acúmulo de conocimientos, a la manera de una caja de herramientas, con instrucciones y recetas que nos permitan entender por dónde hemos transitado para así repararnos y, por qué no, ayudar a sanar a nuestro prójimo y a la sociedad.

La evolución humana ha implicado largos periodos no exentos de riesgos enormes, y ha sido nuestra capacidad de adaptación la que nos ha permitido sobrevivir en condiciones extremas. Durante nuestro desarrollo como especie ha habido distintos procesos y hábitos que se han mantenido constantes durante más de cinco millones de años, y uno de ellos ha sido la forma de nutrirnos. La alimentación no solo nos forjó, también fue la responsable de apoyar biológicamente los procesos de desarrollo cognitivo que nos han traído hasta aquí. El otro proceso estable ha sido la crianza, con mecanismos en extremo delicados que regulan el desarrollo cerebral, la agresividad masculina y la fertilidad. Estos pilares de la evolución humana fueron las claves, junto con el proceso de sociabilización, para avanzar como especie.

A pesar de que gran parte de los lugares del planeta que otrora fueron habitables hoy se encuentran sumergidos decenas de metros bajo el mar, debemos guiarnos por los restos antropológicos y arqueológicos de zonas geográficas que antiguamente se consideraban altas, como los montes Altái en Rusia o la meseta del Tíbet o la de Anatolia. Es en estos sitios donde, en cavernas y zonas desérticas, secas y frías, se han conservado mejor los restos, aunque eso no significa que una mayoría viviera allí. Es obvio que cualquier grupo humano habría buscado el agua dulce y las áreas bajas de mayor vegetación. Con esto quiero decir que a la hora de estudiar, analizar y sacar conclusiones sobre nuestra prehistoria, solo disponemos de una mínima muestra de lo que realmente hubo, pues la mayoría de los animales y grupos humanos vivían en los valles cercanos a ríos, desembocaduras y deltas, donde abundaba la comida. La mayoría quedaron sumergidos bajo los océanos durante el último deshielo. La historia de la humanidad yace secretamente en las profundidades de las aguas.

9

Orígenes

Interacciones fisicoquímicas, que operan según las leyes de la relatividad y la mecánica cuántica, configuran las leyes uniformes en el universo y la información que de ellas emana, y solo el lenguaje de las matemáticas ha permitido comprenderlas. Aún no conocemos todas estas leyes ni cómo evolucionan, pero sabemos que existe un lenguaje inteligible que permite entender nuestro universo. No es caos, es claramente un código entendible que solo puede ser originado por una energía inteligente. El lenguaje universal de los números y de las matemáticas pudo ser descubierto porque siempre ha existido. No parece razonable considerar que el lenguaje de las leyes de la vida —y de la información que la sostiene— haya aparecido por generación espontánea. Definitivamente, la energía es inteligente e inteligible; en eso se basa la existencia de lo que nos rodea, e incluso de los lugares más distantes del universo. El supuesto caos es, en realidad, información con sentido, motivo y objetivo. Definir y descubrir el sentido, el motivo y el objetivo de la vida y del universo es la búsqueda final de la conciencia humana.

Asimismo, en la medida en que la materia se hace más compleja, sigue siempre las mismas reglas, que llevarán siempre a los mismos resultados si se repiten las mismas condiciones en el tiempo. Si bien el cosmos no estaba «embarazado» del ser humano, como propone Jacques-Lucien Monod, sí lo estaba de la vida. Los componentes atómicos que sustentan el universo y nuestro planeta provienen, como afirma Christophe Malaterre, de una química interestelar compleja y se someten a las leyes de la química. Incluso moléculas compuestas, como los aminoácidos, componentes de las proteínas, han sido identificadas en meteoritos y asteroides.[1] Por tanto, resulta importante comprender que todos los condimentos de la sopa fueron regalados desde el universo y que nuestro planeta (también proveniente del espacio exterior) contribuyó con el caldero y el medio líquido y gaseoso para cocinarla.

La siguiente condición para la vida será la aparición del primer código de lenguaje universal, cuya principal propiedad será la reproducibilidad y transmisibilidad. Es así como surge de manera aún inexplicable la estructura molecular del ADN, lengua que ni la mítica Torre de Babel pudo suprimir, y que es compartida por todo lo que podríamos definir como ser vivo. Esta nomenclatura es la misma desde hace billones de años, y sus innumerables combinaciones han permitido la adaptabilidad de millones de formas de vida: células eucariotas (con núcleo celular), bacterias o procariotas (sin núcleo celular), virus, que se encuentran en la frontera de la vida, y que son los mensajeros más importantes de la información biológica, y las arqueas. Todas estas formas de vida serán parte de los seres vivos, pasando por hongos, insectos o amebas.

La autonomía energética (autopoiesis) definirá un sistema que dará fruto a las primeras protocélulas o células originarias que evolucionarán durante mil quinientos millones de años, aprendiendo a utilizar la luz como energía para romper y transformar moléculas, liberándolas al océano y a la atmósfera. Fundamentales serán las cianobacterias, cuya capacidad de transformar el CO_2 de la atmósfera en oxígeno mediante la luz solar será esencial en las condiciones atmosféricas que permitirán la vida de los organismos aeróbicos y que serán incorporadas en un proceso llamado simbiosis por parte de las células vegetales que se transforman en sus cloroplastos.

El ser humano es un subproducto de la interacción de todos los elementos del universo en un periodo dado, en el que se dieron circunstancias únicas en un planeta particular. Según las probabilidades (bajas), esto podría repetirse. Sin embargo, el proceso de expansión de nuestro universo puede imposibilitar que dichas circunstancias se repitan en millones de años. Nada impide pensar que en algún rincón cercano o lejano del universo se hayan dado circunstancias similares, y que alguna forma de vida esté en evolución en la profundidad insondable del cosmos.

El universo está preñado de vida porque viene escrita en sus leyes. La forma que esta adopte será parte del juego aparentemente azaroso de la interacción de las fuerzas y componentes universales. Hablamos siempre de probabilidades por nuestras limitaciones para analizar los casi infinitos factores que mueven el universo, lo que nos impide predecir dónde ocurrirá un evento específico. Pero, como en el caso del clima, si tuviésemos un ordenador cuántico de capacidad infinita, esos cálculos serían factibles y se podría conocer el futuro y el pasado, lo cual nos llevaría a un eterno presente.[2]

La información es aquella parte del supuesto caos que logramos entender, porque en algún momento (o siempre) esta dejará de ser caótica y desprovista de sentido. Algo así como la sopa de letras del periódico del domingo en la que, a primera vista, todo es un desorden que no se entiende para luego empezar a ver patrones, palabras que solo podemos descubrir porque alguien las escondió ahí. Algo que utiliza los mismos códigos lingüísticos que nosotros. De la misma manera, las leyes de la química solo funcionan si son estables y siguen patrones definidos, que se materializan ante nuestros ojos gracias a un tipo de energía que nosotros, como observadores, podemos modificar, pero jamás crear. Como si los seres más complejos, y en particular el ser humano con su conciencia, fuese un subproducto de la evolución cósmica de una inteligencia que se quiere mirar en un espejo.

Volver atrás en el tiempo me parece clave, ya que en mi estructura mental el concepto evolutivo de la vida permite entender el mundo que nos rodea desde una perspectiva distinta, donde nada se mantiene estancado ni puede cesar de cambiar. Ahora, todo depende de si nos gusta seguir las coordenadas de un camino o trazarlas explorando el cosmos. Hablar de evolución de las especies es la etapa tardía de un proceso que se inició hace billones de años y que refleja algo mayor: la evolución del cosmos. El proceso de la vida es parte de un camino evolutivo global que ya tiene incorporada la información que lo determinará desde el nacimiento del universo. La manera en que todo funciona tiene sentido, tiene lógica.

La vida en una gota de aceite

Hace algunos años, en un curso que se impartía en la isla de Ibiza, me pidieron hablar de los efectos epigenéticos en el envejecimiento y las enfermedades crónicas. Allí tuve la oportunidad de asistir a una conferencia del Dr. Mark Hyman, fundador de la especialidad de medicina funcional, en la que también participaba mi amigo Alberto Villoldo. Sus conocimientos acerca de los estilos de vida y de los últimos avances de la ciencia fundamentan este modelo de medicina, el cual evidencia que el ambiente modifica la lectura, la activación y la supresión de los genes. En mi mente daba vueltas cómo solucionar mi apnea de sueño, no tenía dudas de que asfixiarme durante la noche era parte de un proceso de daño biológico desencadenado por el trauma. No lograba aceptar mi ahogo nocturno ni sus consecuencias. Sin duda, el exceso de peso y mis malos hábitos alimentarios no ayudaban a solucionarlo. En esa época, mis exámenes ya revelaban una prediabetes y mis niveles de colesterol y triglicéridos no eran muy alentadores, teniendo en cuenta el antecedente familiar de operaciones al corazón por enfermedad coronaria. Una tarde, mientras paseábamos con el resto de ponentes por la costa, tras acabar las conferencias, le comenté a Mark mis problemas con el azúcar y el colesterol; para mi sorpresa, se detuvo mirándome seriamente y me preguntó si había comido pan durante el desayuno y si había agregado leche o azúcar al café. Asentí, con un poco de asombro. En ese momento, y a paso calmo, me dijo: «Debes dejar todas las harinas, todos los lácteos, el azúcar y los endulzantes, incluso los jugos de fruta». Lo miré aún más asombrado que antes pero, para no pasar por ignorante, no me atreví a preguntarle por qué. Mientras yo seguía asintiendo en silencio y cuidando el aire para poder seguir su paso, Mark se detuvo y, mirándome, me dijo: «La cocina de tu casa debe ser la farmacia de tu vida». Después entendería por qué.

El ser humano aún no se adapta al régimen alimentario de la era agrícola, en el que abundan alimentos que jamás fueron constitutivos de nuestra dieta, como los cereales o la leche y sus derivados de otras especies animales. Su particular referencia al azúcar era evolutivamente evidente y, como veremos, no es posible desarrollar un cerebro de nuestro tamaño sin una proporción mayor de proteínas y aceites omega. Es lo que nos diferenció de los primates, cuya dieta fundamental son las frutas. Seguí sus consejos, y en dos meses me deshice de diez kilos, los niveles de azúcar en mi sangre se regularon, dejaron de dolerme las rodillas, desapareció la inflamación que sentía en mis extremidades, me sentí más lúcido y fui capaz de retomar actividades físicas que evitaba debido a mis frecuentes lesiones. Al poco tiempo me inscribía para iniciar mi formación en medicina funcional, que ha sido un excelente complemento a mi carrera de cirujano y a mi labor como investigador. Dada mi formación previa, nunca pensé que en la mayoría de los casos cambiar el estilo de vida permitía recuperar una salud que se había hecho esquiva, y que yo atribuía a lo inexorable del envejecimiento. Fue un aprendizaje práctico, y hoy, cada vez que como harinas refinadas en pastas, pan o bocadillos, termino inflamado sin que ni siquiera pueda ponerme los calcetines por la mañana. Y eso que no soy celiaco. Por supuesto, todo esto tiene una lógica y, para poder entenderla, es necesario adentrarnos en los mecanismos que sostienen, organizan y regulan la vida.

A pesar de que la definición de vida sigue en permanente discusión[3] y hoy se postulan decenas de hipótesis,[4] los requisitos básicos para ella se dieron en el planeta setecientos millones de años después de que se formara la Tierra. Uno de ellos, el agua, llegó en las colas de cometas que surcaban el espacio en forma de hielo galáctico que conformó los océanos. En ese medio líquido, que fue sometido a todas las presiones y temperaturas posibles, se fueron acumulando y mezclando los ingredientes de la «sopa vital». Sin embargo, todavía no era posible distinguir a ningún individuo dentro de ese mar creativo. Con individuo me refiero a una estructura que lograra no estar disuelta en esa mezcla y se independizara del resto de la sopa, del ambiente que la contenía: una simple gota de aceite.

Las condiciones necesarias para generar vida son muy exigentes, los pasos químicos que se requieren son numerosos y los ingredientes no estaban en el planeta para aquella cocción. Los numerosos estudios en meteoritos, cometas y asteroides muestran que gran parte de los materiales orgánicos para sintetizar aceites, azúcares y proteínas provienen del espacio.[5] Su origen interestelar es totalmente desconocido. Lo que nos deja la misma incógnita: ¿cómo se produjeron? La verdad es que ignoramos casi todo acerca del origen de la vida, a pesar de que algo entendemos de los requisitos básicos.

Con la aparición de las primeras gotas de aceite se logró generar un entorno cuyo interior estaba aislado del gran caldo oceánico. A pesar de olas, marejadas, terremotos, erupciones, caídas de meteoritos y cometas, las gotas de aceite siempre permanecían separadas del resto de las aguas, pudiendo incluso aglutinarse en gotas más grandes e incluir en su interior trozos de moléculas distintas que se refugiaban en su centro, como un insecto de millones de años atrapado en el corazón de un ámbar. Como un pequeño experimento, sugiero que vayamos a la cocina y pongamos agua y aceite (o aceite y vinagre) en un recipiente que, si lo sacudimos, tratando de generar una nueva sustancia, podremos ver que no habrá manera alguna de que ambos líquidos se mezclen. Este simple experimento casero nos revela el primer requisito de la vida.

Esta composición de elementos químicos se debe a la atracción electromagnética de polos opuestos en la superficie de las primeras moléculas. Algo similar sucede con los juegos de múltiples piezas de imanes que, si dejamos caer en una mesa, se ordenarán según sus cargas eléctricas e irán formando diferentes estructuras que se acoplarán en función del movimiento de quien las arroje. Pienso en el frasco de vidrio que acumula un juego de palitos de plástico, con una cabeza imantada, que se separan cada vez que mis hijos lo sacuden volviéndose a unir porfiadamente, a veces de manera tan estable que al sacudirlos de nuevo no se desarman.

Imaginemos esta sopa marina en la que caen rayos y meteoritos desde el cielo y que al mismo tiempo recibe todo tipo de átomos y moléculas expulsadas por gases volcánicos desde el magma del centro de nuestro planeta. Debido al vaivén de las olas y a la progresiva presión, abajo, en las profundidades, se desencadenan reacciones químicas que dan lugar a combinaciones moleculares. De súbito, algunas de ellas se hacen tan firmes que las fuerzas del ambiente no son capaces de separarlas y perduran. Estas uniones se logran por el torbellino de la sacudida y por las leyes magnéticas que atraen los polos opuestos de átomos y moléculas. Si a esas estructuras de juego de imanes de un polo o dos se incorporara una nueva con cuatro, estas formarían una estructura más compleja, como la de un árbol con sus ramas. Si esa nueva pieza es un átomo de carbono, al unirse con los otros imanes de este juego con un solo polo (hidrógenos), crearía la primera molécula orgánica. Si de pasada se engranaba un nuevo tipo de átomo, el nitrógeno, muy abundante en la atmósfera del planeta (78 por ciento del aire que respiramos) se estarían constituyendo las estructuras básicas que darían posteriormente origen a los ácidos ribonucleicos (ARN) precursores del ADN y también de las proteínas.

Aunque parezca increíble, todos estos componentes se encontraban ya en el planeta. El problema era que, si seguían flotando en la sopa creativa de los océanos primordiales, tarde o temprano terminarían aislándose como piezas separadas que ya no podrían reagruparse. Tampoco podrían acoplarse por sus polos opuestos para generar novedosos diseños moleculares. Para llegar a la belleza creativa de estructuras cada vez más complejas era necesario un espacio de agrupación, como en el juego de imanes que he descrito antes, que permitiese individuación y persistencia de las uniones entre las diferentes piezas. Un espacio estable que las protegiese y separase del medio resultaba fundamental. Ese espacio precursor de la vida estaba dado por las gotas de aceite. Dentro de cada gota empezaba una nueva historia en la que, de vez en cuando, podría ingresar algún nuevo invitado que, si tenía la carga adecuada y un lugar donde acoplarse, podría unirse a alguna de las moléculas. Así, el planeta fue generando espacios independientes que permitieron probar de manera azarosa diversas recetas de cocina química, que durante millones de años se fueron seleccionando en favor de aquellas moléculas más estables y eficientes, menos revoltosas e inquietas, que disipaban o liberaban menos energía, siguiendo las leyes de la termodinámica.

El segundo requisito para sentar las bases de la vida era la persistencia: autogenerarse, mantener la forma, el diseño tridimensional tan bello y eficiente de nuevos átomos o moléculas en el interior de la gota de aceite. Finalmente, el último requisito era la autoorganización energética y metabólica (interacción de los diferentes constituyentes dentro de la gota de manera de que se conservara la energía que los mantiene unidos). En esencia, el metabolismo es la producción de energía y la transformación química de materiales externos en estructuras y procesos químicos internos. Estos procesos incluyen la conservación de la información en forma química (ADN-ARN). Es así como se requieren tres elementos básicos para la vida: información, membranas y metabolismo.[6] A esta simplificación del proceso constitutivo de la vida habría que añadir que dentro de esta primera celda (célula) lipídica de autoorganización ya estarían englobadas proteínas, aminoácidos y otras moléculas que conforman hoy a todos los seres vivos. Si agregamos la posibilidad de dividirse en dos células nuevas, transmitiendo la información de la primera, este será el culmen del proceso,[7] y entonces nos encontraríamos con la primera célula capaz de multiplicarse por sí sola.

En algún momento de este proceso se desarrollaron otro tipo de formas aparentemente más simples, cuyo interior era menos complejo que el de las células: los virus. Estas estructuras contenían la información suficiente para conseguirlo, y utilizaban su «maquinaria» para multiplicarse numerosas veces hasta hacer estallar las células que colonizaban, liberando millones de nuevos virus al ambiente o dentro de los organismos que infectaban.

Atmósfera, oxígeno y colesterol

Durante dos billones de años, desde el origen de la Tierra, la atmósfera del planeta era irrespirable, saturada por gases tóxicos de origen volcánico, como los sulfuros (con un olor similar al huevo podrido), el cloro, el amoniaco o el formaldehído. Ese medioambiente era incompatible con el desarrollo de formas más complejas de vida que necesitaban membranas (lipídicas) más firmes y estables para separarse de su ecosistema, invirtiendo parte de su energía no solo en la supervivencia, sino también en el juego de probar formas más estables energéticamente y de mayor resistencia. La respuesta a esa necesidad se dio con la saturación de oxígeno en la atmósfera y también en los océanos en lo que hoy se denomina «evento de oxidación masiva».[8] Uno de los desencadenantes de este fenómeno fue la acumulación, durante billones de años, de oxígeno que saturó los océanos, al aumentar su concentración, para luego liberarse a la atmósfera, lo que provocó la oxidación de un gran número de moléculas. La oxidación masiva generaría la molécula clave que lo cambiaría todo: el colesterol.

El colesterol fue la molécula fundamental que le otorgó a la gota de aceite propiedades que definieron la estructura de las membranas citoplasmática y nuclear de las células. El núcleo celular hizo distintas a este tipo de células y las diferenció de bacterias y arqueas. En el proceso de avance evolutivo la membrana celular se hizo más compleja, apareciendo en su superficie e interior moléculas (proteínas) que le permitieron percibir mejor el mundo que las rodeaba, y sobre todo les permitió engolfar o «tragar» pequeñas estructuras microscópicas con propiedades distintas, como la de generar energía. Es el caso de las mitocondrias y de los cloroplastos en las células vegetales. Este proceso, descrito por Lynn Margulis, una de las biólogas más lúcidas del siglo XX, que permitió el salto evolutivo hacia la autonomía celular se denomina endosimbiosis. Las propiedades otorgadas por el colesterol a las membranas celulares también intervinieron en la capacidad de las células con núcleo de convivir unas al lado de otras, formando nidos celulares que fueron agrupándose y adquiriendo funciones cada vez más específicas hasta formar distintos tejidos. Sin el oxígeno de la atmósfera y el colesterol esto no habría sido posible.

El colesterol sigue siendo una molécula crucial en nuestra vida, pues no solo es parte fundamental de la membrana citoplasmática de neuronas, glóbulos blancos y de todo tipo de células que componen nuestro cuerpo, también es la molécula original de hormonas fundamentales para nuestro organismo, como los estrógenos, la testosterona, el cortisol y la pregnenolona. Lejos de ser una molécula que hay que reducir en nuestro cuerpo, el colesterol es parte fundamental de nuestras funciones biológicas y la regulación de sus niveles. Muchas personas con colesterol alto no tendrán jamás un infarto o un accidente vascular encefálico. Son el resto de los condimentos de nuestro exposoma nutritivo lo que produce la inflamación de las arterias, que hace que el colesterol precipite y se transforme en durezas que las obstruyen.

Para entender la interacción del colesterol y otras moléculas resulta fundamental conocer un poco más de esta evolución de la vida, hasta la aparición de los mamíferos. Un ser vivo no producirá en su interior lo que abunda en el exterior, y viceversa; la evolución buscará los medios para que produzca lo que necesita para sobrevivir. Un ejemplo de esto es cuando hace unos quince millones de años los primates mayores, incluidos nosotros, perdieron la capacidad de sintetizar vitamina C, dada la abundancia de ella en las frutas tropicales disponibles durante millones de años.

10

Vitaminas y ácido úrico

Las vitaminas son esenciales en los procesos energéticos, metabólicos y antioxidantes de los sistemas biológicos, y han sido producidas por los seres vivos en periodos geológicos durante los cuales los componentes de la atmósfera y de la tierra diferían enormemente de los actuales. En la medida en que estos constituyentes esenciales fueron cada vez más abundantes en la naturaleza, contenidos en organismos o frutos de las cadenas alimenticias, algunos mamíferos, en especial los grandes primates, empezaron a inhibir sus sistemas internos de producción para hacer más eficiente el uso de la energía y de los sistemas metabólicos propios. El problema fue que los cambios geoclimáticos y evolutivos continuaron, y lo que antes era beneficioso ya no lo sería después.

Las vitaminas son un ejemplo de cómo el medioambiente interactúa con los seres vivos. En general, consideraremos una vitamina un componente fundamental en el funcionamiento de los seres vivos, pero en el caso de los mamíferos, como veremos, no todos comparten las mismas capacidades de producirlas. Esto significa que algunas vitaminas deberán ser tomadas del exterior a través de los alimentos o por efecto de la luz solar.

Vitamina D

Hace unos dos mil millones de años, los primeros microorganismos que poblaban los océanos se enfrentaron a un gran problema: la exposición solar. A medida que su población iba en considerable aumento, su desplazamiento hacia la superficie de las aguas se hacía inevitable, de tal manera que ya no podrían protegerse de los efectos de la nociva radiación solar. La luz ultravioleta puede dañar el ADN y provocar mutaciones, senescencia (envejecimiento) o apoptosis (muerte) celular. Los ciclos solares de un joven sistema planetario podían aumentar la intensidad de la radiación y, por ende, sus efectos dañinos. Considerando cuán delgada era la atmósfera de la Tierra, aún carente de ozono, el desarrollo de sistemas más complejos de vida se veía amenazado. De nuevo sería el colesterol el héroe que resolvería el dilema, ofreciéndose a generar una nueva molécula casi idéntica a sí misma, capaz de absorber la energía de la radiación ultravioleta, bloqueando su efecto sobre los núcleos celulares y evitando así su daño. Esa molécula es la 7-dehidrocolesterol, o previtamina D, que al exponerse a la luz ultravioleta se transformará en vitamina D, la cual a su vez cumplirá numerosos roles endocrinos (hormonales), inmunológicos, en el metabolismo del calcio en los huesos, y decenas de otras funciones que prepararon la aparición de los organismos multicelulares con esqueleto: los vertebrados.[1] Su efecto permitió que el número y la frecuencia de las mutaciones se regulara, propiciando que la luz solar se convirtiera en uno de los motores de la evolución.

La exposición solar es de vital importancia para todos los seres vivos que habitan la superficie del planeta y para la mayoría de los marinos. Determina también el ciclo circadiano de los procesos biológicos. Por ejemplo, los ratones comen de noche; si cambian el orden evolutivo y lo hacen de día, viven menos.[2] Estos estudios están detrás de las dietas basadas en ayuno intermitente, que recomiendan, a diferencia del ratón, no comer de noche.

A medida que la atmósfera se fue haciendo más densa y la radiación solar fue decayendo en zonas más cercanas a los polos, los seres vivos empezaron a acusar la falta de luz y, por ende, de vitamina D. Así apareció el raquitismo, una enfermedad asociada a la deficiencia de esta vitamina. A medida que los vertebrados iban desarrollando sus sistemas óseos, con el déficit de luz solar y los bajos niveles de vitamina D, los huesos no eran capaces de madurar ni de fijar el calcio, provocando en los seres humanos retraso en el crecimiento, deformación, debilidad ósea, engrosamiento de las muñecas y los tobillos, piernas arqueadas, debilidad muscular y dolor en la columna vertebral. La ausencia de luz nos hizo dependientes de la vitamina D. Hoy, en los países nórdicos, es obligatorio el suplemento de vitamina D para la población humana y animal. Pero existen productores naturales de esta vitamina en la cadena alimentaria, como las células del fitoplancton, que expuestas a la luz en los océanos, la acumulan en su interior. Ese fitoplancton, fuente de la cadena alimentaria marina, es el que hace que la vitamina D se acumule en el hígado de algunos peces y de ahí, por ejemplo, su gran concentración en el aceite de hígado de bacalao.

Poco a poco la organización de organismos multicelulares fue requiriendo de un sistema de selección de moléculas que permitiera diferenciar las que eran beneficiosas de las que podrían acarrear la muerte, que se denomina «sistema inmune innato», que ha evolucionado con todos los seres vivos, aunque con variaciones por especie, pero siempre con un mismo objetivo: ser la primera barrera de defensa e identificación de patógenos y moléculas dañinas. Tiene billones de años y varía con gran lentitud en rangos de cientos de miles a millones de años, lo cual —como veremos— tendrá gran relevancia a la hora de entender el porqué de muchas de las enfermedades actuales. La vitamina D ha sido una gran reguladora de este sistema inmune innato y su concentración en la sangre es clave para prevenir todo tipo de enfermedades infecciosas, autoinmunes y el cáncer.

Así, desde los inicios de la vida multicelular, el sistema inmune innato nos defiende de todas las moléculas ingeridas (alimentos benéficos y perjudiciales) o de microorganismos que nos pueden dañar. Como cabe suponer, no todo es blanco o negro en las funciones biológicas. La cantidad de vitamina que requiere un organismo de la misma especie no es igual a la que otro necesita. De ahí que se hayan fijado rangos para establecer cuáles son los niveles normales. Recapitulando, sin cianobacterias no hay oxígeno, sin oxígeno no hay colesterol, sin colesterol no hay membranas celulares o nucleares, y tampoco hormonas o vitamina D.[3]

Vitamina C: del exceso a la carencia

Hace veinticinco millones de años, el clima de la Tierra era extremadamente cálido en lo que hoy es el sur de Europa, desde la península ibérica hasta Oriente Próximo. Predominaban las plantas tropicales y subtropicales; vivían allí algunos de los primeros primates, que se alimentaban de todo tipo de frutas, cuyo principal sustrato energético era la fructosa, un azúcar natural de uso rápido y fácil almacenamiento cuando el cuerpo la transforma en triglicéridos (aceite). Junto con la fructosa, aquellas frutas tropicales contenían importantes cantidades de ácido ascórbico o vitamina. Nuestros ancestros primates podían llegar a consumir más de cinco gramos al día de esta vitamina, que tiene efectos benéficos e indispensables para la vida de los mamíferos, como sus propiedades antioxidantes, reparar el ADN y potenciar nuestra inmunidad.[4] Estos beneficios se veían más que satisfechos por el consumo de frutas durante ese periodo, por lo que la capacidad de los primates de *fabricar* por sí mismos la vitamina se encontraban «en reposo», dado que no tenía sentido producir algo que en la naturaleza abundaba.[5] Al mismo tiempo, en aquella época geológica existía una vasta zona de tierra firme que se extendía desde Francia, Italia, Grecia y Turquía hacia África, que atravesaba y partía en dos el actual mar Mediterráneo. De esta manera las selvas se extendían desde África hasta Europa, propiciando un hábitat perfecto para que los primates se movieran por grandes extensiones de territorio.

La abundancia de vitamina C de la dieta inhibió de manera compensatoria los genes y la maquinaria metabólica para producirla, de manera que la síntesis propia de los primates mayores disminuyó progresivamente y al final el gen quedó adormecido, apuntando siempre a una mayor eficiencia metabólica y energética. ¿Para qué producir algo que podemos obtener del exterior? En otras palabras, el superávit de ácido ascórbico que generaron los cientos de miles de años de abundancia en frutas inhibió los genes que daban la instrucción para la síntesis interna de la vitamina C. De esta manera se lograban dos objetivos: el primero era el ahorro energético que significaba producirla; el segundo, evitar los efectos colaterales de su sobredosis. Es interesante saber que otros mamíferos, como los perros, los gatos, los caballos o las ballenas, siguen produciendo ácido ascórbico, por lo que no necesitan de su aporte externo, mientras que muchas especies de aves y los murciélagos que se alimentan de frutas no lo producen, ya que experimentaron el mismo cambio evolutivo que nosotros.[6]

Durante algunos millones de años todo iría bien en el planeta para simios, otros mamíferos y aves que también se alimentaban de frutas, hasta que hace aproximadamente diecisiete millones de años, factores astronómicos derivados de la inclinación del eje de rotación de nuestro planeta, así como de su órbita alrededor del Sol, llevaron a que se desencadenase una glaciación que duraría millones de años. Esto causó el retroceso de la selva tropical del sur de Europa hacia el centro y sur de África, dejando un enorme desierto en medio, transformando la flora europea de manera radical y aislando mamíferos que se enfrentaron a un nuevo hábitat. Así, donde había selva tropical, ahora existían bosques caducos que producían frutas estacionales, dejando varios meses del año desprovistos de este tipo de alimentos. Este cambio obligó a varios grupos de primates a desplazarse con las selvas tropicales, quedando relegados a África y algunas zonas de Asia, el resto desaparecería de Europa. Fue así como los grandes simios, y luego los humanos, al abandonar la selva, nos hicimos dependientes del aporte externo de vitamina C. Su déficit fue conocido por los antiguos marineros, que en sus largas travesías y ante la dificultad de almacenar y conservar frutas frescas fueron víctimas del escorbuto debido a la carencia de ácido ascórbico.

En el caso de los grandes simios, debieron adaptarse al nuevo nicho ecológico, pues quedaron atrapados por bordes oceánicos, desiertos y territorios cubiertos por el hielo. Es por eso por lo que no tuvieron otra alternativa que cambiar poco a poco sus hábitos alimenticios, que prepararían el camino para la futura aparición de los primeros homínidos. Los cambios ambientales y el mundo vegetal dirigían los movimientos de la vida de los animales. La vegetación determinaba el destino de los seres que habitaban la Tierra. Esta presión evolutiva hizo que lentamente se produjesen nuevos cambios biológicos y evolutivos, claves en la biología y fisiología de los grandes primates,[7] que explican el porqué de las enfermedades crónicas del presente.

La evolución casi nunca da pie atrás.

El ácido úrico o la muerte en un caramelo

Retornemos a una Europa glacial en la que una población importante de primates, que no lograron alcanzar las zonas situadas en África, quedaron atrapados en lugares como la península ibérica y tuvieron que adaptarse y acumular, como hacen los osos, grasa en su cuerpo y el máximo de energía a través de las frutas estacionales para resistir las temporadas más frías y de mayor escasez. Aparte de incorporar nuevos alimentos en la dieta, debieron recurrir a una treta metabólica para acumular fructosa de las escasas frutas y transformarla en triglicéridos. Este cambio adaptativo se logró gracias a la inhibición progresiva de un gen que dirige la cadena de producción del ácido úrico y que hoy sigue activo en el resto de los mamíferos: el gen que codifica la enzima uricasa,[8] encargada de reducir, descomponer o transformar el ácido úrico en los mamíferos. Recordemos que enfermedades como la gota o la hipertensión arterial se deben a altas concentraciones de este ácido en el organismo. Al inhibirse este gen en los simios y aumentar el ácido úrico se activaba de manera especial la conversión de fructosa y triglicéridos.

El ácido úrico ayuda a producir reservas energéticas en forma de grasa, así como a aumentar la presión sanguínea, por lo que, en un organismo que deja de disponer de las frutas con las que se alimenta, lo prepara para disponer de la energía que necesitará en periodos de ayuno y escasez. Aquellos animales, como los carnívoros, que dependían de proteínas no se vieron en la necesidad de inhibir la enzima uricasa para la síntesis de lípidos a partir de la fructosa. Hoy en día, los seres humanos aún presentamos la inhibición de este gen, por lo que el ácido úrico que circula en nuestra sangre es muy superior al del resto de los mamíferos, lo que hace que produzcamos grasa a partir de los azúcares y que padezcamos de hipertensión arterial. La acumulación de estos lípidos en el hígado y en los tejidos grasos está programada para *quemarse* en periodos de escasez de alimentos; de no ser así, los acumularemos en el cuerpo causando obesidad, inflamación, diabetes, enfermedades cardiovasculares y otras neurológicas degenerativas como el alzhéimer.[9] Es decir, la elevación de ácido úrico, que nuestros antepasados los grandes simios necesitaban para sobrevivir, hoy provoca en nosotros enfermedad. Así es, el exceso de ácido úrico en nuestra sangre nos mata lentamente.

Es el consumo de azúcar la causa principal del aumento del ácido úrico, estimulando su producción en un fenómeno de oferta-demanda. Nunca ha sido la ingesta de grasas naturales, como las de los peces y animales libres, ni las derivadas de frutos como las aceitunas, el origen de las enfermedades cardiovasculares, sino la ingesta permanente y no estacional de fructosa, hidratos de carbono y azúcares refinados.[10] Es por esto por lo que la concentración de ácido úrico en la sangre es un fuerte predictor de enfermedad y esperanza de vida. La mejor manera de disminuir los niveles de ácido úrico en nuestro cuerpo es suspender el consumo de azúcares. Al no haber oferta de azúcares, baja la demanda de ácido úrico y, por ende, su producción. No es tan difícil: a veces la ley de oferta y demanda puede aplicarse a los procesos biológicos. No perdemos nada con probar para comprobarlo. Es cierto que hay condiciones genéticas que hacen subir el ácido úrico, pero es lo menos frecuente.

Vitaminas del grupo B

En el proceso permanente de transformación y aumento de la complejidad de los seres vivos, la interrelación con el mundo bacteriano ha sido fundamental. No es una coincidencia, pues provenimos de un organismo unicelular que dio origen a los tres tipos celulares de la vida: las células eucarióticas (con núcleo), que dan forma y vida al mundo de los animales, plantas, insectos, hongos, aves, seres marinos y parásitos; las procarióticas o bacterias (sin núcleo), cuyo material genético flota en el citoplasma, y las arqueas, que se les asemejan, pero cuyos órganos metabólicos son diferentes.

Desde los inicios de la vida en el planeta, la mayoría de las bacterias han producido cobalamina o vitamina B12. Las células eucariotas que componen nuestro cuerpo y el del resto de los animales no son capaces de producirla, pero la requieren para subsistir, por lo que bacterias y células tienen un convenio de mutua colaboración y ayuda. Esta asociación vital se denomina simbiosis. Puesto que antes de nacer no contamos con bacterias en nuestro cuerpo, es de vital importancia adquirirlas en algún otro lugar.[11] Además de la producción de vitamina B12 por parte de nuestras amigas, las bacterias de nuestros intestinos, ¿qué otra alternativa hay para absorberla? Los animales y los peces ingieren bacterias presentes en los alimentos, en el agua e incluso en el aire, y así las incorporan en su propia microbiota. La vitamina B12, producida por estas bacterias, es absorbida por los tejidos, en particular los músculos, a través de la sangre. No todas las especies tienen los mismos tipos de microbiota o la misma proporción de ella, aunque muchos tipos de bacterias se repiten en el mundo de los seres vivos; por ejemplo, los herbívoros contienen trillones de bacterias productoras de vitamina B12, pues no comen carne y están obligados a coproducirla con ellas.

Al consumir productos de origen animal, como carne, vísceras (principalmente hígado), huevos o pescado, los seres humanos incorporamos en nuestro organismo esta vitamina fundamental para nuestra salud, en particular para nuestro sistema nervioso y hematológico (producción de glóbulos rojos). En India hay grandes déficits de vitamina B12 debido a los hábitos de alimentación vegetariana, propiciados por las enseñanzas de un discípulo de Buda, Samrat Ashoka (500 a.C.). Este predicaba la práctica de *ahimsa*, la no violencia, que incluía también la no violencia hacia los animales.

En otras partes del mundo, la escasez de alimentos es la causa de su déficit, pero aún en poblaciones con un consumo adecuado de productos animales, puede haber déficit de vitamina B12 por otros motivos: la tan temida infección gástrica por la bacteria *Helicobacter pylori*, que produce inflamación gástrica crónica y reacciones autoinmunes, impide uno de los primeros pasos en la absorción de esta vitamina; otra causa de su déficit es el uso masivo de medicamentos como el omeprazol y el esomeprazol que, al inhibir la producción de ácido por el estómago, impiden parte del proceso de transformación de la vitamina B12 que luego se incorporará a la sangre. El mundo vegetal no requiere vitamina B12, por lo que tampoco la produce. Hoy en día, la forma más frecuente de administrarla es por medio de una inyección intramuscular; sin embargo, hay formas menos dolorosas e igual de eficientes de hacerlo, como la vía sublingual, que proporciona la dosis diaria necesaria, saltándonos el proceso de absorción gástrico. Veamos a continuación otros trastornos que pueden explicar cambios en el comportamiento de quienes habitaron las primeras ciudades de la historia.

La pelagra es una enfermedad grave, desencadenada por el déficit de niacina o vitamina B3, que pertenece a la misma familia de la vitamina B12. Esta carencia también se debe a la falta de consumo de carne y de sus derivados. Los síntomas son variados, entre los que destacan el envejecimiento prematuro, la disminución del tamaño cerebral y de las funciones cognitivas, violencia, agresividad sexual, demencia y alteraciones neuropsiquiátricas. También se asocia a disbiosis (alteración en número y tipo de flora intestinal). Durante los periodos de hambruna del siglo XIX, buena parte de la población de Europa fue víctima de ella, generando lo que se denominó *lazy disease*, y en la guerra de Secesión estadounidense muchos habitantes y soldados de los estados del sur la sufrieron al no poder consumir carne. Se piensa que incluso impactó en el curso y resultado de la guerra. Los soldados que la padecían se comportaban de manera muy impredecible, desorganizada e indisciplinada, eran proclives a la violencia y a los crímenes.

En un estudio reciente, Adrian Williams y Lisa Hill demostraron la asociación entre una alimentación con predominio de carnes y aporte adecuado de vitaminas B3 y B12 con una mayor inteligencia, buena salud, longevidad y estabilidad poblacional.[12] Sin embargo, un consumo mayoritario de cereales e hidratos de carbono se asocia a enfermedades, infecciones y el aumento de los índices de natalidad. En una publicación posterior, el equipo de Williams sugiere que la estabilización, la longevidad y la salud de las poblaciones se dio gracias a una mayor ingesta de nicotinamida y que su déficit, de aparición reciente (en la era agrícola), genera enfermedad y acorta el promedio de vida, lo que provoca un aumento poblacional en forma de «boom» como mecanismo de compensación.[13] Por ejemplo, en el caso de la tuberculosis, que aparece de manera endémica con el inicio de la domesticación de ganado como fuente de alimento y materias primas textiles, los seres humanos que habían basado su dieta en cereales se hicieron más propensos a las infecciones y a su vez a reinfectar el ganado, generando un círculo vicioso.[14] Este efecto también se hizo evidente en el cambio de microbiota que sufrieran nuestros antepasados agricultores, afectando de manera significativa nuestras defensas, haciéndolas más tolerantes a todo tipo de gérmenes infecciosos.[15] Cuando nos referimos a los alimentos ricos en vitamina B3 no incluimos aquellos modificados en la era industrial, en los cuales abundan las grasas saturadas producto del uso indiscriminado de hormonas del crecimiento y anabólicos y de una alimentación a base de pienso y enriquecida en aceites de semillas vegetales,[16] pero ya volveremos a ello.

11

Cambios en el ADN y epigenética

En los capítulos siguientes recurriremos a la ayuda del microscopio y de las últimas técnicas de diagnóstico e ingeniería genética para iluminar un poco más el camino. Si durante el lapso de nuestra existencia, el ambiente moderno y nuestro estilo de vida han podido alterar nuestros genes generando enfermedades, quizá si identificamos dichos cambios y los revertimos, podríamos estar frente a la más poderosa de las medicinas. Desde los años cincuenta, con el descubrimiento del ADN, los científicos han intentado asociar las enfermedades con la herencia genética, como si en nuestros genes vinieran *impresas* las enfermedades que nos aquejan y que azotan a la humanidad, como si se tratase del destino. Un símil de lo anterior sería el juego del bingo, en el que el azar nos diera una combinación de números que nos permite ganar el premio de la salud o, en su defecto, el infortunio de la enfermedad. Sería esta una perspectiva fatalista de la vida que nos dice que la muerte está escrita en nuestro cuerpo y que todas las enfermedades están determinadas por una combinación aleatoria de la genética de nuestros ancestros. Pues bien, esto no es así. Morir es parte de las reglas del juego, pero nadie dijo que había que morir antes de los sesenta años y con mala calidad de vida. Menos del 10 por ciento de las enfermedades son de «origen mendeliano», esto es, que no son producto de la herencia genética y de sus posibles mutaciones. En otras palabras, si nuestros progenitores no «elegían bien», al engendrarnos nos predispondrían a la enfermedad. Creo que hoy casi todo el mundo piensa en la predestinación de la herencia. Existen enfermedades genéticas hereditarias o cambios en el número de cromosomas; sin embargo, más del 70 por ciento de las enfermedades se originan en ese cambio de alimentación y estilo de vida que se dio abruptamente hace aproximadamente once mil años.

Con los avances de la ciencia y la tecnología de los últimos veinte años, se ha empezado a analizar de manera mucho más precisa la estructura del ADN. Esta doble hélice, compuesta por cuatro moléculas diferentes que se acoplan entre sí (nucleótidos), está sostenida por un andamio de otras moléculas distintas, principalmente proteínas, que son fundamentales para su estabilidad y movimiento. Toda esta estructura permite al ADN moverse y enrollarse. En efecto, el ADN se mueve y, como un ciempiés, puede enrollarse o desenrollarse según las circunstancias y necesidades de las funciones que requiere todo organismo como, por ejemplo, sintetizar inmunoglobulinas en la defensa contra diferentes tipos de infecciones o factores de coagulación que evitan el sangrado persistente cuando sufrimos una herida. Esta es una de las capacidades fundamentales del material genético. Las histonas son las que, al interactuar magnéticamente (polaridades), estirando o entrelazando las cadenas de ADN, permiten llevar a cabo esta función. El ADN se desenrolla por zonas para ser leído, y también al duplicarse como se requiere en la división celular (de una célula se producen dos, reemplazando aquellas senescentes o para que los tejidos crezcan; cada célula nueva debe mantener la misma cantidad de material genético que la anterior).

El ADN de una sola célula humana, invisible a simple vista, puede llegar a medir más de dos metros de largo. Parece imposible, pero da una idea de lo que significa este «papiro» de información e instrucciones. Por supuesto, los dos metros de ADN de cada célula no cabrían en el núcleo donde se ubica, por lo que doblarse en forma de espiral y luego en sí mismo múltiples veces es lo que le permite entrar en un espacio tan reducido. Luego formará una especie de trenza, que tiene un orden muy particular y específico: la cromatina. El sucesivo pliegue de trenzas de cromatina va configurando los cromosomas que, en forma de X, se pueden visualizar bajo el microscopio óptico en el centro de la célula. La diferencia entre machos y hembras de las especies de mamíferos es que las hembras tendrán dos cromosomas llamados X por su forma, y los machos un X y un Y, más pequeño, que codifica para los receptores de andrógenos (testosterona), lo que dará las características físicas y fisiológicas del sexo masculino. Los mamíferos están diseñados en el origen para ser hembras, solo la codificación para esta pequeña antena (receptor de testosterona) genera el cambio.

El ADN no puede ejercer su función si no mantiene una «conversación» permanente con el ecosistema de la célula, en particular con la membrana citoplasmática que lo rodea. Esta pared celular es una verdadera zona de comandos y operaciones de la célula. Su superficie tiene una serie de receptores que reciben, cual cinco sentidos, toda la información física y química del ambiente al que está expuesta. Tan fundamental es esta membrana que es para la célula lo que para nosotros es nuestra piel, mucosas, vías respiratorias y sentidos, pero todos a la vez. Es la que recibe toda la información circundante a cada célula, es la que decide la calidad y el tipo de mensajes que se envían al núcleo que, para bien o para mal, activarán o bloquearán el ADN. Si bien es cierto que no es fácil señalar un nivel de control central en los procesos biológicos celulares, la verdad es ¡que no tienen jefe! Es importante considerar que las proteínas son las grandes reguladoras del sistema, pero la que se comunica con el entorno de cada célula es la membrana.

Parte de los medios de información y comunicación de la membrana citoplasmática, su «red social», son las metiltransferasas, que transportan grupos metilo, constituidos por un átomo de carbono y tres de hidrógeno (CH_3) que, dependiendo de su polaridad, se acoplan, como pequeños módulos lunares, a la superficie del ADN de todos los seres vivos, ejerciendo su efecto regulador del material genético. Los grupos metilo son como palomas mensajeras que las membranas celulares envían hacia el ADN ubicado en el núcleo celular, transmitiéndole la información que llega a sus receptores a través de las diferentes sustancias químicas del medio externo e interno, así como de efectos físicos como la luz ultravioleta, que atraviesa la piel e impacta todas nuestras células. Existen otras estructuras celulares, igual de importantes, entre ellas la mitocondria, que es el centro respiratorio y energético de la célula. Todas interactúan con el material genético del núcleo y con la información que llega del exterior.

Aún más asombroso es que microorganismos en el límite de la vida, como los virus o fragmentos de material genético englobados en gotas de aceite (exosomas), presentes en las secreciones de animales y plantas, pueden entrar en nuestro organismo a través de la ingesta de alimentos como, por ejemplo, la leche. Es como si mantuviésemos una continua comunicación genética con los productos naturales que ingerimos, recibiendo, además de nutrientes, información genética que podría incorporarse en nuestros genes ayudándonos a adaptarnos al ambiente.[1]

Hoy en día, podemos identificar y medir la presencia del material genético de estas moléculas mediante máquinas de gran sofisticación, que analizan muestras tomadas de nuestro cuerpo, e incluso pueden detectarlo en fósiles de miles de años de antigüedad, como en el sarro dental de restos humanos prehistóricos. También se ha podido identificar qué animales cazaban nuestros primeros ancestros mediante el análisis de restos de material orgánico presente en lanzas o flechas halladas en excavaciones arqueológicas. De la misma manera, se ha podido establecer la presencia de microorganismos en restos de heces de millones de años de antigüedad.

Epigenética

En la comunicación celular, en la que la membrana externa es la que porta toda la capacidad «sensorial» a través de los receptores moleculares, cualquier estímulo físico o químico desencadenará información que será transmitida al núcleo, donde se encuentra el ADN. Si en las membranas celulares se producen señales o estímulos de gran intensidad, de larga duración, o tóxicos, la membrana se encargará de enviar unos «mensajeros», los mencionados grupos metilo, hacia el interior de la célula. Estos entrarán al núcleo para luego adherirse a lugares específicos del ADN para activar o inhibir la expresión de un gen. Este proceso se denomina metilación, y puede descontrolarse frente a estímulos demasiado intensos o tóxicos, generando una respuesta indeseada. Otro ejemplo es lo que ocurre con agentes cancerígenos como el alquitrán, el arsénico presente en aguas contaminadas o el tabaco, que pueden dañar directamente la célula o inhibir genes que dan las instrucciones para producir glóbulos blancos anticancerígenos o inmunoglobulinas defensivas, dificultando nuestra capacidad de identificar las células dañadas por los agentes tumorales y destruirlas. Si ese fuese el caso, las células tumorales se multiplicarían, invadiendo sin regulación otros tejidos y órganos del cuerpo, produciendo cáncer o metástasis.

En la mayoría de los casos, los tumores se desarrollan debido a factores ambientales y es posible que, si existe una predisposición genética, quizá nunca lleguen a expresarse si no hay una exposición a dichos factores. En otras palabras, estímulos externos que hoy sabemos nocivos pueden provocar cáncer a través de la metilación, bloqueando la lectura de genes específicos que dan las instrucciones para la producción de las proteínas que nos defenderán de las células tumorales. Muchos tipos de cáncer se producen por el efecto del ambiente, desactivando genes o afectando su regulación y equilibrio. Sin embargo, esto no es una mala noticia, pues nos da la posibilidad de frenar o revertir este tipo de efecto al dejar de exponernos a estos detonantes. Los cambios que modificarán la superficie (metilación) y el entrelazamiento del ADN se denominan peri o epigenéticos (*epi* o *peri*, del griego «alrededor»). Este tipo de efecto no altera lo que está escrito, sino que impide o estimula su lectura o relectura si necesitamos producir más de algún tipo de proteína. De ahora en adelante nos referiremos a la palabra epigenética cuando mencionemos este tipo de modificaciones: cambios en la superficie del ADN, no en su código. Esto no incluye duplicaciones de los genes, su deleción (ruptura y pérdida) ni mutaciones (cambios en el código), que son las alteraciones que consideramos mendelianas, en honor al monje precursor de la genética.

Los cambios del código o estructurales de los genes se producen en periodos evolutivos mucho más prolongados, durante los cuales las alteraciones ambientales perduran en periodos de miles o cientos de miles de años. Una mutación, por ejemplo, sería un cambio en las letras de una palabra, y un cambio epigenético sería algo que impide la lectura, como una arruga en el papel o una mancha de tinta sobre las frases. Los cambios en la capacidad de lectura del código (epigenéticos) son mucho más frecuentes, rápidos y poderosos desde el punto de vista adaptativo. Es la epigenética la que da cuenta de la transformación y diferenciación entre abejas obreras, zánganos y reinas. También es responsable del desarrollo embrionario de los seres vivos, o de los cambios nocivos que se producen tras eventos traumáticos, ya sean naturales o generados por el hombre. Un 90 por ciento de las enfermedades que nos aquejan hoy son consecuencia de la epigenética, aunque haya predisposición genética y es, probablemente, la fuerza evolutiva más importante de la naturaleza.[2] El poder de la epigenética apenas comienza a adquirir la relevancia que se merece.

Múltiples estudios basados en análisis de precisión de la estructura y orden del ADN de los mamíferos han revelado que la complejidad de su interpretación es inmensa[3] y que son tantos los factores que pueden afectar el material hereditario que solo la aplicación del Big Data, la inteligencia artificial y la correlación con estudios clínicos nos permitirá en el futuro dilucidar muchas de las preguntas que hoy nos planteamos con respecto a la salud, la longevidad y la calidad de vida.

En marzo de 2018, en la revista *Science* apareció un estudio de un grupo de investigadores de la Universidad de Harvard, uno de cuyos autores, Yaniv Erlich, se dedicaba a probar sistemas de seguridad de bancos en Tel Aviv cuando era estudiante de matemáticas.[4] Le pagaban para detectar y analizar sus vulnerabilidades. Este investigador se fascinó con la genética, y un amigo profesor de la misma universidad lo invitó a analizar los sistemas genéticos de los seres vivos. El resultado ha sido la creación de uno de los centros más importantes en el análisis de información hereditaria mundial mediante Big Data, y de él han surgido estudios revolucionaros que han examinado a millones de personas y a sus familias durante generaciones, acumulando información médica y relacionándola con sus perfiles genéticos. Estos análisis se han reflejado en publicaciones recientes que han revelado que más del 70 por ciento de lo que somos y cómo envejecemos depende del ambiente. Estudios como estos representan una luz de esperanza, ya que dejan entrever que, así como los efectos adversos causan daño, los efectos benevolentes de la sociedad y el ambiente pueden contribuir a nuestra salud.

Podría citar numerosos trabajos que apoyan mis afirmaciones, pero me referiré al de Van den Berg *et al.*,[5] quienes en un estudio con una muestra de más de trescientas mil personas observaron que un buen estilo de vida se puede heredar, aumentando la posibilidad de longevidad en casi un 10 por ciento. Es decir, volver a la armonía y una buena comunicación con el proceso evolutivo que nos forjó durante millones de años puede dar salud y puede ser heredable.

Las hambrunas

Todo lo que nos sucede queda inscrito en nuestro cuerpo para luego expresarse en nuestra psique y en nuestro estado de salud. Existen circunstancias catastróficas que nos pueden afectar, como terremotos, tsunamis, desprendimientos de tierra y erupciones volcánicas, que quedan en la memoria de los pueblos por la violencia con la que suceden y por su poder destructivo. Menos recordadas en la historia de la humanidad, pero no menos dramáticas, han sido las variaciones climáticas. Desde el frío extremo hasta calores sofocantes. Pero sin duda las más graves han sido la escasez de lluvia en zonas sin montañas, donde los cultivos dependen de las aguas estacionales, ya que no existen ríos que provienen de reservas de hielo en glaciares. Eso fue lo que ocurrió en el siglo XIX en algunas islas de los países nórdicos, que desató una crisis humanitaria de envergadura. La hambruna los azotó durante casi dos años. Muchos habitantes murieron de hambre, y los que sobrevivieron tuvieron secuelas que no fueron evidentes hasta que los científicos, a partir del estudio de los datos demográficos acumulados en registros parroquiales de la época, se dieron cuenta de que las consecuencias de esta experiencia extrema podrían quedar de manera permanente en el cuerpo de quienes estuvieron expuestos a este drama y en el de sus descendientes.

Entre 1866 y 1868, algunas zonas de Suecia (igual que Irlanda entre 1845 y 1852, y también otros países europeos) se vieron afectadas por hambrunas extremas de larga duración por cambios climáticos, durante las que muchos habitantes fallecieron debido a la inanición. Las mujeres embarazadas que sobrevivieron, y lograron dar a luz a sus hijos vivos, notaron que crecían de manera distinta. La mayoría de ellos, a pesar de mejorar las condiciones de vida luego de la crisis, mostraban registros de mediciones antropométricas por debajo de los promedios históricos. Esta diferencia en altura y peso demostró ser estadísticamente significativa, y se mantuvo hasta su edad adulta. Lo que posteriormente sorprendió a médicos e investigadores fue descubrir que estos cambios corporales habían sido heredados por los nietos de la generación que sufrió la hambruna.

Años después, entre 1932 y 1933, en gran parte de la Unión Soviética, Iósif Stalin provocó una de las matanzas más terribles de la historia, el Holodomor (matar de hambre). El dictador ordenó requisar cosechas y alimentos a las poblaciones agrícolas y, cercando pueblos y territorios completos, impidió el acceso a los alimentos a más de siete millones de personas. Documentos desclasificados tras la disolución de la Unión Soviética permitieron calcular en un millón y medio los fallecidos. Los supervivientes de tan terrible hambruna no sabrían las consecuencias que esto acarrearía a sus descendientes. Las madres embarazadas, cuyos hijos nacieron y sobrevivieron a este genocidio, generaron una descendencia con altos índices de diabetes y una expectativa de vida inferior respecto a los nacidos antes o después de la hambruna; así, era posible explicar las diferencias en la frecuencia de estas enfermedades con el resto de la población.[6] El mero hecho de continuar viviendo en condiciones precarias en los años venideros no era suficiente, pues las mismas condiciones de vida eran aplicables a los habitantes de esas zonas que habían nacido después de 1933. Los investigadores se enfrentaban a múltiples incógnitas. Cómo el trauma, la privación de alimentos, el estrés y el encierro en una prisión territorial podían dejar semejantes consecuencias. Las guerras, así como la tiranía e insensatez humana, llevaron a que este tipo de casos se repitieran con los mismos resultados. Veremos otros ejemplos.

En noviembre de 1944, durante la Segunda Guerra Mundial, y ya con el debilitamiento nazi, los habitantes del puerto de Róterdam realizaron un intento fallido de boicot a la ocupación. Eso provocó una respuesta despiadada por parte de las autoridades alemanas, que cerraron el puerto, las vías férreas y otros caminos, bloqueando cualquier acceso de los holandeses a alimentos y provisiones durante varios meses. Esta represalia significó la muerte de más de veinte mil niños y adultos. Los que pudieron sobrevivir lo hicieron comiendo pasto y bulbos de tulipanes, también quemaron muebles y enseres para combatir el frío del crudo invierno. Soportaron vivir con menos del 30 por ciento de las calorías diarias necesarias. El alivio no llegó hasta mayo de 1945, con la liberación de la ciudad por los aliados. Como en un relato macabro que se repite, se vio en los registros de los hospitales de Róterdam que el peso de los recién nacidos de las embarazadas que sobrevivieron a la hambruna era menor al promedio esperado. Fue la alarma inicial para que esos grupos de infantes fueran objeto de mayores cuidados y seguimiento durante el resto de su vida. Las primeras observaciones de médicos y enfermeras eran esperables: aquellas madres, expuestas a la hambruna durante el primer trimestre de embarazo tuvieron hijos con menor peso al nacer, pero no esperaban que su expectativa de vida fuera de diez años menos que la de la población normal.[7]

El segundo hallazgo que sorprendió a los médicos fue que los varones que tuvieron bajo peso al nacer mantuvieron un peso menor el resto de su vida, a pesar de haber sido foco de especial cuidado nutricional por el estado holandés. En el caso de las mujeres que estaban en el vientre materno en tiempos de la hambruna se evidenció un aumento de grasa corporal, que se acrecentaba durante el resto de su vida con un mayor índice de obesidad.[8] Sus niveles de lípidos en sangre también eran superiores a los de la población no expuesta a la carencia de alimentos.[9] Pero ¿qué podía explicar estas diferencias? ¿Qué parte de su biología había cambiado para siempre? ¿Por qué si el ambiente de posguerra volvía a ser normal no lograban la salud, la estatura y el peso esperables?

Otros hallazgos hacían el enigma más complicado: los bebés de madres que solo habían sufrido la hambruna durante sus primeras semanas de gestación, es decir, por un tiempo corto y limitado, desarrollaban obesidad al crecer, sumaban más enfermedades y una esperanza de vida menor.[10] Con el tiempo se hizo evidente que la salud de los hijos e hijas de los supervivientes a la hambruna era estadísticamente peor que la del resto de los holandeses, con una vida más corta. Pero sorprendentemente, las mayores diferencias se veían en los hijos y nietos de aquellos que estaban en el útero materno durante ese periodo, indicando una sensibilidad mayor del binomio madre-hijo durante el desarrollo gestacional. La diabetes, el asma, la enfermedad coronaria, la obesidad y las enfermedades autoinmunes eran más frecuentes (y con peor evolución) entre nietos y bisnietos. La historia no se detenía ahí. Ante esta evidencia y el aumento de los estudios científicos internacionales, asiáticos en particular, empezaron a aparecer nuevos efectos del impacto del ambiente en nuestra historia de salud.

Los desastres naturales

Entre 1959 y 1962, durante la dictadura de Mao en China, se dio un fenómeno similar provocado por condiciones climáticas muy adversas que disminuyeron drásticamente la producción agrícola. Cientos de miles de personas sufrieron una falta extrema de alimentos. Lv *et al.* mostraron que hijos y nietos de los supervivientes a la hambruna en China, al igual que en los casos antes mencionados, presentarían alteraciones en la función renal sufriendo con mayor frecuencia insuficiencia renal crónica, que podría llegar incluso a diálisis.[11] En publicaciones recientes de estudios de seguimiento de dichas poblaciones, los médicos chinos han hecho hallazgos alarmantes. Los niños y niñas en crecimiento intrauterino durante esos años presentan una mayor frecuencia de cáncer, además de obesidad mórbida, hipertensión arterial, síndrome metabólico, artritis, diabetes, anemia e hígado graso.[12]

Los chinos fueron un paso más allá: tras el terremoto que azotó al país en 2009 quisieron analizar si esta catástrofe, que por sí sola podía generar un estado de estrés postraumático, era capaz de alterar la anatomía cerebral. Diseñaron un estudio basado en resonancia magnética nuclear cerebral con el objeto de evidenciar los posibles cambios y comparar los resultados con población que no había sufrido esta tragedia. Además, evaluaron mediante test sus capacidades cognitivas (adquisición de conocimiento) y asociativas (uso del conocimiento adquirido). En el análisis de las imágenes de resonancia, el tamaño cerebral promedio de los afectados era menor. Muchos continuaron presentando alteraciones en diferentes zonas cerebrales, incluso cuando los síntomas de estrés postraumático habían cesado. Los resultados de los estudios cognitivos mostraron que la intensidad del trauma sufrido por los supervivientes causó alteraciones significativas en dichas funciones cerebrales, es decir, en su capacidad de aprender y entender. El seguimiento de esta población permitirá en el futuro ver de qué manera se afectarán las generaciones venideras y cómo podrán impactar las medidas preventivas que se pudiesen tomar.[13]

Estos descubrimientos consiguieron demostrar que eventos adversos intensos vividos en periodos breves también podían afectar de manera inmediata las funciones orgánicas de nuestros sistemas biológicos, en particular del cerebro. Lo que no lograban explicarse era de qué manera las células mejor protegidas genéticamente en los mamíferos (el óvulo y el espermio) podían verse afectadas, transmitiendo así estos impactos a la descendencia. En 2021, Zhang *et al.* quisieron analizar la salud actual de la población que, a principios de los años sesenta, sufrió la hambruna en China. Es así como nació el estudio Kailuan,[14] en el que se analizaron el historial médico y los resultados de laboratorio de más de cien mil personas en la ciudad de Tanshan. El objetivo era investigar si estos eventos podían estar asociados a un mayor riesgo de presentar algún tipo de cáncer y evaluar la capacidad de los pacientes para recuperarse luego de las terapias aplicadas. La muestra se dividió según el año de nacimiento, y los científicos demostraron que aquellos adultos que se encontraban en el útero materno y aquellos que tenían menos de tres años durante la hambruna tenían significativamente más cánceres en el transcurso de su vida, con una deficiente respuesta al tratamiento. En concreto, los números indicaban una mayor mortalidad general por cáncer y menor expectativa de vida en aquella población.

A partir de todo lo anterior se desprende la pregunta: ¿es posible que otros factores ambientales, como las temperaturas extremas, la sequía y el cambio climático global, también pueden afectarnos?

El clima

Antonella Zanobetti y Marie S. O'Neill llevaron a cabo una investigación analizando estudios de los últimos años que evaluaban cómo los cambios de temperatura afectan a la salud y las enfermedades en habitantes de diferentes partes del planeta.[15] Constataron que en los lugares donde las temperaturas medias habían cambiado en el último tiempo, las enfermedades estaban variando. Notaron diferencias con respecto a enfermedades respiratorias y autoinmunes, así como obesidad y alteraciones metabólicas. Los resultados de estos estudios revelaron que los efectos del clima afectan a la población sin distinciones, por lo que no se podía atribuir a diferencias genéticas, de hábitos o raciales. El cambio climático, implacable en zonas de África sahariana y subsahariana, se ha ido extendiendo hacia el sur, afectando a poblaciones rurales de pastores en las que el calor y la sequía extrema los han obligado a implementar medidas adaptativas que, en su mayoría, no han sido suficientes para aliviar los efectos que ha provocado en su estilo de vida y en su salud.

Las entrevistas publicadas por Emilia Inman *et al.* a pastores de varias zonas de África revelan que estos carecen de conocimiento acerca de las alteraciones que está sufriendo el planeta a causa de la intervención humana.[16] A pesar de que intentan adaptarse, sus medidas son limitadas y carecen de planificación, ya que perciben estos cambios extremos como parte de los ciclos de la naturaleza o de la voluntad de Dios. Muchas comunidades son animistas, de manera que le otorgan al mundo inanimado propiedades espirituales. No conciben la posibilidad de que el ser humano esté modificando su mundo, que a la vez es su mundo espiritual, un universo que les hace de guía en sus vidas. Su situación de vulnerabilidad es extrema: el alimento y forraje que otrora les proporcionaba el entorno ya no se encuentra disponible, y la posibilidad de migrar está limitada por sus creencias y porque no perciben la gravedad y el carácter permanente de esta situación. A esto se suman las limitaciones que imponen las fronteras a su desplazamiento. Esta nueva realidad ha originado nuevos tipos de enfermedades que están aquejando a estos grupos, lo que ha provocado alarma en los gobiernos y organismos internacionales. Dado lo extremo de la situación, se han iniciado una serie de evaluaciones y estudios destinados a averiguar cómo el cambio climático está afectando a su salud. Straight *et al.* estudiaron a más de doscientos niños en la ciudad de Samburu, Kenia, que estuvieron expuestos *in utero*, y hasta los nueve años, a calor extremo y sequía.[17] Se les tomaron muestras de saliva de donde se obtienen células descamadas de las mucosas de las mejillas, de las que, tras un proceso de laboratorio, se obtiene el material genético de sus células. Analizaron y midieron todas las alteraciones que podían presentarse en la estructura del ADN. Al informar sus resultados quedaron sorprendidos, pues todas las alteraciones y anomalías se concentraron en los niños que habían estado en el vientre materno durante la exposición al clima extremo, y en aquellos de hasta tres años, con independencia de cuánto duraran dichas condiciones climáticas. Es decir, niños en gestación y menores de tres años modificaban epigenéticamente su ADN con consecuencias impredecibles para su salud. En otras palabras, la velocidad con la que el ambiente modifica la genética de los seres vivos es muchísimo más rápida y su intensidad es mucho mayor de lo que se suponía.

En la medicina moderna se hace cada vez más relevante conocer la historia de nuestros antepasados, sus enfermedades, las condiciones en que vivieron y las grandes alegrías y sufrimientos que padecieron, pues todo ello ha dejado una marca, grande o pequeña, en nuestra herencia. Hoy no es posible entender todo lo que nos pasa si desconocemos la vida y obra de nuestros antepasados. Son esas historias las que modifican los genes a través de la epigenética y no las mutaciones tan erróneamente avaladas por algunos. Debemos ser muy conscientes de que lo que nosotros vivamos afectará a nuestros descendientes, y todo por lo que pase una mujer durante su embarazo, o los niños, en especial antes de los tres años, y los adolescentes será como una flecha lanzada al futuro que señalará la dirección del desarrollo biológico e intelectual de sus vidas. Ese trayecto podrá variar, sin duda, según lo que nos ocurra, el ambiente en que vivamos y las decisiones que tomemos en nuestra vida.

Gemelos

En 2005, Oprah Winfrey, la presentadora de uno de los programas más populares de la televisión estadounidense, invitaba a dos hermanas, Ruth y Mary, gemelas idénticas (genéticamente iguales), a contar cómo bajo la presión y el maltrato de la madre, Mary había desarrollado un trastorno alimentario que la llevó a pesar ciento noventa y un kilos. Ruth, sentada junto a ella, comentaba que el terror de verse como su hermana y recibir por ese motivo el maltrato de su madre, le había provocado un estado anoréxico que a duras penas pudo superar. El impacto televisivo de aquella entrevista generó altos índices de audiencia. La manifestación tan dispar de la misma genética produjo un profundo impacto en los televidentes y dejaba claro que una misma información del material genético podía verse representada por un aspecto (fenotipo) totalmente distinto. Es cierto que hay características no modificables en la información de los genes, como, por ejemplo, el grupo sanguíneo, el color de los ojos o los patrones de histocompatibilidad usados en los trasplantes. Sin embargo, como hemos dicho, son muy pocas las características genéticas llamadas mendelianas (grupos de genes mayores) que están asociadas a enfermedades. Las hermanas compartían todos los genes, sin embargo, un porcentaje fue modificado por el ambiente (maltrato, nutrición), causando un tipo de enfermedad en la primera y otro en la segunda.

Hoy en día, las investigaciones con gemelos idénticos se han convertido en una enorme ayuda para identificar qué factores son los más poderosos en la modificación de los genes[18] y, por ende, en la génesis de las enfermedades; asimismo, ha servido para distinguir qué factores tienen poderosa influencia genética. Uno de los campos más estudiados hoy, por su significado social, es el altruismo y la empatía. La clásica pregunta de si el comportamiento es algo que se aprende y depende del ambiente social y la cultura o de si viene en los genes ya tiene respuestas concretas. La sociabilidad y el altruismo están más desarrollados en ciertos grupos de mamíferos como simios, delfines, ballenas, lobos y elefantes. Se han identificado numerosas hormonas y neurotransmisores involucrados en este comportamiento. Son sustancias que durante el desarrollo del niño configuran su cerebro, en especial la corteza prefrontal, el hipotálamo y la amígdala. Cada una de ellas y sus respectivos receptores donde actúan están reguladas por un número de genes no determinados por completo, entre los cuales los que codifican para oxitocina son los más estudiados, pues se han demostrado fundamentales en el desarrollo de la parentalidad, empatía, compasión, altruismo y sociabilidad en los mamíferos. Los estudios con gemelos han demostrado que el comportamiento de los niños frente al sufrimiento de un ser cercano varía hasta los tres años, claramente definido en la etapa escolar, cuando el comportamiento de gemelos coincide por encima del 70 por ciento de los casos. Es decir, aquellos hermanos o hermanas que comparten genes comunes también presentan un comportamiento social similar, con independencia del ambiente en el que se hayan criado.[19] Ya a los siete años de edad la coincidencia de comportamiento es de más del 50 por ciento, lo que indica que la conducta empática y prosocial viene escrita por un proceso evolutivo asociado a la especie y seleccionado por ser una característica que ha ayudado durante millones de años a la supervivencia del género humano.[20]

12

Una historia de abejas

Las profundas incógnitas sobre cómo se conectaba el trauma psíquico y físico con la biología del individuo, y la capacidad de que su impacto se heredara hasta tres generaciones después, empezaron a dilucidarse observando la naturaleza, en particular a los insectos. Sabemos que en las colmenas de abejas el huevo en el que crece la abeja reina se trata con un cuidado distinto a los de las obreras o los zánganos. También se sabe que el espacio en el que este se desarrolla es distinto del hexágono tradicional del panal. En esencia, la alimentación de ese preciado huevo está constituida por las secreciones de las glándulas salivales de abejas jóvenes (jalea real), mientras que los otros huevos se alimentan con miel y propóleo. Lo extraordinario es que el huevo (llamamos huevo a la célula ya fecundada por el gameto del otro sexo) elegido para generar una reina es idéntico genéticamente al huevo del resto de obreras; es decir, se toma un huevo del resto, se le ubica en un lugar especial y se le alimenta de manera distinta. No hay ninguna diferencia, solo el ambiente al que está expuesto. Pero ¿cómo es posible tal transformación si la información genética es la misma?[1]

Los apicultores se refieren también a la dificultad para sobrevivir que tienen abejas trasplantadas de unas colmenas a otras distintas, situadas en zonas donde cambian el clima y la flora. Un ejemplo de esto son los intentos de repoblar colonias en ambientes fríos y condiciones adversas con abejas de regiones cálidas. Aunque muy pocas sobreviven, la segunda generación logra adaptarse y reconstituir la colmena. Esta adaptación, que toma tan poco tiempo, no puede explicarse por mutaciones genéticas ni cambios que implican alteraciones estructurales del material hereditario —que además son teóricamente al azar— y seleccionados por una lenta evolución. Es decir, los cambios genéticos que se requerirían para responder a este tipo de adaptación necesitarían de varias generaciones de «individuos» de una especie para que sobrevivieran los más fuertes o los más capacitados frente a las nuevas condiciones. Esto es imposible en un periodo de tiempo corto y sin tasas de multiplicación de individuos suficientes. Sin embargo, se puede lograr mediante cambios como la metilación, que pueden modificar la superficie de la doble hélice de ADN.

Otro de los descubrimientos fundamentales[2] fue constatar que no solo la composición alimentaria de la miel, la jalea real, el polen y el pan de abeja determinaban la diferenciación entre abejas obreras, reinas y zánganos (machos), sino que en la naturaleza existen unos trozos de material genético llamado micro-ARN (miARN), constituidos por una imagen especular y complementaria al ADN donde se reemplaza la molécula tiamina del ADN por otra llamada uracilo, que modifican la expresión del ADN. El ARN (ácido ribonucleico) es la cadena mensajera que usan los genes en el núcleo para producir las proteínas que construyen y modifican las células. Este miARN se denomina así porque son trozos muy cortos que tienen la facultad de modificar la expresión génica del ADN original, determinando uno de los sistemas de adaptación y autocorrección más importante de los seres vivos. Su mecanismo de funcionamiento consiste en que se adhiere a los genes, activándolos o inhibiéndolos, como mencionáramos acerca de los grupos metilo. La gran sorpresa, a principios de 2000, fue descubrir que estos trozos de material genético se encuentran tanto en plantas como en animales, que al ser consumidos por otro organismo —nosotros, por ejemplo— muchas veces pasan directamente sin ser degradadas por los sistemas digestivos. Tienen la capacidad de regular nuestros genes.

Otra fuente de estas notables moléculas son las secreciones de animales, como la leche, la saliva y el semen. Un 20 por ciento de ellas se transporta en una esfera protectora de construcción similar a la membrana celular (capa lipídica), lo que se denomina exosoma, que le permite resistir bajas temperaturas ambientales e incluso la pasteurización que purifica la leche que consumimos. Las uvas, el brócoli, el limón, las fresas y el jengibre son ejemplos de alimentos que contienen exosomas que hoy se extraen y concentran para ser usados en el tratamiento de diversas enfermedades como el cáncer.[3]

Se ha descubierto que los miARN solo están presentes en la miel, el polen y el pan de abeja proveniente de las flores; mientras que la jalea real, con la que se alimenta la reina, no los contiene. Estas moléculas, al inhibir en las abejas la fertilidad, el tamaño y el tiempo de vida, determinará que aquellas larvas que no son alimentadas con jalea real se transformen en zánganos o en obreras, constituyéndose, pues, en modificadores de la expresión genética.

MiARN

El miARN es un trozo de ácido ribonucleico que, a diferencia de los otros ARN, no lleva información para la síntesis de proteínas. Su función es regular los procesos de transferencia de la información genética del ADN,[4] que puede evitar fenómenos tan importantes como la aparición de un cáncer o retardar el envejecimiento y la muerte celular.

Luego de que en los años noventa se descubriera su presencia en los seres humanos, no se sabía a qué atribuir sus funciones, pero pronto se transformarían en las estrellas de la genética y la oncología. Poco tiempo después se identificarían en plantas y animales, donde no solo cumplen su papel regulador en sus respectivas especies, sino que participan en el desarrollo y la salud del resto de los seres vivos. Junto con estos descubrimientos[5] se identificaron los exosomas que, además de transportar material genético entre los reinos de los seres vivos, también son un vehículo de intercambio de miARN, proteínas, vitaminas, coenzimas, sustancias antioxidantes y anticancerígenas. Las fresas, por ejemplo, contienen al menos doscientos tipos de proteínas vegetales con capacidad de interactuar en nuestros tejidos. Mediante un simple proceso de licuefacción (hacer jugo en licuadora o prensa), centrifugado y concentración a diferentes revoluciones se logran extraer las vesículas y el miARN que se encuentran en hojas, tallos de plantas y polen de las flores. Hoy en día, estas vesículas (exosomas) se están utilizando como vía de administración oral de quimioterápicos en varias investigaciones en cáncer. En el estudio de Chen *et al.* de 2022, los investigadores aislaron moléculas de tipo exosomas en once vegetales, identificando decenas de proteínas y cuatrocientos dieciocho miARN distintos.[6] Su equipo también utilizó miARN libres extraídos de diferentes tipos de hojas de té mezcladas en una licuadora para después inyectarlos en unas muestras de ratones de laboratorio con la intención de tratar cáncer de mama, descubriendo que reducían drásticamente el tamaño tumoral. Luego los administraron por vía oral logrando el mismo efecto.

En el estudio de Zhang *et al.* se demostró que sujetos de población china tenían altas concentraciones de miARN vegetales, en especial de arroz, en su sangre.[7] Por su parte, Díez-Sainz *et al.* demostraron que este tipo de moléculas resiste altas temperaturas, así como las enzimas digestivas de los mamíferos, ya que se encuentra de manera íntegra y abundante en heces humanas.[8] Por ejemplo, miARN de camarones tienen la capacidad de inhibir infecciones virales, incluso de frenar la progresión de algunos tipos de cáncer de mama en humanos. Cuttano *et al.* muestran que los alimentos de la dieta mediterránea, hoy en día considerada la más saludable, son ricos en sustancias que regulan nuestros miARN y a su vez contienen miARN libres y en vesícula que interactúan con nuestros genes.[9]

Actualmente están en curso investigaciones que buscan evidenciar los efectos de las moléculas de miARN de vegetales en el tratamiento y prevención de enfermedades como la hepatitis C, los linfomas, la esclerosis lateral amiotrófica o la enfermedad poliquística renal.[10]

Por otro lado se ha visto la poderosa interacción entre sustancias de origen vegetal y nuestros miARN, ayudando a proteger y regular nuestro medio interno. Moléculas como flavonoides o polifenoles abundantes en el limón y el aceite de oliva regulan de manera benéfica nuestros miARN.[11] Estos descubrimientos están abriendo ventanas de luz acerca de la red que se entrelaza entre los reinos de los seres vivos y de cómo el procesamiento de los alimentos naturales nos desconecta de nuestra principal fuente de salud: el mundo natural que nos rodea. No pretendo abrumar con esta información, pero es fundamental que la conozcamos para entender cómo en unas pocas décadas de cambios ambientales y nutricionales podemos ver afectada nuestra salud, nuestra conducta y nuestra evolución como homínidos.

Es un hecho que existen otras poderosas interacciones entre la naturaleza, nuestro cuerpo y nuestra mente, que veremos más adelante cuando hablemos de microbiota, hormonas y conductas sociales. Por ahora, diremos que hoy contamos con sobradas explicaciones de cómo el ambiente regula nuestro ADN y de lo imprescindible y fundamental que es esto. No es una opción prescindir del mundo natural, pues eso nos llevaría a transformarnos en otra especie o nos conduciría, tarde o temprano, al precipicio que nos conduciría a la extinción, ya que este es el único camino evolutivo cuando alteramos su curso. Por ejemplo, el uso actual de inhibidores de ARN (miARN) sintetizados artificialmente en laboratorios de ingeniería genética como alternativa al uso de los tóxicos pesticidas agrícolas, introduciendo trozos de miARN en las plantas de los cultivos con el objeto de luchar contra plagas de insectos y hongos, se está transformando en una fuente importante de trastornos del crecimiento, induciendo incluso a la pubertad precoz y otras alteraciones hormonales.

Proteínas de choque térmico

Corrían los años sesenta cuando un grupo de científicos estadounidenses, fascinados con el estudio de los cromosomas de la mosca de la fruta (del género *drosophila*), sometían a estas trenzas de ADN a altas temperaturas y ambientes extremos con el objetivo de analizar su resistencia y mecanismos de defensa o de autoconservación. Bajo el microscopio vieron que, al someter los cromosomas a altas temperaturas, estos adquirían un aspecto de una melena tipo «afro». También descubrieron que este fenómeno se repetía en los cromosomas de bacterias y otros seres vivos. Los investigadores determinaron que se trataba de una respuesta de protección del material genético coordinada por proteínas claves en la defensa celular.[12] Asimismo, se determinó que también se activaban como respuesta al estrés celular, hipoxia, infecciones u otras amenazas al funcionamiento de las células. Rápidamente se identificaron enfermedades asociadas a las fallas en su función, como las degenerativas tipo alzhéimer y cáncer. Muchos miARN vegetales tienen la capacidad de normalizar y fortalecer las funciones de las proteínas de choque térmico, incluidos los polifenoles y otras sustancias vegetales. Es decir, claves en la prevención del cáncer, el envejecimiento, la inflamación y enfermedades neurológicas debilitantes.

Este tipo de proteínas responde de manera histórica, ancestral, evolutiva a los miARN, polifenoles y algunas proteínas animales, regulando nuestro equilibrio biológico y funcional. Son una fuente fundamental de reparación del daño que hoy nos producen las sustancias tóxicas y oxidantes ambientales.[13] Por otro lado, es importante recordar estos efectos, pues, así como en el mundo de los insectos su desarrollo y función social depende de este tipo de modificadores ambientales (miARN), también participan en nuestro desarrollo, regulando nuestro aspecto, temperamento, carácter y personalidad.

13

Los cuatro componentes de las especies y la microbiota

Cuando empecé mis estudios de Medicina, me asombré profundamente al constatar que todos los seres vivos estamos formados por células. De todas las células del planeta, solo una mínima parte conforma organismos multicelulares, como, por ejemplo, plantas, animales, insectos o peces. La mayoría de los seres vivos de la Tierra sigue siendo unicelular; es decir, la principal fuente de vida está constituida por células independientes (que no forman tejidos ni estructuras), sin las cuales no seríamos capaces de subsistir. Estas células pertenecen solo a cuatro tipos de dominios o reinos: eucariotas, procariotas, arqueas y hongos. En el caso de los virus, estos aún se encuentran en el límite de lo que se considera vida autónoma. Es este el planeta de los microbios.

El cuerpo humano está compuesto por trillones de células con núcleo en su citoplasma, las llamadas eucariotas. La única excepción es el glóbulo rojo, que pierde su núcleo para poder transportar más oxígeno y pasar por los estrechos capilares que conforman nuestra red vascular. Nuestras células tienen diferentes formas tridimensionales: pueden ser redondeadas, alargadas, cuboidales, estrelladas o irregulares; además, están cubiertas por una membrana que es su conexión con el medioambiente. Las otras células, llamadas procariotas, no tienen núcleo, y el ADN flota en el citoplasma; sus principales representantes son las bacterias y arqueas. A estos grupos, junto con los hongos, debe sumarse el viroma, constituido por los virus, que no tienen núcleo ni citoplasma y que están constituidos por una cápsula hecha de una proteína que se repite como las cadenas de una malla usada por un soldado medieval. Su interior contiene material genético que inoculan al resto de los reinos celulares con el objeto de utilizar sus sistemas de producción para multiplicarse dentro hasta hacerlos estallar, generando la muerte celular o incorporando su material genético en el ADN del huésped, aportando variabilidad genética que podrá utilizarse como molde para cambios evolutivos. Es así como los virus son uno de los principales medios de comunicación y transmisión de información genética entre los dominios del mundo celular y de los organismos multicelulares. Son los mensajeros de la vida y la evolución: su presencia en la naturaleza nunca fue sinónimo de enfermedad, salvo en los últimos milenios por la densidad poblacional de ciertas especies, incluido el ser humano.

Los integrantes de estos mundos microscópicos conforman los cuatro dominios que dirigen y mantienen la vida. ¡No hay más! Por increíble que parezca, todo lo que vive es parte o está constituido por estos cuatro dominios celulares y el viral. Ellos también se ven afectados por los cambios epigenéticos generados por el medioambiente, como el uso de antibióticos o antivirales.

Antes hemos mencionado que los virus han contribuido al desarrollo cerebral, incorporando trozos de ADN viral que dan la información de nuevas proteínas cuyas funciones han sido determinantes en el desarrollo de nuestra especie.[1] Sin embargo, en la antigüedad esta transmisión de material genético no se dio como pensaríamos, mediante la gripe o la rubeola, pues este tipo de infecciones no existían, ya que requieren de numerosos reservorios humanos o animales de al menos cien mil habitantes. La vía más probable de contribución a la evolución genética de los humanos fue a través de la microbiota digestiva, como uno de sus componentes estables. Sabemos que una de esas nuevas proteínas de origen viral participó en la evolución de las células gliales, cuya función es darle soporte nutricional, inmunitario y metabólico a las neuronas de nuestro cerebro. Otra fuerza poderosa en la evolución de los seres vivos es la transmisión de ADN bacteriano y de su capacidad para ejercer cambios epigenéticos heredables en las diferentes especies. Ya sabemos que la microbiota es particularmente sensible a los cambios nutricionales.

El número de virus que existen en la Tierra es diez veces mayor que las estrellas del universo conocido.[2] Se encuentran en todo lugar y condición, y la mayoría presta servicios de mensajero genético entre los seres vivos, aportando gran variabilidad genética y adaptabilidad evolutiva. La gran mayoría son beneficiosos,[3] y controlan muchas de las infecciones bacterianas que nos pueden afectar, destruyendo bacterias patógenas (bacteriófagos). Hace años que algunos países los utilizan como alternativa a los antibióticos en infecciones resistentes. Si la penicilina la produce un hongo, y es tóxica para muchas bacterias, imaginemos la potencia de un virus que se multiplica dentro de ellas hasta destruirlas sin causar daño al huésped. Un dato sorprendente: entre el 50 y el 65 por ciento de nuestro ADN está compuesto por material genético viral.[4] Profundizaremos a continuación un poco más en la microbiota, principal protagonista de nuestra salud física y mental.

La microbiota de los seres vivos es el conjunto de microorganismos que viven particularmente en la piel, las vías respiratorias y genitourinaria, y en el tracto digestivo. Tras haber presentado las familias celulares que han dado origen a todo lo que vive, quisiera detenerme en un concepto central: las diferentes células en su proceso evolutivo han formado las superestructuras que dieron origen a las diferentes especies, seres vivos que no han dejado nunca de ser «habitados» por formas unicelulares, manteniéndose una simbiosis (cooperación mutua) entre cada uno de los tipos de microorganismos que hemos mencionado (incluidos los virus) y las megaestructuras que definen a plantas, insectos, animales, peces y hongos. Es como si nosotros fuésemos ciudades habitadas por todo tipo de ciudadanos.

Existen más «individuos» en la microbiota que nos habita que células en nuestro cuerpo. Dependemos de manera absoluta y total de ella, no podríamos sobrevivir sin su coexistencia. El grado de interacción e influencia de la microbiota en nuestras funciones fisiológicas es completa, y nuestra salud física y mental está basada en un fino equilibrio entre ella y todos nuestros componentes orgánicos. La microbiota es la conexión sutil entre cuerpo y mente. Todo lo que la altere tendrá un efecto sobre nosotros. Los principales factores que la modifican son los alimentos, el mundo de los microorganismos ambientales y otros seres vivos con su propia flora microbiana. Estados anímicos, contaminación ambiental, productos químicos del hogar, pesticidas, diferentes ambientes, geografías, climas, medicamentos en general, y de manera poderosa los antibióticos.[5]

La microbiota es el principal modulador de nuestra inmunidad y ha evolucionado junto con nuestro sistema inmune durante millones de años.[6] Con esto quiero resaltar que conserva la memoria de millones de años de vida evolutiva que, cual escultor, ha modelado nuestro cuerpo y mente. Nuestra microbiota habita en las puertas de entrada de nuestro cuerpo, aunque la mayor cantidad de «habitantes» se alojan en el sistema digestivo, desde la boca hasta el ano. No existe una zona del sistema digestivo que no esté poblada de microorganismos, pero la mayoría se concentra en el intestino grueso (colon y recto, en la última porción del intestino delgado, y en la boca). Su interacción es tan poderosa que sus productos metabólicos (sustancias bioquímicas) son determinantes en el funcionamiento global de nuestra fisiología. Cuando modificamos la alimentación, algunos habitantes de esta comunidad disminuye y otros aumentan, lo que afectará la producción de moléculas tan importantes para nuestro bienestar como, por ejemplo, la serotonina y sus precursores bioquímicos. La serotonina cumple un papel fundamental en el funcionamiento del sistema nervioso e impacta de manera directa el ánimo de las personas.[7]

El periodo más relevante de esta «colonización» es el parto cuando, según la vía del nacimiento, se establecerá el tipo de microorganismos que van a configurar nuestra «huella dactilar» microbiótica, única y exclusiva, tan específica como nuestra retina. Si el parto es por vía natural, el recién nacido tragará flujos vaginales y rectales de la madre, lo que lo poblará de una microbiota normal y deseable. Si, por el contrario, nace mediante cesárea, el primer contacto de su boca será con la piel de la madre, las manos de quienes asisten el parto y todo el ambiente donde ocurre. La lactancia será el segundo factor determinante de esta flora. Si el recién nacido recibe pecho materno, fortalecerá la microbiota adquirida durante el parto normal gracias a la selección inmunológica que le aportarán los anticuerpos y las inmunoglobulinas maternas, así como a los exosomas humanos llenos de material genético y lactobacilos específicos y únicos de la leche materna. Todo esto se incorporará e informará al cuerpo del bebé con el objeto de producir los cambios epigenéticos necesarios para su desarrollo y modular su inmunidad, evitando así la aparición de alergias alimentarias y otorgando protección a las enfermedades infecciosas.

A los tres años de edad, la «identidad» de nuestra microbiota queda definida en un 70 por ciento, porcentaje que no variará durante el transcurso de la vida. Esto definirá una combinación de diferentes gérmenes que podrían predisponernos a enfermedades como la obesidad, la depresión, el síndrome de espectro autista, enfermedades metabólicas y un sinfín de condiciones dañinas para nuestra salud física y mental.[8] Menos del 30 por ciento de su composición podrá presentar variaciones. La posibilidad de alterar este porcentaje menor sería suficiente para condicionar y modificar el rumbo de nuestra salud y comportamiento. Durante los primeros años de vida, la alimentación y el uso de antibióticos podrían determinar la aparición precoz de enfermedades autoinmunes que pueden perdurar durante toda la vida. La microbiota también interactúa de manera determinante en el funcionamiento de nuestro sistema hormonal, regulando la expresión de moléculas como la oxitocina, la testosterona, los estrógenos y las neurohormonas que regularán nuestro estado de ánimo, la sociabilidad, la agresividad, la sexualidad y el comportamiento en general.[9]

Microbiota intestinal

En el caso de la microbiota intestinal (la más abundante e importante), aunque existen varias «capas» de bacterias, son dos las principales: las bacterias directamente asociadas con la mucosa (piel interna) de los intestinos y aquellas que «flotan» en la luz o lumen intestinal. La primera es la más estable, tiene relación con la especie y se ha ido seleccionando por millones de años, estableciéndose un vínculo simbiótico sutil y equilibrado; la segunda puede variar con más facilidad, en particular cuando nos movemos a otro sitio geográfico, de país o si hemos sido hospitalizados. En este último caso se sabe que en menos de cuarenta y ocho horas uno adquiere gérmenes intrahospitalarios y que muchos de ellos pueden ser patógenos o resistentes a antibióticos habituales.

Basta con que cambie el tipo, la diversidad o la distribución de esta microbiota luminal para que se manifiesten enfermedades como la colitis ulcerosa o enfermedad de Crohn. En etapas avanzadas de enfermedades intestinales también se puede ver afectada la primera capa, determinando lo que se denomina «síndrome de hiperpermeabilidad intestinal». A veces basta un tratamiento antibiótico por una sinusitis para provocar la disbiosis (alteración de la composición de la microbiota) que puede alterar todo el sistema digestivo, inmunitario, hormonal e incluso causar episodios depresivos. El uso de pre y probióticos adecuados es una manera de disminuir este efecto, así como una buena alimentación sin azúcares, con abundantes polifenoles vegetales, proteínas de alta calidad y aceites como el de oliva o de coco.

Como hemos mencionado, la composición de nuestra microbiota está relacionada con nuestra inmunidad, y ambas con nuestra alimentación. Esta relación indivisible viene forjándose hace millones de años en un proceso de reconocimiento mutuo mediado por las condiciones ambientales que, a pesar de ser en extremo cambiantes, han dado tiempo a una adaptación continua y más o menos armoniosa de nuestra especie. Enfermedades que hoy tienen al mundo de cabeza, como el alzhéimer y el párkinson, se asocian con el tipo de microbiota intestinal, reconociéndose especies bacterianas proinflamatorias en las deposiciones de todos los individuos que las padecen.[10] La disminución de ácidos grasos de cadena corta (producidos en gran parte por las bacterias beneficiosas) se ha considerado uno de los factores desencadenantes de las enfermedades neurodegenerativas.[11]

La microbiota humana produce un porcentaje muy importante de precursores de serotonina e interviene en los procesos de expresión y producción de oxitocina, estrógenos y testosterona, además de aportar ácidos grasos esenciales que cooperan en la desinflamación que producen los procesos metabólicos naturales. El consumo de «superalimentos» como el aceite de oliva virgen extra, el aguacate, el aceite de coco, la vitamina D y pescados y mariscos ricos en omega-3 es la mejor forma de contrarrestar los efectos oxidantes e inflamatorios de los procesos biológicos naturales que con el tiempo llevan al envejecimiento. Asimismo, se ha demostrado que el ejercicio moderado también modifica de manera beneficiosa la microbiota humana, es más, las mujeres gestantes que se ejercitan transmiten una mejor microbiota a sus hijos.[12]

¿Y qué pasaría si no tuviésemos microbiota? La ausencia de microbiota en animales de laboratorio demuestra que esta falta de microorganismos afecta profundamente el funcionamiento de neurotransmisores, disminuye la neurogénesis (se achica el cerebro), aumenta la inflamación cerebral y produce cambios anatómicos en el sistema nervioso central de aquellos animales. Como consecuencia, se distinguen cambios conductuales que van de la agresión y autoagresión al aislamiento social.

Es importante destacar que las bacterias se multiplican en un lapso de horas y que los virus también se instalan dentro de ellas como lo hacen en las células humanas. En los trillones de bacterias que constituyen nuestra microbiota, con su velocidad de reproducción, los virus encuentran todo un laboratorio perfecto para mutar y adquirir nuevas características. Lo mismo ocurre cuando invaden las células del resto de los seres vivos, incluidos los del reino vegetal.[13] Este proceso es el más poderoso en la transmisión de información genética para las especies.

En resumen, todo lo que afecte nuestra microbiota repercutirá en nuestra salud y comportamiento, es decir, en nuestra vida. Los cambios alimentarios bruscos y persistentes tienen consecuencias impredecibles e inesperadas entre nosotros, y han sido un motor en el desarrollo de la raza humana. Su composición general ha evolucionado durante millones de años y su estabilidad coopera en el proceso de adaptación y cambio paulatino de las especies como respuesta a las modificaciones del ambiente.

Sistema inmune

Durante la evolución de las especies se hizo necesario contar con un sistema de reconocimiento y respuesta que pudiese responder de manera rápida y dinámica a los cambios nutricionales y a los procesos evolutivos de los microorganismos. Algunos de ellos se transformaron en patógenos y otros reforzaron sus funciones benéficas para los seres humanos. En ese sentido, fue necesario identificar estas transformaciones y diferenciar a amigos de enemigos. Pero esto no terminó aquí, pues fue imperativo reconocer moléculas y sustancias tóxicas que podían originarse tanto en el mundo vegetal como en el ambiente. Este sistema de reconocimiento y defensa debía tener la capacidad de responder de manera general a todo lo que pudiese amenazar la vida de los seres vivos, así como de responder días, meses o décadas después gracias a un tipo de memoria selectiva que permitiese eliminar la agresión incluso antes de que se manifestara algún síntoma. Un sistema que, al encontrarse con un germen, no lo olvidase jamás. Es así como se organizó nuestro sistema de defensa y reconocimiento; una parte de él ha ido acumulando la información durante millones de años y transmitiéndola a través de los genes (sistema inmune innato), mientras que la otra se adapta a los cambios y a los nuevos agresores (sistema inmune adaptativo). Este último es el que estimulamos con las vacunas.

Las respuestas de nuestro sistema inmune nos permiten mejorar o cicatrizar; sin embargo, también pueden generar alergia y reacciones desmedidas que pueden llevar a la anafilaxis, al *shock* e incluso a la muerte. La respuesta de este doble sistema no siempre es proporcional a la agresión y puede llegar a producir más daño que salud, incluso a equivocarse y creer que nuestras moléculas o tejidos son enemigos y dañarlos de manera transitoria o permanente. Esto es lo que conocemos como autoinmunidad, y algunos ejemplos de ella son la tiroiditis de Hashimoto, la fiebre reumatoide o las glomerulonefritis secundarias a infecciones no tratadas por estreptococos en la piel (impétigo).

Los seres vivos requerimos de un sistema de reconocimiento molecular. Así como los órganos de los sentidos nos dan información del mundo fisicoquímico del cual formamos parte, el sistema inmune se mantiene alerta, analiza y clasifica los componentes químicos y moleculares que ingresan en nuestro cuerpo, de un mundo no perceptible. Las principales vías de acceso de este mundo exterior son la digestiva y la respiratoria. El tracto digestivo aloja alrededor del 70 por ciento de nuestro sistema inmunitario, mientras que el sistema respiratorio es prácticamente estéril en comparación.

Recapitulando, el sistema inmune de los mamíferos está dividido en dos partes: el sistema inmune innato, que es el primero en identificar si la molécula o microorganismo que ingresa a nuestro cuerpo es beneficioso o deletéreo, y lo constituyen principalmente lo que llamamos glóbulos blancos. Ha heredado su conocimiento por generaciones, durante millones de años, y nos permite diferenciar entre «amigos o enemigos». Su proceso evolutivo está asociado de manera íntima con la flora de microbios que habitan en los intestinos, por lo que cualquier alimento, microorganismo o molécula que ingresa por la boca será evaluado primero por este sistema. El resultado de esta «aduana» permitirá la absorción o causará una reacción defensiva de tipo inflamatorio que puede llegar a ser tan violenta como la que experimentan los celíacos frente al gluten. La reacción puede ser también casi imperceptible, como la respuesta frente a los otros derivados de las harinas, las gliadinas, que con el tiempo pueden llevar a la liberación excesiva de insulina y a la desregulación de sus receptores en todos los tejidos, produciendo obesidad.

La introducción de un nuevo alimento en la dieta de los mamíferos generará siempre una respuesta inmune que lo calificará según los antecedentes históricos alimenticios de dicha especie. La respuesta generada dependerá de lo conocido o desconocido de dicho alimento y de lo útil o nocivo que pueda llegar a ser. El aprendizaje del sistema inmune innato es lento y puede tardar miles de años en adaptarse a una nueva fuente alimenticia o a un nuevo ambiente. Su capacidad de adaptación no siempre es exitosa y podremos «soportar» ciertas sustancias, pero con el tiempo terminarán dañando nuestra salud, como ocurre con ácidos grasos saturados, los azúcares y alimentos procesados, cuyos aditivos y colorantes son unas de las principales fuentes de alergia y reacciones cutáneas. Si nos alimentamos con exceso de azúcares, no solo seleccionaremos un tipo de bacterias que en general son nocivas, sino también una población de hongos cuya alimentación fundamental son los hidratos de carbono, fermentándolos y generando alcoholes que pasarán al sistema portal (que va al hígado), pudiendo incluso generar hígado graso, obesidad, esteatohepatitis y cirrosis. Dicho de otra manera, cuando nos alimentamos, no solo estamos nutriendo nuestro cuerpo, estamos activando nuestro sistema inmune y modificamos en gran medida nuestra microbiota, que puede cambiar drásticamente.

El segundo componente de este sistema inmune es el responsable de la memoria antigénica y es el que estimulamos mediante las vacunas. Este sistema es el que produce los anticuerpos y es capaz de recordar cuando un microorganismo o una porción de este ingresa en nuestro cuerpo. Como antes mencionamos, todo se pone más complicado cuando parte de estos microorganismos o de algunos alimentos introducidos se asemejan molecularmente a algunos de nuestros tejidos. Cuando se dan estas circunstancias, el sistema inmune secundario, al intentar atacar con anticuerpos a estos invasores que mimetizan partículas humanas, producirá una reacción autoinmune. El efecto de los nuevos alimentos transgénicos es relevante, puesto que pueden producir reacciones cruzadas con otros alimentos, provocando numerosas intolerancias y respuestas inflamatorias generalizadas de piel y mucosas. De lo que estamos hablando es de una sociedad de millones de años entre el sistema digestivo, la microbiota y los alimentos. Cualquier modificación que afecte a uno de ellos, provocará trastornos a los demás, con consecuencias impredecibles para la salud.

Una sociedad indisoluble

Como comentábamos, el sistema digestivo contiene alrededor del 70 por ciento de nuestro sistema inmune, y en toda su extensión se entrelazan íntimamente billones de neuronas y nervios que configuran el sistema nervioso autónomo. Este sistema existe y funciona hasta en los lugares más recónditos de nuestro cuerpo, recibiendo información y regulando el funcionamiento de todo el músculo liso (involuntario), las glándulas, los sistemas respiratorio y circulatorio, incluido el corazón. Todos nuestros órganos reciben sus aferencias (*input*) y eferencias (*output*). El gran director de orquesta de este sistema es el nervio vago, responsable además de las famosas reacciones vagales que hasta pueden producir que el corazón se detenga. Este componente inconsciente de regulación es clave en la hemostasia (equilibrio) de nuestro sistema digestivo, afectando el tipo de microbiota, la absorción y los movimientos del intestino, la secreción de las enzimas digestivas y de las hormonas intestinales como las que tratan de imitar los análogos de GLP1(hormona digestiva).

Esta concentración de funciones no es casual y de su interrelación armoniosa depende nuestra salud física y mental, nuestro bienestar y longevidad. En la práctica, podemos decir que es un grupo de sistemas cuya función es comunicarse y «aprender» del medioambiente. La memoria bioquímica es clave, ya que le permite decidir si lo que ingresa en nuestro cuerpo es beneficioso o dañino. Es así como los cambios que se producen en la nutrición tendrán efectos inmediatos, pues serán evaluados por el sistema inmune, que dará un «veredicto» de si conviene aceptar tal o cual alimento, sustancia o microorganismo en el cuerpo o si es mejor rechazarlos. Si es desfavorable, desencadenará una serie de reacciones inflamatorias que intentarán eliminar al agente nocivo, lo que, dependiendo de la intensidad de la reacción, puede llegar a dañarnos.

LOS CUATRO COMPONENTES DE LAS ESPECIES Y LA MICROBIOTA

Uno de los cambios más significativos de la evolución de los homínidos, durante el proceso de transformación de *Australopithecus* a *Homo erectus*, fue el acortamiento del intestino delgado. Esta evolución anatómica se dio junto con un cambio en el tipo, la variedad y la población de la microbiota, que posiblemente se mantuvo sin grandes cambios hasta hace unos diez mil años, para variar drásticamente en las zonas de Oriente Próximo (creciente fértil) y partes de Asia. En el del resto del planeta se mantuvo bastante cercana a la que hemos portado en los últimos dos a tres millones de años. Hoy en día, sabemos que la microbiota regula y modifica la respuesta conductual de animales y humanos a través de la interacción con el sistema neurovegetativo (nervio vago) y de las sustancias químicas que produce. Este sistema se encuentra íntimamente relacionado con el neuroendocrino. Aquí hablamos de un macrosistema, ya que el uno no funciona sin el otro, y se autorregulan recibiendo información del medio interno (cuerpo) y del externo a través del exposoma relacionado con aspectos de gran importancia que a veces son poco considerados, como la interacción social, el apego y el bienestar emocional. Una de las funciones clave de esta «asociación» es defendernos de microorganismos patógenos que pueden ingresar por la piel, las mucosas, la vía aérea, digestiva, genital o urológica. Por tal motivo, mantener una flora sana previene infecciones y la aparición de hongos oportunistas que, cuando tienen la ocasión, se instalan en nuestro organismo, parasitándonos.

Una de las vías de comunicación e interacción más poderosa entre la microbiota y el cerebro es el nervio vago. Este nervio originado en el sistema nervioso central recorre nuestro cuerpo desde la base del cráneo, pasando por el cuello, la caja torácica, el abdomen hasta llegar a la pelvis. El nervio vago es un poderoso regulador de las funciones digestivas, y su estímulo es capaz de modificar a la microbiota. Asimismo, puede transmitir información a través de moléculas por sus axones directamente al cerebro. En otras palabras, nuestra alimentación no solo genera moléculas que absorbemos y que desencadenan el proceso hormonal, sino que también nutre a las bacterias que regulan parte de los procesos de nuestro sistema nervioso central.

Estudios en pacientes cuya dieta ultraprocesada y proinflamatoria seleccionaba una microbiota adversa, que asociada a la presencia de la bacteria *Helicobacter pylori*, les generaba úlceras gástricas o duodenales, eran tratados con una cirugía llamada vagotomía (sección del nervio vago) y sorprendentemente, como efecto secundario, presentaban con menos frecuencia la enfermedad de párkinson, disminuyendo los factores proinflamatorios en la sangre. La sección del nervio vago evitaba la transmisión de moléculas inflamatorias hacia el cerebro, traduciéndose en una menor incidencia de dicha enfermedad.[14]

El nervio vago también es el responsable de que sintamos «mariposas» o angustia en el vientre. Estas sensaciones nos indican la interacción de neurotransmisores con las terminaciones de este nervio, lo que afecta la microbiota de nuestro sistema digestivo; es decir las emociones también modifican nuestra microbiota a través del efecto de los neurotransmisores en ella. El nervio vago puede transmitir amor, felicidad o angustia a nuestras poblaciones microbianas, lo que puede perpetuar circuitos anímicos positivos o negativos. Asimismo, es capaz de comunicar el estrés biológico de enfermedades digestivas en forma de dolor, distensión o incomodidad a nuestro cerebro o potenciar el efecto de la adrenalina y el cortisol que produce la glándula suprarrenal en la respuesta al estrés. El estrés no es una respuesta «psicológica», es una respuesta biológica poderosa que nos enferma, alterando nuestra inmunidad, nuestra microbiota y nuestro sistema nervioso central.

14

Las hormonas del comportamiento

La oxitocina: la hormona de la vida

La oxitocina es una sustancia clave en el desarrollo del cerebro durante los primeros años de vida; el apego, la lactancia, el amor y la interacción social aumentarán sus niveles tanto en los padres como en el niño en crecimiento. A su vez, facilita vínculos poderosos, la confianza y la empatía. Existe una diferencia entre mujeres y hombres, y es que estos últimos tienen un receptor para andrógenos codificado en el cromosoma Y que responde a la testosterona, las mujeres no. Esto no significa que la testosterona no tenga efecto en ellas, solo quiere decir que en el hombre existen efectos asociados a la agresividad sexual, a la violencia, al desarrollo muscular y a otros cambios corporales y conductuales que le son propios y que requieren modulación y educación social. Empezaremos hablando de la oxitocina, una hormona a la que recién se le está dando la importancia y la relevancia adecuadas, y que por muchos años su administración solo se ha utilizado para desencadenar el parto o mantener contracciones uterinas adecuadas. Hoy en día, es la hormona clave en el desarrollo social de los mamíferos, en particular el de los hipersociales, como los seres humanos. Lamentablemente, su regulación e interacción es tan delicada y sutil que su administración farmacológica sin el adecuado contexto social puede generar los efectos opuestos, aumentando el miedo o el rechazo.

La oxitocina está íntimamente relacionada con la microbiota humana y funciona en «tándem» con ella.[1] Si una se altera, la otra lo hará también.[2] En un estudio reciente, Ritz *et al.* demostraron que el cambio de microbiota a través de trasplante fecal alteraba la inmunidad y el comportamiento en ratones, modificando la respuesta a la oxitocina.[3] Los ratones manifestaban alta fobia social, lo que se revertía normalizando la composición de la microbiota. Hoy sabemos que existen cepas de probióticos específicas que pueden ayudar a restablecer los efectos benéficos de la oxitocina.

Como mencionábamos, la oxitocina es comúnmente conocida por su efecto en las contracciones durante el parto y en la expulsión de la placenta. En el periodo puerperal (posparto), achica y contrae el útero para detener la hemorragia y reducir su tamaño. También regula y sostiene la función inmune, interactuando con los microorganismos que viven en nuestro sistema digestivo. Los desajustes y cambios en la composición de la microbiota secundarios a la alimentación y a los efectos del medioambiente pueden desregular o bloquear sus funciones.[4] Por lo general, su acción se entrelaza con la de la prolactina y la vasopresina, todas neurohormonas que influyen en la sociabilidad y regulan el comportamiento de las especies. Considerando que el periodo natural de lactancia en los seres humanos ha sido durante varios millones de años entre tres y cuatro años, y que incluso hoy en día, en los pocos grupos de cazadores-recolectores que aún pueblan el planeta, este periodo de tiempo se mantiene, podemos decir a ciencia cierta que el desarrollo cognitivo y social normal de los niños requiere de niveles de oxitocina elevados durante los primeros años de vida. Durante el desarrollo del recién nacido esta hormona no solo favorecerá la lactancia junto con la prolactina, sino también el apego, y será fundamental en el desarrollo del neocórtex (área de la corteza cerebral) de simios y, en particular, de los homínidos.

También protege el cerebro del que está naciendo ante los efectos de la hipoxia durante el paso a través del canal del parto, favoreciendo el flujo sanguíneo hacia el cerebro.[5] Son conocidos los efectos benéficos que le produce a la madre, como calma y paz, al darle pecho al recién nacido. Además, promueve la resiliencia necesaria para cumplir con las demandantes exigencias de los infantes. Interactuando con el llamado eje cerebro-intestinal, participará en múltiples etapas del crecimiento y del desarrollo humano, así como en la adquisición de capacidades socioafectivas. Es la hormona que desactiva la respuesta de lucha o huida en la hipófisis, lo que determinará la intensidad y efectos de la respuesta al estrés de los mamíferos, en especial de los seres humanos.

La oxitocina ayudó a los machos de nuestros antepasados a cuidar de las crías, pues tras el parto de la hembra sus niveles aumentaban en su cerebro, lo cual evitaba el infanticidio. Hoy se sabe que los niveles de oxitocina se mantienen elevados en los padres hasta seis meses después del parto y aquellos que además tienen niveles más altos de prolactina presentan una parentalidad más atenta y comprometida.[6] Se ha demostrado que cumple una función clave en la vida comunitaria de los mamíferos. Gracias a ella se establecieron las fuentes de comunicación que organizaron a los primeros grupos de *Australopithecus* y posiblemente llevó con el tiempo al desarrollo de las primeras formas de lenguaje. Ese tipo de comunicación no solo debe entenderse como un medio de transmisión de información, sino también de afecto y cuidado, lo que fue clave en el desarrollo cognitivo de los homínidos. Es posible que los efectos de la oxitocina se fueran haciendo más complejos y fuesen la base de la atracción entre los sexos, fortaleciendo los vínculos reproductivos a través de un nuevo tipo de selección que no pasaba por elegir al macho dominante o al más feroz, sino quizá al que tuviese más habilidades parentales.[7]

Se ha demostrado que la oxitocina inhibe el efecto inflamatorio en el cerebro de las infecciones bacterianas que afectan a cualquier parte del organismo; lo que se sabe está asociado al alzhéimer y el deterioro psicoorgánico.[8] Como indica un estudio de Harvard sobre envejecimiento, este es un proceso multifactorial en el que el estrés desempeña un papel preponderante y cuyos principales antídotos se encuentran en las relaciones humanas, la alimentación, la vida sexual y el ejercicio.[9] Todos estos factores aumentan los niveles de oxitocina, la hormona de la vida.

En una revisión reciente de la literatura realizada por Donadon *et al.*, se pudo confirmar la relación entre la oxitocina, el trauma y el estrés postraumático crónico.[10] En su artículo muestran que aquellas personas que padecen estrés postraumático crónico tienen niveles de oxitocina menores que la población normal. Al llevar estos hallazgos al laboratorio se pudo comprobar que en animales existía la misma correlación y se vio también una variabilidad importante en la cantidad de receptores de oxitocina en el cerebro, lo cual se asoció a diferentes grados de resiliencia: a mayores cantidades de receptores, más resiliencia. Esto coincide con los hallazgos de otro grupo de investigadores que identificó un potente efecto epigenético en los genes que codifican (dan las instrucciones) tanto para la producción de oxitocina como sus receptores (rOx).[11] Explicado de otra manera, esto quiere decir que la herencia de experiencias de los progenitores, la exposición al medioambiente y la historia personal afectan la producción o sensibilidad a esta hormona, otorgándonos mayor o menor resistencia a los eventos traumáticos que ocurren en nuestra vida.

Testosterona

Después de descubrir y aprender los efectos de la oxitocina era evidente que su desarrollo y presencia entre los mamíferos tenía otra función muy particular, esto es, la de regular los efectos de otra poderosa hormona que generaba el aumento de la masa muscular, la creatividad, la agresividad y el deseo sexual: la testosterona. Debo decir por experiencia propia que agregaría algunos efectos a la lista, como la impulsividad, el desapego, la obnubilación mental, la irresponsabilidad, la competitividad y la insensibilidad afectiva. Es una hormona que cumple funciones distintas en el hombre y en la mujer, y su máxima expresión se da en sistemas biológicos que poseen receptores androgénicos (los machos). Sus efectos sin contrapeso pueden ser devastadores, en especial en el desarrollo de los machos de las diferentes especies y, en particular, en el ser humano. Algo me decía que mucho de lo que había sufrido en la vida y de lo que yo había hecho sufrir a otros tenía que ver con expresiones psíquicas de desbalances hormonales y de neurotransmisores durante el desarrollo de mi infancia y adolescencia.

Hace algún tiempo, durante la preparación de este libro, en busca de la evidencia científica que relaciona la testosterona, su nivel y sus efectos en la microbiota, di con un estudio que inicialmente me sorprendió, pero que, al avanzar en la lectura, me hizo rendirme ante la evidencia.[12] Los investigadores demostraron que los niveles de testosterona podían aumentar o disminuir en la sangre según el tipo de microbiota que tenían los pacientes en su sistema digestivo, lo cual podía estimular o inhibir el crecimiento de tumores sensibles a la hormona masculina, como el cáncer de próstata.[13] Después de un tiempo, Zhao *et al.* descubrieron los mecanismos por los cuales se establece una vía de comunicación e interacción entre la microbiota, el intestino y los órganos sexuales, describiendo incluso los mecanismos moleculares que intervienen en ella.[14]

La alimentación y los factores ambientales que modifican la microbiota también modificarán la cantidad de testosterona circulante. Los gérmenes aumentan su metabolismo (destrucción) o su reabsorción a nivel intestinal elevando sus niveles en la sangre.[15] Es decir, en conjunto, estos fenómenos del eje microbiota-intestino-testículo pueden tornar a los hombres en individuos más agresivos, antisociales e hipersexuales. Mondo, al estudiar a perros fóbicos y agresivos, descubrió que la microbiota de aquellos que tenían buen carácter y eran sociables (los perros domésticos comparten una microbiota parecida a la de sus dueños) variaba notablemente.[16] Posteriormente, analizó dos grupos de perros de raza pitbull, separándolos por su grado de agresividad, pudiendo diferenciar perfiles de bacterias distintas.[17] Otros estudios en perros muestran un cambio en su sociabilidad y conductas según el tipo de alimentación que se les da.

Se ha visto también que si se trasplantan fecas de personas que sufren de fobia social en ratoncitos estériles, recién nacidos que aún no presentan una microbiota definida, se ve en ellos importantes trastornos conductuales caracterizados por miedo social y evasión. Al efectuarse un estudio de los marcadores sanguíneos de inflamación, se evidenció que sus niveles estaban elevados. Otra consecuencia del efecto de la microbiota sobre el género masculino es que puede aumentar o disminuir la espermiogénesis, con el consecuente aumento o disminución de la fertilidad.[18]

No existen hormonas exclusivas de un sexo, su balance y producción dependerá de las necesidades de la especie. Se ha visto en estudios con animales castrados, esto es, desprovistos de testosterona, que, al administrarla de forma intravenosa o en gel, esta altera su comportamiento apacible, lo que resulta en un aumento de la violencia contra las crías y de la tasa de asesinato de estas. Se ha visto también que en los machos de los mamíferos, cuando los niveles de oxitocina y de estrógenos se elevan, se producen cambios conductuales, en pro de la progenie, disminuyendo los niveles de testosterona.[19] El contacto físico tiene un efecto primordial en el desarrollo afectivo de animales y primates. Este tipo de estímulo también aumenta la oxitocina y disminuye la testosterona en los hombres. La respuesta de los mamíferos frente a las crías es principalmente uniparental, recayendo el cuidado en las hembras en el 90 por ciento de las especies. Solo en algunas especies, como los lobos, los primates y los homínidos, se da un cuidado biparental, lo que no es siempre una garantía, pues los machos pueden a pesar de ello presentar conductas evasivas con respecto a la prole e incluso, en el caso de los grandes simios, llegar a matar a sus crías. La actitud de los machos depende de muchos factores; no es un instinto como el de las hembras, es más bien un proceso de aprendizaje en el que no solo influye la oxitocina, sino también un desarrollo neurológico y social apropiado. Quizá eso explica en parte por qué las enfermedades asociadas al neurodesarrollo, como el trastorno del espectro autista, la esquizofrenia y el déficit de atención, son más frecuentes entre niños y jóvenes que entre ellas.

Como ya indicamos, la testosterona no es, *per se*, la que masculiniza, ya que en el desarrollo embrionario y durante la vida se produce tanto en hembras como en machos, sino la presencia en la membrana de las células del receptor de andrógenos, específico para esta hormona. De no ser así, el fenotipo (apariencia y fisiología) normal sería el de la hembra. Es como si la especie estuviese basada en la estructura biológica femenina. Recurriendo a la epigenética para explicarlo, se puede decir que la testosterona va silenciando genes en el macho que responden a hormonas femeninas, particularmente en áreas del cromosoma X (recordemos que el macho tiene solo un cromosoma X y un cromosoma Y más pequeño, la hembra tiene dos cromosomas X), lo que produce también una modificación estructural en la configuración cerebral de los machos. Durante la gestación, la presencia de receptores androgénicos afectará la resistencia del embrión masculino al estrés; además los eventos adversos que le ocurran a la madre durante el embarazo afectarán más al feto masculino y tendrán un mayor impacto en su desarrollo con consecuencias impredecibles para su vida. Por su parte, el feto femenino está algo más protegido durante el periodo de gestación, por los recursos extra que le otorga el segundo cromosoma X. En cierto modo, los machos en igual condición son más frágiles que las hembras.

La evidencia nos indica que, en la diferenciación sexual de nuestra especie, el macho sufre modificaciones y su rol parental requiere del efecto de hormonas que contrarresten la potencia de la testosterona. Lo que es instintivo en la mujer, en el macho debe aprenderse. Poniéndolo de otra forma, el macho requiere ser educado, y ese proceso se da con el ejemplo de su madre y de su comunidad o familia extendida (tribu). Durante los primeros tres o cuatro años de vida la imitación y el apego son clave, estimulando el efecto oxitocínico y permitiendo el adecuado desarrollo neuronal de los niños.

Biología del desarrollo y de la conducta

Como hemos visto, durante el 99 por ciento de la evolución de los homínidos el periodo de lactancia ha sido de entre tres y cuatro años. La definición de este tiempo se dio sencillamente por la evolución natural del desarrollo de la especie, lo que permitió regular la natalidad (inhibiendo la ovulación) y preparar a los homínidos para una vida de cooperación social. Las altas concentraciones de oxitocina durante la lactancia son las óptimas para el desarrollo cerebral adecuado de niños y niñas que en el futuro serán adultos preparados para enfrentar los desafíos que el ambiente les presente. De ese periodo bajo la influencia de esta hormona depende el desarrollo intelectual y afectivo de nuestra especie.[20]

En 2013, Poutahidis *et al.* aislaron un tipo de lactobacilo en la leche materna humana (*Lactobacillus reuteri*), el cual, luego de cultivarlo y multiplicarlo, transformaron en un probiótico que administraron al agua de animales de laboratorio.[21] Constataron que uno de los efectos era que la velocidad de cicatrización de heridas prácticamente se duplicaba. Además, pudieron percibir un aumento de la capacidad reproductiva. Al analizar las muestras de sangre de los animales constataron que este probiótico provocaba un aumento significativo de oxitocina, logrando describir un eje entre la microbiota, el hipotálamo y la producción de esta hormona. Los investigadores quisieron evaluar la función que pudiese cumplir el nervio vago en este proceso y repitieron el experimento en un grupo de ratones de laboratorio a los cuales practicaron vagotomía. Para su asombro, descubrieron que, a pesar de haber administrado *Lactobacillus reuteri* en el agua y el alimento de los ratones, esta vez ninguno de ellos manifestó los beneficios de dicho probiótico, y al medir la concentración de oxitocina, no se había elevado. Los investigadores pudieron determinar qué moléculas producidas por el lactobacilo estimulaban el nervio vago, que a su vez informaba al cerebro para aumentar la producción de oxitocina.

Imaginemos ahora el efecto que podrían producir en nosotros el estrés y los traumas de la vida, que se transmiten en buena medida a partir de este nervio, pero en dirección opuesta hacia el intestino, afectando directamente la diversidad y el equilibrio de la microbiota, produciendo todo tipo de síntomas, como distensión abdominal, estreñimiento o diarreas, cólicos e intolerancias a los alimentos.

En otras investigaciones se pudo apreciar que ratones criados con una dieta de mala calidad presentaban comportamientos antisociales y agresivos. Si eran suplementados con este probiótico, se apreciaba una notable mejoría en su comportamiento y sociabilidad, disminuyendo la agresividad.[22] En mujeres embarazadas, cuya alimentación se basaba en comida rápida o chatarra de las que se tomó una muestra de leche para medir los niveles de *Lactobacillus reuteri*, se pudo comprobar su disminución o ausencia. El efecto en el desarrollo de los hijos no demoró en manifestarse a través de conductas agresivas, antisociales o hiperactivas en el transcurso de su desarrollo.

Las hormonas sexuales son determinantes de la microbiota humana, lo que implica que hombres y mujeres tenemos una composición de microorganismos algo distinta. Un ejemplo es el caso de las bacterias cuya disminución se ha visto asociada a trastornos del espectro autista, en particular en niños.[23] Este tipo de observaciones y numerosos estudios científicos han ido dando sustento al concepto del eje microbiota-intestino-cerebro. Un avance sorprendente fue constatar que los productos del metabolismo microbiano tienen un efecto significativo en las funciones cerebrales, tanto en el comportamiento como en las capacidades cognitivas, en la que muchos de los neurotransmisores involucrados se producen o están regulados por las bacterias. Estudios en ratones de laboratorio de cepas genéticas sin microbiota y a los que se les administró alimentos con antibióticos los primeros días después de nacer, mostraron un claro aumento de conductas evitativas y agresivas.[24] Tras darles probióticos (con una mezcla de bifidobacterias y lactobacilos) su comportamiento mejoró notablemente. Los análisis en humanos muestran una fuerte correlación entre desequilibrios de la microbiota y trastornos depresivos, fobias sociales, trastornos del espectro autista y esquizofrenia. De una manera más simple, la alteración de los microorganismos que habitan nuestro cuerpo puede producir comportamientos antisociales, de desconexión del ambiente o agresividad. Conductas que tanto en ratas de laboratorio como en humanos generan un cambio en la visión del entorno social, provocando una suerte de autoaislamiento.

El mundo de los microorganismos que nos habita y que forma parte de nuestro cuerpo ha sido fundamental en la sociabilización, el apareamiento, la atracción o el rechazo de nuestros semejantes. Todos recordamos olores de personas que nos producen sensaciones agradables, incluso corporales, o personas que desprenden un olor característico que nos atrae. Estos aromas son generados por una interacción de las secreciones de la piel, de su pH y de la flora bacteriana que habita en nuestra superficie, y son específicos en cada uno de nosotros. De manera similar, la microbiota oral, rectal o vaginal tiene olores característicos, personales. El fenómeno de coevolución entre la microbiota y las diferentes especies constituye un aspecto clave para la supervivencia.

El uso de antibióticos en la cría intensiva de animales o en piscifactorías selecciona bacterias patógenas, y parte de ellas pasan a nuestro organismo alterando la composición de la microbiota. El uso de la hormona de crecimiento y otros disruptores hormonales en la industria agropecuaria es uno de los responsables del desarrollo precoz del botón mamario en mujeres preadolescentes y en el adelanto de la menarquia en un promedio de tres años. En un estudio pionero, Rampelli *et al.* demostraron que el consumo de alimentos completamente naturales era el más potente regulador de la microbiota humana y que, de esta manera, se podía lograr su equilibrio natural desde un desbalance previo.[25]

Por otra parte, el elevado consumo de harinas e hidratos de carbono se ha demostrado como una causa predominante en la selección de bacterias proinflamatorias que llevan a la resistencia insulínica y a la diabetes. Asimismo, existe evidencia de que la ingesta de azúcares refinadas presentes en masas y pastas, así como de jugos de fruta ricos en fructosa, son agentes de disminución cognitiva en pacientes con diabetes mellitus tipo II.[26] Muchos de los trastornos asociados al déficit de niacina y al cambio en la microbiota humana nos transformaron en una especie sometida a un enorme estrés biológico cuya capacidad de adaptación fue sobrepasada por la velocidad de los cambios ambientales, lo que generó el llamado «*mismatch* evolutivo», por el cual, como producto de ese desajuste, apareció la enfermedad. Esta desadaptación de nuestra especie se agudizó con la era agropecuaria, y en particular con la invención de los alimentos procesados, ultraprocesados y modificados genéticamente.

Posiblemente, junto al trauma asociado, se fue dando un nuevo *Homo*, en particular el macho, que se desconectó de su naturaleza originaria y ya no supo a qué tribu o mundo pertenecía. Resulta muy interesante ver cómo aborígenes australianos que se han «civilizado» trasladándose a las urbes adquieren enfermedades metabólicas como diabetes e hipertensión arterial y que al regresar a su hábitat y costumbres originales mejoran sus parámetros de glicemia y tensión arterial, recuperando la salud.[27] Por otro lado, estudios en animales han demostrado que el tipo de microbiota se asocia a perfiles de comportamiento agresivos y que si se logra modificar a temprana edad, suplementando prebióticos o probióticos en las crías, sería posible evitar ese tipo de conductas. Varios grupos de investigadores sugieren aportar probióticos específicos durante el desarrollo de infantes.[28] Uno de los hallazgos más importantes de estos estudios es que los momentos más sensibles en la vida de una persona para modificar la microbiota es en la primera infancia, periodo también de mayor sensibilidad epigenética. Sin duda, los cambios en el tiempo y la calidad de la lactancia materna en la época agrícola —con el destete precoz de niñas y niños— variaron de manera definitiva su microbiota, exponiéndolos a trastornos físicos y mentales. En general, los científicos aún no estamos acostumbrados a mirar los efectos de los cambios ambientales en los niños; sin embargo, son ellos los que, luego de crecer, manifestarán las consecuencias de esta alteración del medio que nos rodea. Los motores y gestores de la evolución siempre han sido los niños, y lo que a ellos afecta, afecta el futuro del desarrollo humano.

15

Homo exul

Con el paso del tiempo, los recuerdos de aquella época se vuelven un poco difusos, menos dolorosos también, quizá ya pretéritos. La distancia que hoy me separa de los eventos vividos y narrados aquí parcialmente me ha permitido que los recapitule desde una perspectiva menos individual y más sistémica. He ido aprendiendo que nada ha sido personal; de hecho, creo que nunca nada es personal. En el camino fui descubriendo que no me bastaba que me dijeran que mi abusador era un enfermo, un perverso; no me alcanzaba para entender por qué existían padres que abusaban de sus hijas o por qué muchos poderosos abusaban de los demás, aprovechándose de una tremenda asimetría de poder. Tampoco me alcanzaba para comprender cómo un ser inteligente no es capaz de cuidar de su entorno, y lo explota en busca de más poder, confort y «bienestar». Las enseñanzas morales de la Biblia o del Evangelio no eran suficientes. Algo me decía que nada de lo que supuestamente explicaría nuestra presencia y comportamiento en el mundo era correcto, quedaban demasiadas piezas para empezar a ver la figura de este puzle. El abuso, la esclavitud, las guerras, la discriminación, el asesinato y el sometimiento son fenómenos solo descritos entre los seres humanos desde los tiempos modernos, que para interés de nuestro relato circunscribiremos a los últimos diez mil años. Los registros arqueológicos, antropológicos y lingüísticos nos indican que en aquella época ocurrieron cambios nunca presenciados en la evolución de los seres vivos del planeta y que explican parcialmente dónde estamos hoy en día.

Pero ¿qué pasaba antes? ¿Éramos así de antisociales y peligrosos? Y digo «peligrosos» y no «peligrosas», porque me refiero principalmente al género masculino, pues somos nosotros, los machos de nuestra especie, los que de manera más radical hemos alterado nuestras conductas en relación con el comportamiento histórico del género *Homo*. Existen evidencias innegables de desconexión con la naturaleza y con el prójimo. Las respuestas a estas preguntas son clave para entender el mundo de una manera más científica. Hoy en día, está bastante claro que estas conductas surgen de manera «repentina» en lo que consideramos nuestro tiempo moderno, es decir, durante el Holoceno, en particular entre los descendientes de quienes poblaron Anatolia (Turquía) hace diez u once mil años. Este fenómeno no afectó a todas las sociedades humanas, y hasta el día de hoy existen ejemplos en el planeta de grupos y sociedades aisladas que mantienen culturas y hábitos de vida que podemos llamar ancestrales. Hábitos similares a los que precedieron a los tiempos modernos (era agrícola), manteniéndose como sociedades completamente distintas a la nuestra, tan distintas que en la actualidad son objeto de estudio.

Estas diferencias hacen que sea difícil pensar que «el mal» o las enfermedades en el mundo son un fenómeno evolutivo intrínseco (genético) o «constitutivo» de nuestra especie. Lo lógico es pensar que son factores ambientales y sociales los que han afectado a la sociedad humana desde los albores de la civilización. Refuerza esta idea, por ejemplo, el hecho de que estos grupos llamados «primitivos» o «aborígenes», como algunas tribus indígenas amazónicas u otras que habitan el desierto del Kalahari, no discriminen a mujeres y niños y que tampoco sufran las enfermedades crónicas que tanto aquejan la sociedad actual. Sin embargo, al «occidentalizarse» bastan dos generaciones expuestas al nuevo estilo de vida y de alimentación para adquirir conductas y enfermedades «modernas». Es muy importante notar que estas enfermedades no solo afectan a sus órganos y funciones, sino también a su cerebro, lo que se traduce en enfermedades de salud mental nunca antes vistas entre ellos.[1] Lo que quiero decir es que todos los seres humanos pueden sufrir la transformación de la «modernidad»; es suficiente con exponerlos al ambiente de la «civilización» el tiempo necesario.

Es una evidencia que hoy algunas patologías, como los trastornos del espectro autista, déficit de atención o hiperactividad, casi inexistentes en décadas anteriores, han aumentado mucho.[2] Los argumentos de médicos y psiquiatras que defienden que no existía el suficiente conocimiento para diagnosticarlas, pero que siempre estuvieron presentes, no están avalados por datos científicos y los estudios que comparan grupos de cazadores-recolectores actuales con población «civilizada» demuestran la gran diferencia.

No cabe duda de que existen factores recientes que están alterando el comportamiento humano a través de fenómenos epigenéticos desencadenados por la alimentación, la cultura y la destrucción del ambiente. Cuando me refiero a la destrucción incluyo la contaminación, que abarca pesticidas, tóxicos ambientales, disruptores hormonales y residuos de plásticos y fibras sintéticas que se han encontrado en los órganos de personas fallecidas por cualquier causa. No ha transcurrido el tiempo suficiente para adjudicar estas enfermedades y desadaptaciones a cambios genéticos debidos a efectos evolutivos. Hoy nos enfrentamos a un fenómeno distinto, distópico, originado por cambios recientes introducidos por el hombre en los últimos diez mil años y, en particular, en los últimos cien años.

La pregunta que de inmediato nos asalta es: ¿qué factores son tan poderosos para alterar, de una manera tan radical y en tan poco tiempo, el proceso evolutivo de los seres vivos del planeta forjado por el cambio lento y paulatino durante los últimos cientos de miles o millones de años? Para empezar a contestar todo esto debemos buscar y analizar qué características definían al hombre y a su entorno durante el pasado y qué eventos evolutivos fueron separándonos de los grandes simios, para así avanzar y finalmente pasar a describir y explicar la última etapa de nuestra historia, que nos definió como *Homo sapiens* y que luego nos transformó en otro homo, un nuevo hombre completamente distinto que me atrevería a llamar *Homo exul* («hombre exiliado»), que no difiere significativamente en términos genéticos de nuestros antepasados prehistóricos, pero que hoy se comporta de manera irracional, desconectado de la naturaleza que lo sostiene y del resto de los seres vivos.

Convirtiéndose en *Homo*

Siempre hemos considerado que tenemos atribuciones, capacidades y cualidades distintas del resto de los mamíferos con los que coexistimos; una de ellas es que reflexionamos sobre lo que miramos: somos observadores. Según la física cuántica, el observador transforma y modifica la existencia del mundo, de toda la experiencia de nuestra existencia, lo que nos transforma en cocreadores. Nuestra capacidad de decir «yo soy», de «hablarnos» y de generar un mensaje en esta conversación (como mirarnos en un espejo y hablarnos) es un elemento que lo cambia todo. La facultad de reflexionar y de observar puede generar un mensaje mediante la palabra, un gesto, o dejar una expresión en forma de dibujo, tallado o escultura. Esto nos ha permitido no solo ser espectadores de este mundo y del universo, sino analizarlo, valorarlo, compartirlo e intervenirlo. Si otros animales comparten esta cualidad, aún nos es ajeno, pero sabemos de la capacidad mental de ballenas, orcas, delfines y elefantes. Durante nuestra evolución fuimos descubriendo al «otro» como a un prójimo, un semejante con quien empezamos a establecer un grado distinto de relación. Alguien que sabemos que comparte nuestra mirada de lo que nos rodea y que, sin embargo, lo percibe de una manera única, enriqueciendo nuestra interpretación del universo. La empatía que requiere asumir esto depende de una experiencia existencial que se ha ido escribiendo lentamente en nuestros genes.

La sensación de pertenencia, de unidad, y los sentimientos hacia el prójimo fueron indispensables para la subsistencia de una especie poco numerosa, con crías frágiles que requerían mucho tiempo de cuidado. Este proceso cognitivo aparece en la evolución humana mucho antes de lo que pensábamos y, sin duda, estuvo asociado a habilidades sociales en las que la cooperación, la parentalidad y la protección del grupo fue fundamental. Está claro que el trabajo en equipo y el respeto a los integrantes de mayor experiencia permitieron la perpetuación y evolución de la especie. Fuimos homínidos que al dejar los bosques y la selva quedamos expuestos a numerosos depredadores que provocaron una alta mortalidad a una edad temprana.[3] Éramos criaturas vulnerables que fallecíamos por accidentes o como presa de los grandes felinos.

En nuestros orígenes, hace más de siete millones de años, fuimos primates, muy similares a bonobos o chimpancés. Comíamos principalmente frutas y vegetales, y el consumo de carne era escaso.[4] Aunque es cierto que teníamos caninos bien desarrollados, su uso era principalmente disuasivo, sobre todo cuando luchábamos por las hembras durante periodos de apareamiento. Conductas que todavía se mantienen entre gorilas y chimpancés.[5] Durante ese periodo, nuestros antepasados estaban obligados a seguir el desplazamiento de la vegetación, producto de los cambios climáticos y geológicos que generaban glaciaciones y sequías milenarias que hacían retroceder las áreas verdes desde el sur de Europa hacia África.

Es importante considerar que ni África ni Europa se encontraban exactamente donde están hoy y que el Mediterráneo era atravesado por extensas lenguas de tierra que unían ambos continentes. Como ya hemos explicado, el espacio de acción y movimiento de los homínidos estaba determinado por las superficies y extensiones cubiertas por bosques y selvas, que en su mayoría se distribuían como un mosaico entre desiertos y montañas. Si las condiciones de un ecosistema específico cambiaban desfavorablemente, la mayor parte de los mamíferos que lo habitaban se extinguían. La capacidad de migrar requería algún grado de conectividad entre individuos y posteriormente un mapa inalterable como son las estrellas del firmamento. Por supuesto, los homínidos no tenían conciencia de hábitat ni la capacidad de independizarse de él.[6] Era fundamental mantenerse cerca de los ríos, así como de las riberas de lagos, lagunas y aguas que afloraban a las superficies. El delta de los ríos (combinación con áreas marítimas) constituían zonas privilegiadas de subsistencia y desarrollo de especies.

Hace cinco millones de años, el clima cambia drásticamente. Se produce un enfriamiento global y aumentan las extensiones glaciares que cubrían el hemisferio norte y la Antártida, lo que produjo grandes y largas sequías en el planeta, principalmente el atrapamiento del agua dulce por los hielos, lo que ocasionó que bajasen los niveles del mar y aumentasen las áreas de aridez en tierra firme. El resultado fue una mayor fragmentación de la biodiversidad, con lo que el mosaico de áreas verdes se hizo cada vez menor por el aumento de las extensiones infranqueables de desiertos. En una pequeña zona en África del este, lo que es hoy Kenia y Tanzania, el bosque se empezó a entrelazar con la sabana, esta con el secano y finalmente el secano con la aridez extrema casi infinita. Allí, en estos parches de vegetación, nuestros antepasados, los grandes simios, quedaron aislados, expuestos y amenazados por una escasez cada vez mayor de fruta. Los árboles tropicales fueron reemplazados por los estacionales, cuya producción frutícola era en temporadas, así que a algunos no les quedó más remedio que exponerse a buscar nuevas fuentes de alimentación. El coste sería enorme, pues estos homínidos se transformaron en presas fáciles de animales como el *Smilodon*, o tigre dientes de sable, el león de las cavernas o la *Panthera blytheae*.

Al producirse la transición a una alimentación estacional, algunos aumentaron el consumo de setas, abundantes en proteínas, y de semillas llenas de ácidos grasos del tipo omega-3, lo que generó la base nutricional para el crecimiento cerebral.[7] Descubrieron otros tipos de alimentos como peces, moluscos e insectos, que también aumentaron el aporte de proteínas. Así transcurrieron millones de años hasta que se produjeron cambios anatómicos que determinarían el futuro de estos homínidos. Con el pasar del tiempo descubrieron que, unidos, podían seguir los rastros de los felinos y aprovechar los restos de sus presas. Podían competir con hienas y buitres por restos de búfalos u otros grandes herbívoros, y descubrieron que existía un contenido rico en grasas y caloría en el interior de sus huesos, aprovechando la médula ósea como valiosa fuente de alimentación.[8] Así lo demuestran los abundantes restos óseos, fracturados intencionalmente, que se han encontrado agrupados cerca de áreas habitadas hace más de dos millones de años. Sí, nuestros primeros antepasados fueron carroñeros, ¡a mucha honra!, ya que esto y la socialización grupal fueron factores decisivos en su desarrollo cerebral. Este proceso paulatino de cambio nutricional fue contribuyendo de manera decisiva a la modificación de la microbiota intestinal y al aumento de la disponibilidad de los metabolitos bacterianos que esta les aportaba.[9] Las consecuencias de este cambio alimentario se verán reflejadas también en la transformación de su cuerpo, cuyo tamaño y masa muscular aumentaron hasta culminar en el primer *Homo* que reunió todos estos beneficios: el *Homo erectus*.

El humano original

El primer homínido del que tenemos evidencia fósil es el *Australopithecus*, grupo al que pertenece la famosa Lucy, descubierta en los años setenta y datada en más de cuatro millones de años. No ha aparecido aún ningún pariente lejano que antecediera a Lucy ni que presentara las características propias de un ser que empieza a caminar erguido, salvo el *Sahelanthropus tchadensis*. Pasarán entre uno y dos millones de años para que los descendientes de esta primera abuela dejen evidencia del uso de sus manos como un instrumento de tecnología. El *Homo habilis*, el *Homo rudolfensis* y el *Homo ergaster* (todas variantes del *Homo erectus*) ya se desplazan de pie, lo que liberará las manos y les permitirá desarrollar los primeros útiles de piedra.[10] El desarrollo cerebral de estos homínidos era casi el doble que el de los *Australopithecus*. Los restos óseos nos indican que dichas familias se reproducían entre ellas como una misma especie, e incluso lo hacían también con los *Australopithecus*, lo que generó un mosaico de diferentes individuos con distintas capacidades que, al quedar parcialmente aislados por los cambios de la geografía y el clima, se desarrollarían como un nuevo linaje. El *Homo sapiens* emergerá de uno de ellos.

Cuando pienso en el lapso que supone unos «millones de años», quedo perplejo. ¡Cuántos eventos y cambios pudieron ocurrir entre los homínidos en ese enorme periodo de tiempo! El tipo de alimentación era estable, no existían pesticidas, ni contaminación, ni comida procesada, ni infecciones, ni enfermedades crónicas. Las condiciones del ecosistema eran sin duda mejores que ahora.

Cuando Lucy empieza a caminar por la sabana africana convergen cambios astronómicos, climáticos y ambientales, que dibujaron los albores del hombre hace aproximadamente dos millones de años. Estas variaciones del ecosistema se hacen cíclicas, alternando entre periodos glaciales y templados. Durante las glaciaciones el nivel de los océanos oscila, con variaciones que los hacen descender más de doscientos metros, lo que puede dejar al descubierto pasos entre continentes, o porciones de tierra que se convierten en islas o penínsulas. En los periodos cálidos, los niveles del mar suben. Se derriten los hielos, vertiendo sus aguas dulces al océano y aislando a aquellos que se hubiesen atrevido a explorar y migrar. Estos ciclos estuvieron determinados por cambios orbitales, lo que provocó alteraciones en las corrientes marinas, enfriando o calentando el planeta. La adversidad de estos cambios se reflejaba en el paisaje de la Tierra, que se vestía de extensos desiertos y gigantescas placas gélidas de kilómetros de grosor.

Estos eventos fueron cruciales en el salto definitivo que dio nuestra especie. En esa época compartíamos la tierra con grandes mamíferos, felinos enormes, como el tigre dientes de sable, que depredaban a toda suerte de herbívoros y, por supuesto, también a nosotros. No había manera de evitarlos, pues buscaban las mismas fuentes de agua que requería nuestra subsistencia. Definitivamente no estábamos en la cúspide de la cadena alimentaria. Ellos regulaban también nuestra población, que solo se disparó tras la extinción de estos animales, hace tan solo doce mil años.

Es en ese tiempo de glaciaciones cíclicas cuando un nuevo tipo de homínido como Lucy empieza a recorrer las llanuras de África. Un ser cuya creatividad, planificación e innovación culminó en un proceso único, sin precedentes, que será la primera prueba incontestable de la presencia de conciencia: la capacidad de migrar. Ese ser fue el *Homo erectus*. Este antepasado, hace más de un millón y medio de años, caminó miles de kilómetros para poblar gran parte del planeta. Tuvo que basarse en algo que lo guiara, sin duda fueron el Sol, la Luna y las estrellas. Es la primera vez que un ser vivo se independiza del medio que lo rodea. Estos primeros migrantes decidieron partir en busca de un lugar mejor para vivir, seguramente impulsados por una fuerza muy superior a la de la mera supervivencia: la fuerza del amor hacia los suyos.

Tal y como comentábamos antes, los primeros *Homo* (en especial *erectus*) vivieron cierta estabilidad en cuanto a la evolución de su cuerpo y conductas sociales durante más de un millón de años, pero bastaron periodos de glaciación y sequías súbitas y duraderas para dar origen a todos los primos descendientes que aparecerían en los apenas quinientos mil años posteriores. La variedad de familiares, como el *Homo neardenthalensis* o el *Homo floresiensis*, no se había visto durante millones de años ni en África, ni en Eurasia. Esto indica que nuestros saltos evolutivos nunca dependieron de nosotros, sino de los cambios del planeta y del cosmos, salvo ahora.

El *Homo erectus* es, pues, quien reunió todos los atributos que nos hacen humanos en el amplio sentido de la palabra, y es el tronco originario de las familias humanas. Este antepasado fue el producto de transformaciones que sufriría el *Australopithecus* en su anatomía, fisiología, intestino, microbiota, sistema inmune, sistema neuroendocrino y tamaño cerebral, dándole progresivamente, gracias a estos cambios, una capacidad que lo transformaría todo: la conciencia.

Este nuevo *Homo* será el primero en dominar el fuego, no solo para calentarse durante las noches, sino como elemento de defensa contra fieras y animales. Provocará los primeros incendios de la historia, generados por la mano del hombre, transformando su medioambiente. Aprenderá a cocinar los alimentos, lo que le permitirá una mejor digestión y la absorción de grasas y proteínas de sus presas. Mirará al cielo y lo utilizará como guía para caminar por el mundo por primera vez viviendo la libertad. La conciencia de sí mismo y del ambiente que lo rodeaba se expresó de muchas maneras, y quedó plasmada en la tecnología lítica. Sus capacidades le permitieron planificar, innovar y separarse de la evolución tradicional de las especies, «separarse de la manada». Es ese el momento en el que aparece el hombre, la humanidad como tal. El verdadero humano que tallará piedras y huesos, que tejerá pelos y tratará las pieles de los animales, y el que posteriormente manifestará su espíritu en las primeras muestras de abstracción y simbolismo a través del arte, iniciando la primera revolución intelectual. Este ser es el humano original.

Nosotros somos *Homo erectus*. No olvidemos que nuestra biología sigue siendo, en gran medida, la del *Homo erectus*, pues todos los humanos posteriores se basan en este molde. Gracias a las migraciones que los expusieron a diversos ecosistemas y climas, el *Homo erectus* se fue transformando en *Homo neardenthalensis*, *Homo heidelbergensis*, *Homo denisoviensis* y *Homo floresiensis*, entre otros. No olvidemos tampoco la potencia de los factores epigenéticos, y cómo el solo hecho de variar sus fuentes alimentarias o los ciclos de luz en sus viajes y migraciones los transformarán en diferentes *Homo*. En los tiempos de estas verdaderas odiseas migratorias el planeta seguirá transformándose, moviendo placas de tierra, cambiando corrientes marinas y oscilando del frío al calor, de la lluvia a la nieve, del desierto a los bosques, de las selvas a los desiertos. Los niveles oceánicos que previamente permitieron que los homínidos cruzaran continentes, nuevamente ascenderán para aislarlos en Europa, Asia y Oceanía. Pasarán cientos de miles de años para que las condiciones oceánicas y geoclimáticas permitan un retorno de un grupo, ya como sapiens. Estos son nuestros antepasados, los que poblarían África, atravesando el creciente fértil desde Oriente Próximo.[11]

Quizá uno de los elementos menos conocidos, pero posiblemente más trascendente en el proceso evolutivo del *Homo erectus* fue la reducción del tamaño de su intestino. Este fenómeno se dio a la par que la reducción del tamaño de los dientes caninos, reflejando ambos el cambio en la dieta. La alimentación no debe entenderse solo como la base de los nutrientes que permiten que nos mantengamos vivos, creciendo, reparándonos y reproduciéndonos, sino como la fuente primordial de selección de nuestra farmacia interna, nuestra microbiota, y de los moduladores genéticos que nos aportan y regulan el resto de los seres vivos.

El *Homo erectus* es clave, pues tiene las mismas características digestivas que nosotros, y entender el proceso evolutivo de la microbiota y de su interacción con nuestro cuerpo será fundamental para mirar hacia el futuro. Debemos ser conscientes de que este cambio digestivo se ha mantenido estable hasta hoy, y que no responde a los reguladores químicos modernos sino a códigos moleculares naturales, para los que se han diseñado receptores celulares, y a los microorganismos y sus metabolitos de nuestra microbiota. Esta presenta cambios mucho más dinámicos según el ambiente en el que vivimos y puede producir transformaciones en nuestro comportamiento, nuestra salud y nuestra respuesta epigenética. Como veremos, estas fuerzas sutiles nos gobiernan.

16

Se hace camino al andar

CAMINAR

Sin duda el «hacer camino al andar» se aplica de manera precisa y sublime a la evolución humana. Caminar erguidos fue una respuesta evolutiva de gran trascendencia que nos permitió liberar nuestras manos. Paso fundamental para el desarrollo de nuestra masa cerebral que se fue entrelazando y conectando para adaptarse a nuevas capacidades creativas y tecnológicas. Sí, caminar nos hizo humanos.

En 2022, un grupo de investigadores franceses y chadianos descubrieron, en una playa lacustre de Chad, restos de siete millones de años de antigüedad de lo que es hoy una de las primeras evidencias paleoantropológicas de bipedestalismo.[1] En los alrededores de un lago circunscrito entre planicies de pasto y algunas especies arbóreas, y parcialmente aislado por desierto, se desenterraron restos óseos que demuestran una postura erguida y el uso de manos y brazos como nunca antes se había visto. Estos primeros bípedos fueron denominados *Sahelanthropus tchadensis*.

Aparte de las presiones evolutivas ambientales que nos obligaron a salir de las selvas, se contemplan otros factores que nos permitieron realizar esta hazaña. Analizando vídeos del comportamiento de chimpancés libres en selvas de Uganda, y estudiando el uso de sus extremidades, se han determinado una serie de variables que, en conjunto, fueron preparando este «paso».[2] Estos simios caminan durante breves periodos al recolectar frutas en el suelo, durante el juego de los jóvenes y en los desplazamientos más largos de las hembras, en especial por el acarreo de las crías. Sabemos que hubo una transición paulatina, y vemos que muy poco después de separarnos como especie de los chimpancés, hace unos siete u ocho millones de años, ya existían situaciones ambientales que forzaban aún más estas conductas. Sin duda los cambios climáticos fueron obligando a nuestros antepasados a desplazarse en busca de agua y comida, arriesgándose en una sabana infestada de grandes felinos hambrientos. Probablemente la sed fue un incentivo más poderoso que el hambre, en especial en esas latitudes africanas. El principal motor evolutivo fue la supervivencia, pero esta evolución, que a veces parece mágica, no fue una casualidad, sino la obra del medio que durante un rango de tiempo enorme (millones de años) nos fue tallando poco a poco como un eximio escultor.

Para llegar a caminar erguidos se dieron cambios en nuestra estructura corporal; el más significativo fue el de la pelvis, en particular la femenina. El análisis comparativo de hallazgos de pelvis, ya sean parciales o completas, nos ha permitido entender qué fuerzas nos fueron conduciendo por este camino. La pelvis de los grandes simios tiene una configuración característica, y su canal de parto tiene forma ovoidea, es corto y de diámetro parejo. En cambio la pelvis humana es prácticamente plana, con un canal de parto más angosto y más largo.[3] En el parto de los simios, la cabeza del feto pasa directa por el canal, sin rotaciones; en el de los humanos, tiene que rotar para poder avanzar, a lo que se suma la dificultad del paso de los hombros. Entre la forma de la pelvis simia y la humana existe una transición muy bien representada en los fósiles de *Australopithecus*, *Homo erectus*, *Homo neardenthalensis*, *Homo heidelbergensis* y *Homo floresiensis*, en los que se aprecia una clara horizontalización de la base de la pelvis donde su ancho crece progresivamente para luego achicarse en los humanos modernos.

La forma definitiva de nuestra pelvis quedó establecida entre ciento veinte y doscientos mil años atrás, dándonos quizá una de las principales características de lo que es un sapiens. Lo más llamativo es que en pos de la capacidad de desplazamiento y de control térmico la pelvis moderna se transformó en un canal de parto sinuoso que requiere de multirrotación, lo que hizo el proceso de parir un evento mortal (20 por ciento de muerte maternoinfantil), por lo que empezó a requerir de asistentes del parto. Los tejidos blandos de la pelvis femenina quedan, por lo general, muy dañados, lo que precisa de un prolongado periodo de recuperación que en aquella época se daba durante los tres o cuatro años de lactancia, y evitaba nuevos embarazos gracias al aumento de prolactina desencadenado por la succión del pezón por parte del bebé. El aumento de prolactina inhibía la ovulación, disminuía el riesgo de muerte de las mujeres al reducir el número de partos, les permitía una recuperación adecuada y una mayor libertad sexual. Examinando los restos óseos de nuestros ancestros se aprecia cómo la forma de la pelvis estuvo asociada a diferentes ambientes geoclimáticos y a posibles hibridaciones (reproducción) entre primos cercanos. Me refiero a una significativa mezcla entre sapiens, neandertales, denisovanos, heidelbergensis e incluso con los últimos exponentes de los *Homo erectus*.

Fuego

Se ha demostrado que hace al menos 2,5 millones de años diferentes tipos de *Homo erectus* consumían carne, médula ósea y cerebro de animales. Sin embargo, solo hace 1,8 millones de años que se evidencian restos de caza de animales mayores. Esto nos indicaría el posible uso del fuego en esa época, pues, de lo contrario, no habrían contraído zoonosis (enfermedades parasitarias transmitidas por comer carne cruda animal) cuyas marcas indirectas no se aprecian en los restos óseos encontrados hasta hoy.[4]

En Koobi Fora (Kenia), Sarah Hlubik identificó signos de combustión intencional de más de dos millones de años en zonas de yacimientos óseos.[5] En las profundidades de las capas excavadas, cuya antigüedad fue datada con carbono 14, coincidían con los restos de *Homo erectus*, lo que indica que ya sabían utilizar el fuego. Antiguamente, solo la mirada experta de los antropólogos y arqueólogos permitía ocasionalmente descubrir rastros de uso del fuego en sitios arqueológicos de millones de años. Es por eso por lo que no se sabía que el *Homo erectus* ya lo dominaba. Según cuenta Richard Wrangham en *Control of Fire in the Paleolithic. Evaluating the Cooking Hypothesis*, es muy difícil explicar el desarrollo del cerebro homínido y, por consecuencia, del humano, sin la existencia del fuego.[6] Wrangham argumenta que no es posible mantener el tamaño, el peso y el gasto energético en la sabana africana sin la máxima capacidad de digestión y extracción de nutrientes de los alimentos que proporciona cocinar la comida. Además, el embarazo y la lactancia requerirían grandes cantidades de alimentos, en especial proteínas. No se puede conseguir la energía suficiente solo con alimentos crudos. El fuego representaba protección, calor nocturno y la posibilidad de extraer estas proteínas, minerales y vitaminas de alimentos que incluso serían tóxicos o venenosos sin cocción.

Si bien es cierto que las temperaturas eran relativamente estables, también lo es que no tenían la tecnología necesaria para tejer, por lo que durante las frías noches de invierno en la sabana africana, a los pies del Kilimanjaro, requerirían calor que solo les podía dar el fuego. Una fogata permitía espantar bestias y soportar noches heladas; también era un espacio de socialización y alrededor de la cual ejercitar la comunicación. Puede que en esos momentos de pausa y relativa paz miraran las estrellas y dejaran volar la imaginación comunicándose de manera inmutable con el cosmos, del cual se sentían otro fragmento más.[7]

Es posible que empezaran a cocinar durante periodos de incendios naturales, que identificaran los restos carbonizados de animales para extraer lo que les quedara, y que los grandes trozos de carne que no habían devorados los felinos o las hienas se transformaran en un manjar nutricional sin precedentes. Todo esto, junto con otros restos calcinados de plantas, semillas e insectos, pudo haber dado la idea posterior de provocar dichos incendios como medida de caza y recolección, mediante la cual no competirían con las bestias.[8] Incorporar estos alimentos a la dieta les permitía ampliar el abanico de opciones en los periodos de escasez. Al cocinarlos daban más energía, sabían mejor y eran más fáciles de masticar.[9] El almidón de variedades de tubérculos cocidos puede absorberse hasta un 30 por ciento más y se transforma también en alimento de primera calidad para la microbiota. Más que cazadores y recolectores, los erectus y sus descendientes eran cocineros.

Ya no cabe duda de que sin la maestría del fuego era imposible migrar.[10] Dependimos del fuego y fuimos sus usuarios obligados; sin él, la supervivencia y el desarrollo no habrían sido posibles.[11]

Las manos

El desarrollo de la tecnología (hachas o puntas de flecha) es consecuencia directa de la bipedestación. Como ya hemos comentado, la capacidad de erguirse y salir de la seguridad del bosque tuvo una serie de beneficios que determinaron la evolución humana. El primero de ellos fue la liberación de manos.

El fino movimiento de pinza (*precision grip*) que opone el pulgar al índice, u otro dedo de la mano, es una característica humana y posiblemente fue previa al uso del fuego. El momento aproximado en el que el ser humano consiguió realizar este movimiento se puede deducir de los restos óseos encontrados de *Homo erectus* y de la configuración de los instrumentos de piedra cuya manipulación adecuada solo era posible en la medida del desarrollo de esta capacidad. Lo lógico sería pensar que el desarrollo de la tecnología lítica y la adaptación de la mano evolucionaron en conjunto, la necesidad crea la herramienta y transforma al necesitado. El *Homo erectus* ya era capaz de cortar una flor con el índice y el pulgar y ofrecérsela a los seres queridos. Distinta es la capacidad prensil, que permite cerrar la mano y coger objetos con fuerza (*power grip*) o colgarse de las ramas. Es una capacidad compartida entre homínidos y simios.[12]

Los primeros restos de «herramientas» líticas se remontan más de tres millones de años. La caza empezó a desarrollarse cuando los *Homo erectus* pudieron transformar trozos de piedra en hachas o cuchillos que les permitieron matar animales mayores y desgarrar su dura piel.[13] Se sabe que antes ya consumían peces, anfibios y moluscos ricos en aceites omega y más fáciles de masticar y reducir.[14] Quizá aprendieron a abrir bivalvos como los mejillones y las almejas, imitando a las gaviotas que los cogían y los dejaban caer desde el cielo para romperlos y comer lo que había dentro. Por los registros de excavaciones en diversas partes del mundo, principalmente África del este, hace ya dos millones de años los homínidos contaban con casi todas las características de los humanos modernos, momento en el que empezaron a recorrer los diferentes parajes del planeta.

Sigo asombrado con los periodos de tiempo, y pienso en lo efímero de nuestra vida. Comparo los últimos tres mil años de historia moderna con los dos millones de años en los que un ser con todas nuestras capacidades pobló la tierra. Me pregunto cuántas civilizaciones se podrían haber desarrollado durante cuatrocientos periodos de cinco mil años, que serían equivalentes a dos millones de años. No cabe duda de que en ese enorme intervalo de tiempo deben de haber florecido otras culturas mucho más antiguas que Sumer y Egipto con sus pirámides y, como veremos más adelante, aún quedan rastros de ellas.

El lenguaje

¿Qué fue lo que llevó al ser humano a ser consciente del mundo que le rodea? ¿Cuándo pasa de ser un animal pasivo a interactuar como observador activo del universo? La física cuántica destaca como, al observar, creamos. ¿Fue este un fenómeno singular? Posiblemente no, pues se circunscribe a las reglas del juego que existen desde el inicio de los tiempos, así como lo entendemos hoy en día. Todo lo que ha sucedido ha estado dentro de las posibilidades de los eventos que ocurren en el universo. Somos, por tanto, consecuencia de lo que podríamos llamar la voluntad de las condiciones o de los códigos que rigen al universo. No hemos hecho ni construido nada que no se pudiese crear con la energía y los materiales que el universo nos ha entregado.

La gran pregunta no es cuándo se origina el lenguaje, sino cuándo aparece la conversación con nosotros mismos, el lenguaje interno. ¿En qué momento pasamos a ser trino —emisor, mensaje y receptor— al mismo tiempo? A ese lenguaje interno no le será posible quedarse atrapado en la mente del que lo genera, necesitará ser compartido con sus congéneres. No será suficiente manifestarlo con gestos o sonidos guturales, sino que requerirá expresar ideas, pensamientos y sentimientos de manera más profunda y compleja.

Sin duda la capacidad de «pensarse» como respuesta a la observación del mundo que los rodeaba, fue fruto de un proceso cognitivo permanente y progresivo fundamental para mantener las conexiones neuronales activas que determinan los cambios genéticos y epigenéticos que los harán permanentes. El darse cuenta de su entorno, en especial del «otro», desencadenará el simbolismo y de ahí no pasará mucho tiempo hasta el surgimiento obligado del lenguaje y de la comunicación. La aparición de conciencia es posiblemente el principal factor del desarrollo cognitivo y anatómico del ser humano, y queda cada vez más claro que no se originó hace algunos cientos de miles de años, sino más bien hace millones de años. Es un proceso continuo en la evolución del intelecto humano. Desde el *Homo erectus* (y quizá antes) se aprecian elementos anatómicos que permiten seguir la evolución del lenguaje y el canto.

El proceso evolutivo que, en su origen, fue exclusivamente producto de cambios ambientales y de alimentación, se enriquece ahora con el aprendizaje social, la imitación y la cultura que surge de la comunicación. Esto se irá «guardando» en la estructura del sistema nervioso central. Es decir, el cerebro aprende nuevos códigos culturales y conductuales para luego responder acorde a ellos y a la nueva interpretación de estímulos. Irá descubriendo nuevas sensaciones físicas que serán interpretadas como placenteras o amenazantes.

En 2015, Morgan *et al.* publicaron un estudio que consistía en que un grupo de ciento ochenta y cuatro participantes tallara una serie de objetos de piedra, imitando los del tipo Oldowan (cultura lítica del este de África), de hace 2,5 millones de años, usando los elementos de aquellos tiempos.[15] En dicho estudio se pidió al grupo más avanzado que tratara de enseñar al resto cómo tallar las piedras a través de señas, imitación o con indicaciones verbales. Los resultados demostraron que solo las instrucciones verbales permitían el aprendizaje adecuado, por lo que, concluían, el uso de tecnología lítica iba acompañado de un protolenguaje que permitió el desarrollo tecnológico y que precedió a la introspección y la comunicación interna. El uso de la mano derecha y el proceso de lenguaje interno se ubican en zonas cercanas del cerebro, por lo que se ha deducido que la interacción de las manos en la elaboración de instrumentos líticos, así como el desarrollo del lenguaje interno, fue un proceso simultáneo y progresivo. Para que haya quedado grabado en la estructura de nuestro cerebro tiene que haber sido una tarea frecuente y permanente.

Otro elemento por considerar es que los procesos evolutivos se van construyendo sobre bases previas. Por la neuroanatomía comparada con otros animales y mamíferos sabemos que tenemos una misma distribución del mesencéfalo y la corteza cerebral, el cerebelo y la médula que el resto de los mamíferos y aves, y que las zonas responsables de la expresión sonora de animales se ubican en partes similares del cerebro.[16] Por supuesto, el lenguaje hablado y el canto no surgen por generación espontánea. Lo más impresionante es que, en el caso del canto, podemos identificar incluso el tono y las notas entre pájaros y otros animales, que respetan las frecuencias y las proporciones de longitud de onda de la física.

Aves y humanos compartimos el gen *FOXP2*, relacionado con la «vocalización».[17] Se ha establecido que algunos pájaros pequeños y otros animales, incluidos los humanos, pasamos por un proceso de balbuceo e imitación de sonidos previo a la emisión de la palabra, cuyo contenido, en nuestro caso, está codificado. Similar situación está descrita entre los grandes mamíferos acuáticos como delfines, orcas y ballenas.

Pero, de nuevo, debemos recurrir a la epigenética para entender procesos de comunicación y de información que se heredan. En estudios de la conducta de los cuervos se ha podido confirmar que si un miembro de una bandada es atacado por sorpresa y de forma recurrente en algún lugar específico de sus rutas habituales, será capaz de comunicarlo al resto de sus compañeros.[18] Sin embargo, lo más notable es que si aíslan a sus crías del resto del grupo durante su crecimiento para así evitar cualquier traspaso de información, estas crías, al crecer, también evitarán el lugar donde sus padres fueron atacados durante sus vuelos.[19] Este tipo de información queda impresa en diferentes genes, y se transmite durante generaciones. Es posible que las rutas migratorias y las variantes que imponen los cambios climáticos causados por la naturaleza, y hoy en día por el hombre, también tengan un sustento epigenético.

El traspaso de información tiene muchos mecanismos, y todavía desconocemos muchos de ellos. En el caso de los homínidos, la necesidad de hablar fue cambiando la forma de la laringe y los espacios aéreos del cráneo (senos paranasales, donde ocurren las sinusitis), que no solo lo hicieron más liviano, sino que también cumplen la función de caja de resonancia para emitir sonidos. Hablamos porque el habla fue una capacidad que se desarrolló como atributo de la especie para sobrevivir. No es un capricho de la naturaleza.

Nuestro nuevo cerebro

El 24 de noviembre de 1974, a 159 kilómetros al sur de la capital de la actual Etiopía, Adís Abeba, en el desierto de Afar, el paleontólogo francés Yves Coppens descubre los restos de Lucy, considerada durante mucho tiempo el eslabón perdido entre simios y humanos. Sus restos fueron datados en más de cuatro millones de años, y se convirtió en la primera representante del *Australopithecus afarensis*, un pequeño ser que caminaba erguido por la sabana africana y que aún buscaba árboles para protegerse y dormir entre sus ramas. Poco tiempo después, también en Etiopía, se descubrirían los restos del *Ardipithecus ramidus*, que antecedía a Lucy por casi medio millón de años, y se asemejaba a un chimpancé con características anatómicas que le permitían la bipedestación. Este prehomínido tenía una capacidad craneal de menos de cuatrocientos centímetros cúbicos y conservaba brazos largos que le permitían una vida parcial en el bosque o en la selva.

Lo más llamativo y notable de estos antepasados era el lento desarrollo neurológico que presentaban las crías al nacer. Esta característica los hacía completamente dependientes de sus progenitores durante meses o años, una fragilidad que obligaba a sus padres a un cuidado prolongado. Por otro lado, la nueva modalidad de bipedestación requería aprendizaje y habilidades que también hoy nuestros pequeños tardan en adquirir. Caminar precisaba de la maduración de centros como el del equilibrio, ubicado en el sistema nervioso central, y la reestructuración del oído medio, en el que se encuentran los famosos otolitos que nos causan el vértigo. Además, la postura erguida y desplazarse de pie requería sincronizar zonas del cerebro como el cerebelo, la corteza motora y la corteza visual, lo que retardaba aún más la maduración neurológica. Sin embargo, una de las consecuencias fue que los pequeños ganasen en plasticidad cerebral, es decir, que aumentaba la capacidad y el tiempo para el aprendizaje, la imitación y, en especial, el desarrollo de capacidades sociales. El resultado sería una asociación neuronal más compleja y extensa que, junto con una alimentación abundante en proteínas y ácidos omegas, permitiría el aumento del volumen del cerebro.

Una de las mayores incógnitas de la ciencia es cómo el proceso de evolución del sistema nervioso central de los primeros homínidos generó un salto del *Australopithecus*, que tenía una capacidad craneal menor a quinientos centímetros cúbicos, al del *Homo erectus*, que superaba los mil centímetros cúbicos. La búsqueda de explicaciones para el crecimiento cerebral aún sigue su curso, aunque ha requerido bloques de materia prima de primera calidad, un diseño que se va guardando en nuestros genes y un uso que lo justifique y mantenga. ¿Se debió, en esencia, al cambio nutricional? ¿O al hecho de caminar y correr? Sin duda hubo una enorme presión para que desarrollasen capacidades cognitivas superiores, no hay otra posibilidad; solo el uso permanente de esos nuevos atributos haría que quedasen guardados en los genes.

Sabemos que el *Homo erectus* derivó de alguna rama del *Australopithecus*; si ambos siguieron coexistiendo en un ambiente en el que la alimentación era similar, concluimos que debieron de existir otros factores en este desarrollo neuronal tan explosivo. Lo más probable es que quedaran separados por nichos ecológicos distintos que los hicieron desarrollarse de manera distinta según las necesidades y presiones evolutivas de aquellos lugares. Por otro lado, la necesidad de comunicarse de manera más compleja quedó reflejada en la anatomía cerebral, de la cual se ha podido confirmar un aumento considerable en el volumen de las zonas de comprensión y expresión de la comunicación (Wernicke y Broca). Kass, en una revisión de anatomía comparada entre primates y el ser humano, distingue claramente un desarrollo único en las zonas de la comunicación y lenguaje y en aquellas asociadas al uso de instrumentos.[20]

Otra diferencia entre el *Homo erectus* y sus antecesores fue la cooperación. Hace más de dos millones de años se evidencia cooperación en el desarrollo de sus hábitos carroñeros, que sería precursora de la cacería, una actividad que demanda sincronización. La participación grupal permitió a estos frágiles, pero ingeniosos, individuos formar grupos coordinados, cada vez con mayores habilidades para cazar con menos riesgo, pero eficiente desde el punto de vista nutricional. Lo que es seguro es que el medio forzó a aquellos homínidos a un cambio de dieta que modificó la microbiota y la respuesta inmune intestinal y esto sentó las bases para que el cerebro se desarrollase y aumentara su tamaño. Gracias al mapeo neuroanatómico actual de las diferentes zonas neuronales sabemos que esta nueva configuración cerebral empezó a responder distinto a nuevos estímulos cognitivos, sociales y afectivos.

El gasto energético de mantener y hacer crecer dicha estructura cerebral requería fuentes abundantes de proteínas de alta calidad y de ácidos grasos poliinsaturados (omega). Estos aceites son parte esencial de la mielina que recubre cada dendrita (pequeños cables de conexión neuronal) y nervios que recorren todo nuestro organismo. Sin la propiedad aislante que dan los aceites y lípidos, la transmisión de impulsos eléctricos no se puede producir.

Como vimos en el capítulo 10, Adrian C. Williams y Lisa J. Hill atribuyen al consumo de carne el desarrollo cerebral y del intelecto de los humanos.[21] La teoría nutricional no puede aislarse de todas aquellas que apuntan a la necesidad del uso persistente de las crecientes capacidades cerebrales como motor fundamental para su desarrollo. Para construir una casa se requiere el motivo, el diseño y la construcción misma. La clásica pregunta sobre qué fue antes, el huevo o la gallina, parece ser inconducente, pues la evolución ha sido un fenómeno multifactorial.

Sin embargo, en 2023, Saito *et al.* demostraron, en un estudio sobre lactancia exclusiva en ciento cincuenta madres e hijos hasta los dos años, que uno de los componentes más abundantes transmitidos por la leche es la nicotinamida (vitamina B3), y que esta vitamina es la más importante para el neurodesarrollo de los hijos.[22]

El desarrollo cerebral de los homínidos fue rápido e intenso, tanto que se adelantó a las variaciones anatómicas de la pelvis femenina, adaptándose y creciendo tres veces más fuera del útero. Ese periodo de crecimiento extrauterino está directamente asociado con la presencia de estímulos afectivos y la generación de un espacio de seguridad en el cual la exploración y el juego no sean reemplazados por el miedo y el desconcierto. La seguridad del grupo y el cuidado colectivo propiciaba el ambiente adecuado para que este proceso se mantuviese y fuera exitoso evolutivamente. Cualquier interrupción en el desarrollo de los pequeños, intenso hasta los tres años, tendrá consecuencias para el resto de la vida.

El uso del cerebro es crítico, quiere decir que las necesidades cognitivas que requería el *Homo erectus* para sobrevivir eran muchísimo mayores que las del resto de sus primos homínidos. Cuando se intensificaron los cambios climáticos y los espacios aptos para la vida de homínidos y animales poco a poco se redujeron, la opción era migrar e independizarse de ese medio o extinguirse.

En ese entorno, en el que rondaban expertos depredadores, tener crías que requerirían tiempos prolongados de cuidado era, sin duda, una desventaja, un riesgo para la supervivencia de la especie. Esta adversidad trajo consigo una compensación adaptativa: los forzó a organizarse de manera distinta, a formar una estructura social en torno al cuidado de los hijos, lo que sin duda obligaba a una comunicación eficiente y oportuna entre los cuidadores. Esto no era del todo nuevo, pues los gorilas ya se organizaban en grupos (de unos quince individuos), lo que era mucho más eficiente para la supervivencia de los pequeños; no obstante, los hallazgos antropológicos muestran una estructuración social más amplia, eficiente y efectiva entre los homínidos.

Es difícil determinar en qué momento esta interacción se fue haciendo más nutritiva y cargada de afecto, pero fue clave en el desarrollo posterior de nuestra especie, en particular el proceso de cuidado parental y apego que otorgó cualidades sociales y afectivas sobre todo a los pequeños machos. ¿Por qué en especial a ellos? Entre muchos otros motivos, para adaptar su conducta, inhibiendo la agresión física y sexual hacia hembras y crías.

17

Reproducción e hibridación del *Homo*

Cuando nos referimos a un tema tan trascendente como la sexualidad en la evolución de primates y humanos, debemos definir los grandes objetivos de la elección sexual. La primera necesidad es la selección de las duplas que serán las más adecuadas genética y evolutivamente para fortalecer la especie y darle posibilidades de trascender. El sexo, como hemos mencionado, ha sido un motor fundamental de diversidad de los diferentes homínidos.

Entre los primates, solo humanos y bonobos copulan fuera del estro ovulatorio. En el caso de los últimos las hembras bonobo son receptivas en todo momento y no tienen una pareja estable, lo que evita la competencia de los machos y permite establecer un estilo de «matriarcado» donde los espermios de los diferentes aspirantes (pueden ser varios durante el día) compiten entre sí, favoreciendo una mejor selección genética.[1] En cambio, los gorilas se organizan en torno a un macho dominante, donde la violencia y la agresión determinan la selección del que mantiene la progenie; las hembras gorila son las únicas que no muestran evidencias de orgasmo. La hembra chimpancé es relativamente promiscua, pero reserva los periodos periovulatorios (estro) para elegir machos dominantes; de esta manera, los machos no saben si las crías son suyas, lo que produce una solidaridad en el cuidado del grupo por parte de ellos.

Las comunidades de primates y homínidos basadas en asociaciones de hembras se caracterizan por una baja tasa de violencia y una menor frecuencia de conflictos. Otro elemento que encontramos en algunos primates es la capacidad de orgasmo de las hembras que, en el caso de bonobos y homínidos, no presentan el periodo refractario, que sí está en todos los machos. En general, los machos del resto de los primates no son monógamos y no invierten en el cuidado de las crías, cuya sobrevivencia y desarrollo depende casi en exclusiva de la habilidad de la madre para proveer recursos y cuidado. En el caso de los bonobos, que comparten la recolección de recursos, para las hembras son más atractivos los machos con mejores habilidades en esta labor. Esto también se daba en las comunidades de homínidos, en las que las hembras no dependían de los recursos que aportaban los machos, pero sí esperaban su apoyo. Lo más probable es que nuestros antepasados se estableciesen en comunidades de tipo matriarcal;[2] eran sociedades aloparentales, multilocales, profundamente éticas e igualitarias.[3] Es muy posible que las mujeres hayan sido poliándricas (muchas parejas) y sexualmente libres, dirigiendo comunidades de bajo conflicto, sin celos entre machos, en las que el cuidado de los niños era compartido y representaba la esperanza de sobrevivir. Comunidades en las que no existía el rechazo al acto sexual, y donde esta relativa promiscuidad evitaba la lucha por la jerarquía entre los varones.

Para la mujer, la concepción de una hija o un hijo era un evento de riesgo que podía derivar en la muerte de ambos, debido a la dificultad del paso de la cabeza por el canal de parto o por las posiciones distócicas, como presentación de nalgas u hombros, y requería una inversión de años y mucha energía en su crianza, por lo que posiblemente, como en el caso de los chimpancés, también fuesen selectivas en los periodos ovulatorios. Hoy en día, es muy probable que la atracción sexual entre parejas tenga un componente selectivo, y que la mujer siga seleccionando sus parejas consciente o inconscientemente. En el caso de las sociedades patriarcales, la subsistencia de muchas mujeres depende del apoyo del hombre, lo que limita su ya escasa posibilidad de selectividad. Este fenómeno casi contractual generaría «la rabia contra el macho», pues no podrían elegir la pareja con la que instintivamente sienten que podrían engendrar según las mejores condiciones evolutivas.[4] La poliandria femenina permitiría una mejor selección natural. Polémico o no, la evidencia muestra que la estructura de los grupos constituidos por nuestros antepasados tenía dinámicas muy distintas según las cuales la mujer tenía libertad sexual, promovía sociedades matriarcales, el rechazo hacia el macho era poco frecuente y los celos y el resentimiento hacia la mujer no existían.

Desde el punto de vista biológico, la menarquia era más tardía de lo que es hoy en día. Uno de los principales factores que la regulaba era el estado nutricional de las niñas, y si tenían un mayor índice de masa corporal, la menarquia podía adelantarse en algunas jóvenes, pero nunca antes de los quince años.[5] Pero para reproducirse no solo se requería de la madurez sexual de la mujer, sino también de la del hombre. Los homínidos maduran al menos tres años después que los primates, dado el largo periodo de infancia. Para la tribu, la fertilidad y mantener un grupo con un número de individuos adecuado era fundamental y suponía la diferencia entre la vida y la muerte.

Los restos de *Homo erectus* mejor preservados corresponden a un pariente de las cercanías del lago Turkana, en Kenia. Pesaba unos ochenta kilos y medía entre 1,76 y 1,80 metros. Por sus dientes y la consolidación de los cartílagos de crecimiento en sus fémures, podemos afirmar con bastante seguridad que no tenía más de veinte años al fallecer.[6] Estos restos del que se llamaría Niño de Nariokotome, por el lugar en el que fue encontrado, indican que la maduración sexual era similar a la de los humanos actuales.[7] Estudios en los más tardíos neandertales revelan que, en promedio, la menarquia se presentaba a los dieciséis años de edad.[8] Pero uno de los descubrimientos más reveladores respecto a la sexualidad ha sido, sin duda, la hibridación entre los diferentes grupos de homínidos eurasiáticos durante los últimos seiscientos mil y ocho mil años, lo que posiblemente se diera previamente entre *Homo erectus* y el *Australopithecus*.

Es importante explicar que las definiciones de lo que sería único y propio de los *Homo*, nosotros incluidos, han fracasado. Los restos antropológicos y los nuevos estudios genéticos ya no permiten establecer diferentes ramas de homínidos, sino que demuestran que se ha dado una permanente interrelación genética (reproductiva) que ha generado lo que se denomina «hibridación de la especie».[9] Esto quiere decir que los diferentes *Homo* fueron cruzándose hasta llegar al sapiens. El *Homo sapiens* es fruto de la socialización entre diversos homínidos que intercambiaban «cultura» y parejas.

Los nuevos estudios genéticos que nos vinculan a los neandertales ofrecen nuevas pistas sobre el desarrollo de los humanos modernos.[10] Los estudios de ADN mitocondrial y de cromosoma Y apoyan mezclas raciales de diferentes homínidos y no el reemplazo de uno por otro.[11] Es probable que ciertas diferencias en la capacidad de engendrar durante estas hibridaciones influyeran en la sobrevivencia de los sapiens. Nuestros antepasados mostraron una ventaja que sería clave para prevalecer: los hombres sapiens o cromañones, como los llamaron los científicos europeos, pudieron tener hijos con mujeres neandertales, pero los hombres neandertales no pudieron tener hijos con mujeres sapiens. Esta limitación biológica impidió el aporte de genes del cromosoma Y neandertal a la raza humana, pero permitió la presencia de al menos un 5 por ciento del resto de sus genes en nuestro genoma. También nos mezclamos con otras líneas de homínidos como el *Homo heidelbergensis* o el *Homo denisoviensis*, estos últimos presentes en una proporción similar en poblaciones asiáticas y de Oceanía.

Una de las teorías que propugnan Adrian C. Williams y Lisa J. Hill es que la fertilidad de los homínidos, en especial de los sapiens, depende de la abundancia de nicotinamida en la dieta.[12] Esta vitamina, abundante en la carne animal, y también en la leche materna, fue un elemento que habría impulsado el crecimiento cerebral y, por otro lado, reducido la fertilidad de los homínidos.

Sobrevivir

El *Homo erectus* se enfrentó a una serie de decisiones que determinaron el destino de la especie humana. No queda claro aún cómo lograron sobrevivir, pues la tasa de mortalidad adulta e infantil era alta entre ellos debido a lesiones y accidentes, y a que eran presas de depredadores mayores. No había un elemento diferente en la fórmula demográfica para sobrevivir que cuidar de la prole y potenciar la fertilidad. De hecho, el tiempo entre embarazos en los homínidos es menor que entre los grandes simios como los gorilas.[13] El periodo de lactancia era de no menos de tres años, lo que mantenía a la madre sin ovular y le permitía, junto al grupo, cuidar y velar por el desarrollo de los menores. El apego paternal debía ser sólido, lo que fortalecería el desarrollo de las capacidades cognitivas, sociales y la resiliencia necesaria para que la descendencia pudiera soportar la adversidad ambiental y aprender de ella. Además, el periodo de lactancia materna promovía una microbiota adecuada que estimulaba la producción de oxitocina en el cerebro de los niños. Los altos niveles de oxitocina dieron al sistema nervioso la flexibilidad y adaptabilidad que les permitió una mejor adaptación. Del cuidado de los niños dependía la supervivencia de la comunidad, por lo que de alguna manera «pertenecían» a toda la tribu. Todos eran padres y madres.

Considerando que las mujeres ya no elegían a los «machos» según la fortaleza o la agresividad que eran capaces de expresar, sino más bien por sus capacidades parentales, se fue produciendo una selección sociocultural de la especie. Era el cuidado y el afecto entre ellos un motor fundamental para sobrevivir. Un impresionante fenómeno de baja competencia y menor conflicto entre los miembros de sexo masculino por el bien del grupo. Un triunfo de la oxitocina y de la prolactina por encima de la testosterona.

Poco a poco nos fuimos transformando en una especie hipercolaboradora. Otra condición asociada a este hecho era el estado nutritivo de las madres, que oscilaba según recursos ambientales derivados de las condiciones climáticas: de periodos de abundancia pasaban a temporadas de escasez de manera cíclica, lo que probablemente orientó la economía de recursos hacia ellas y los niños.[14]

La lactancia no era solo responsabilidad de la madre «biológica» sino de una comunidad de nodrizas que también colaboraban en esta alimentación perfecta, económica, limpia y natural. El límite de la lactancia, en general exclusiva, coincide en simios y homínidos con la salida de los primeros molares y se correlaciona con el tiempo requerido para completar la mayor parte del crecimiento cerebral. Hoy sabemos que las neuronas se multiplican, en promedio, hasta los ocho años de edad. El proceso de apego que esto genera es el que, junto con la herencia, define nuestro temperamento; de esa interacción con la madre y con el grupo florecen las cualidades prosociales y cooperativas que protegen y han permitido sobrevivir a nuestra especie.

La lactancia y el apego materno aportarán los elementos epigenéticos y la microbiota que definirán las características de nuestro temperamento. En ellos se basan los elementos que nos hacen seres empáticos, solidarios y compasivos. Es en la niñez cuando se expresan de manera más poderosa y natural la empatía, el juego y el altruismo, todos ellos atributos sociales y cualidades evolutivas que hoy sabemos tienen un respaldo genético.[15] Tan humanas son estas conductas y tan importantes para nuestra supervivencia que la evolución las escribió en nuestros genes. Es posible que la bondad, la empatía y la solidaridad que vemos en niñas y niños nos revelen las conductas adultas de nuestros antepasados. Está claro que la cultura, los traumas y la educación marcan nuestra transición a la vida adulta, cuando reescribimos nuestros códigos y conductas según las costumbres y enseñanzas que nos ha dejado la «civilización» entre los últimos cinco mil a diez mil años.

Hoy hemos acortado de manera dramática los periodos de lactancia y crianza. Este cambio sociocultural y biológico nos ha obligado a reemplazar la leche materna por otras fuentes de alimento. ¿Qué factores biológicos han afectado la posibilidad de amamantar a los niños? Entre otros, la presencia de disruptores hormonales, contaminantes domésticos, el estrés y una serie de condiciones de trastornos autoinmunes, microbióticos e inmunitarios, como las alergias, que afectan o han afectado a las madres previamente. Pero uno de los factores principales ha sido, sin duda, el cambio nutricional. Es importante establecer que las fuentes sustitutas de la leche materna modifican de manera radical la microbiota humana original y estimulan artificial y negativamente nuestros mecanismos inmunitarios e inflamatorios.

Tendemos a pensar que nuestro estilo de vida occidental y nuestra cultura son los estándares en el mundo; sin embargo, aún quedan etnias y culturas que viven, se alimentan y mantienen estilos de vida ancestrales que se niegan a desaparecer y que nos podrían enseñar mucho sobre cómo volver a una nutrición adecuada. En Chile, por ejemplo, el pueblo mapuche tiene una cosmología milenaria que no fue reemplazada por el cristianismo ni por ninguna otra religión patriarcal. Su conocimiento de la naturaleza y su visión del mundo conserva muchos rasgos de las culturas antiguas. Esto me sirve para explicar que la culturización ha sido, por lo general, forzada mediante invasiones, guerras y colonialismos. No ha sido un proceso en el que se suman y se enriquecen diferentes culturas y estilos de vida, sino que más bien se reemplazan unas por otras en una adaptación forzada de los «conquistados», lo que rompe la armonía con el medioambiente.

Sapiens, neandertales y denisovanos

El descubrimiento de los restos de un niño de hace setenta y ocho mil años, en Panga ya Saidi, Kenia, perfectamente acomodado y cubierto con diferentes capas de arena y materiales salinos, sacudió al mundo de la ciencia. Por el gran cuidado en la preparación del sepulcro, los científicos percibían el pesar y respeto que los deudos expresaban por la muerte del niño. Estos descubrimientos daban cuenta de muestras del sentido de trascendencia que existía ya entre los *Homo*. No se sabe si sus antecesores compartían conductas similares, pero un artículo científico de la revista *BioRxiv*, publicado en 2023, cambió por completo la visión de la cosmología de los homínidos. Los autores reportaban el hallazgo, en la cueva Raising star ubicada en Sudáfrica, de aquel pariente lejano y olvidado: el *Homo naledi*.[16] Se trata de un homínido de cuerpo pequeño y el cerebro un poco mayor en tamaño al del *Australopithecus*, que daba muestras del mismo comportamiento ritual. A esto se sumaba el descubrimiento de figuras «abstractas» y marcas en las paredes rocosas de la cueva.[17] Pensar que un pariente lejano que no descendía del *Homo erectus*, sino posiblemente del *Australopithecus*, mostrase ya estas conductas, resulta asombroso. Es como si el desarrollo cerebral de los homínidos viniese programado para «mirar las estrellas y el más allá». No se sabe si el *Homo naledi* aprendió estas conductas del *Homo sapiens*, ya que coexistieron por miles de años; si fue así, queda claro que las adoptaron. Las mismas conductas se verán asociadas a la «cultura» neandertal en España, previo a la aparición del *Homo sapiens* en las tierras ibéricas. Estos nuevos rasgos de «humanidad» dan el sello definitivo al proceso evolutivo de los homínidos en los últimos doscientos mil años.

No existen evidencias de confrontaciones entre los diferentes tipos de homínidos y nada hace pensar que sus encuentros no fuesen cooperativos. Había espacio y alimento para todos; de hecho, coexistieron durante más tiempo que el transcurrido en toda la historia moderna. Los neandertales ya daban muestras de desarrollo tecnológico, social, artístico y, como decíamos, muchos de ellos enterraban a sus muertos. Al principio se pensó que habían aprendido todo de los sapiens; sin embargo, en estudios antropológicos posteriores se demostró que los neandertales ya tenían un conocimiento avanzado para la época, y que incluso cantaban. Vivían siguiendo las manadas de grandes herbívoros, pero también se alimentaban de muchos vegetales distintos. Su dieta era al menos 60 por ciento carnívora, aunque los estudios dentales basados en el sarro depositado en sus restos demuestran que tenían periodos de alternancia en la alimentación, lo que les daba una gran flexibilidad para sobrevivir en las peores condiciones climáticas. Los sapiens que se quedaron en África mantuvieron conductas y una forma de vida similar.

La biología y la inteligencia adaptativa de los sapiens fue la responsable de que no hubiera ni guerras ni conflictos interespecies. Es bueno recordar que llegaron a la fría Europa desde África, un lugar con temperaturas más altas; a pesar de ello, lograron adaptarse al último periodo glacial europeo. La última glaciación —que produjo el descenso del nivel de los océanos— posibilitó su tránsito desde África hasta la península ibérica y, cuarenta mil años después, a las Américas a través del estrecho de Bering. Gracias a los estudios genéticos de ADN mitocondrial (presente solo en los óvulos, ya que el espermatozoide carece de mitocondrias) y del cromosoma Y se han podido rastrear los caminos migratorios de los sapiens, así como los tiempos en los que sucedieron.[18] El sapiens fue un migrante exitoso que compartió territorios y se adaptó a ellos. Fue capaz de llevar a un grado más elevado los procesos cognitivos y creativos que también desarrollaron otros homínidos y logró plasmar el simbolismo y la espiritualidad en las primeras manifestaciones arquitectónicas, pictóricas y esculturales. Su día a día era el de cocinar-cazar-recolectar. Su estilo de vida grupal y parcial o totalmente nómada lo mantuvo en movimiento, alejado de infecciones y enfermedades que aparecieron mucho después con el advenimiento de la agricultura. Su sistema de vida y de alimentación no era diferente al de sus antecesores que vivieron alrededor de ¡cinco millones de años antes!

Hoy sabemos que durante millones de años vivimos de manera muy distinta en armonía con la naturaleza. Los investigadores comparan la expresión de violencia que invade nuestro mundo con la que se manifiesta desde la antigüedad, tratando de explicar y justificar horrores actuales en un desarrollo evolutivo de la agresión, la violencia y la muerte. Pero no es así. Y una pequeña muestra de esto son las reflexiones que afloran de estudios sobre restos de ADN, en fragmentos de tejidos orgánicos encontrados en puntas de flecha, de lanzas y cuchillos prehistóricos, en los que se puede identificar con precisión los animales que cazaban los habitantes de nuestro planeta hace más de trece mil años.[19]

A pesar de lo fascinante de los hallazgos, a ninguno de los investigadores le llamó la atención lo que no encontraron: no se hallaron rastros de sangre o tejidos humanos en dichas muestras. Aparentemente no era normal matarse entre hombres. Por otro lado, los componentes genéticos de nuestros primos que persisten en nuestros genes nos sugieren que, más que hacer la guerra, nos reprodujimos y mezclamos entre todos. La vida humana tenía un gran valor y la muerte era un proceso natural ineludible cuyo significado se fue haciendo cada vez más significativo y trascendente. No, lo que hoy vivimos y vemos no es normal, mucho menos natural. Sin duda, algún evento o eventos torcieron nuestra evolución, y tras formar parte de un mundo que nos contiene hace millones de años, caímos en un oscurecimiento cognitivo, en una especie de atrofia que no solo nos impide entender que pertenecemos al cosmos, sino que nos ha hecho creer que somos sus regentes y dueños.

A este fenómeno, que se inicia con la ruptura de lo que podríamos llamar «comunicación con la naturaleza», le sigue una separación progresiva de nuestra integridad humana, de nuestra unidad fundamental que algún filósofo decidió rematar definiendo como algo dual, escindido, separado de la realidad, dividiéndonos en cuerpo y alma. Una desvinculación radical que impide entender las enfermedades y cómo prevenirlas. Enfermedades que nacen del miedo, de la tenebrosa soledad que este genera y que lleva a la pérdida de sentido y, por último, a la muerte. El terror a morir en «solitario» nos produce una profunda angustia que hoy nos impulsa a no ser «parte de», sino a querer vivir más, a superar la muerte: longevidad a toda costa y a todo coste.

Todos los hallazgos arqueológicos de sepulturas de homínidos contienen restos de pertenencias para un «viaje» que dan muestras de cuidado y de amor e indican que estaban familiarizados con el concepto de eternidad e infinitud. Claramente, nosotros hemos perdido la experiencia de trascendencia y, salvo las corrientes espirituales y religiones conocidas, los seres humanos modernos no sabemos descubrir lo trascendente de la experiencia cotidiana en un día a día saturado de estímulos que sobrepasan nuestra capacidad de atención y observación, transformándonos en seres regresivos que solo sobrerreaccionamos y no reflexionamos. Estamos aislados de nosotros mismos porque nos aislamos de la naturaleza. El lenguaje de la vida se distorsionó, condenándonos a una babel existencial en la que la falta de entendimiento afecta la comunicación física y mental con nosotros mismos, con los demás y, en particular, con el mundo que nos rodea. Como escribió Octavio Paz: «Desterrados en la tierra siendo tierra».

En los siguientes capítulos intentaré contar cuál fue el proceso que nos exilió definitivamente de nuestro mundo, perdiendo el rumbo y el sentido de nuestra vida. La evidencia que presentaré está fundamentada y nos conmina a reflexionar, a observar desde otra perspectiva el mundo y su evolución, a ponernos frente a un espejo, en especial los machos de nuestra especie.

Quiero invitar, en el clímax del libro, a que observemos el mundo desde otra vereda. Quizá descubramos más de nosotros mismos, quizá nos ayude a repararnos sorprendiéndonos en la libertad del que despierta de un sueño y ve su vida iluminada por una luz inagotable. La realidad podrá ser interpretada de muchas maneras, pero eso no la hará cambiar. La realidad «es». Produce paz, y si la buscamos honestamente, con ciencia, conocimiento o a través de la experiencia, seremos nuevamente libres.

18

Cazadores-recolectores: las revelaciones de Abu-Hureyra

El llamado creciente fértil se extendía desde la costa este del Mediterráneo hasta el río Tigris, atravesando Jordania, Turquía, Siria, Irak e Irán. Hace trece mil años había allí abundante vegetación y vida silvestre, en una superficie verde de diez a quince veces mayor que la actual. Un grupo de no más de cincuenta habitantes se estableció en Abu-Hureyra, aprovechando las bondades del lugar que les ofrecía agua dulce, gacelas, semillas y frutas silvestres estacionales que crecían gracias a los deshielos progresivos en lo alto de las montañas. Este grupo mantenía sus costumbres ancestrales de cazadores-recolectores, aunque la abundancia del creciente fértil los transformó en semisedentarios, pues no necesitaban moverse para subsistir.

Se piensa, por regla general, que la civilización se originó en Sumeria, hace unos seis mil años, a cientos de kilómetros de distancia hacia la desembocadura de los ríos Éufrates y Tigris; sin embargo, hace más de trece mil años, los seres humanos ya tenían conocimientos suficientes y todo indica que los mejores asentamientos cerca de ríos, deltas, bordes costeros y extensos valles aluviales hoy se encuentran bajo decenas de metros de agua, cubiertos por el océano tras el deshielo posterior al último periodo glacial. La historia de las civilizaciones está, pues, bajo los océanos.[1]

Existen pocos lugares en el planeta donde se haya podido analizar la transición entre cazadores-recolectores y poblaciones principalmente agrícolas-ganaderas, como en el pueblo de Abu-Hureyra, ubicado en el norte de Siria, y hoy sumergido en las aguas de la presa del lago Asad. Este asentamiento, excavado en los años setenta, denotaba una vida comunitaria aparentemente estable. Hace más de trece mil años, las construcciones de los espacios habitacionales se hacían de manera circular con una base de piedras construida a algo más de un metro de profundidad.[2]

En un estudio reciente, que analizó esferulitas de estiércol, se pudo determinar la progresión de un estilo de vida propiamente cazador a otro en el cual ya se empiezan a domesticar animales como cabras y ovejas.[3] Las esferulitas son estructuras microscópicas, de forma esférica, constituidas de calcio y restos orgánicos que se forman durante la digestión, principalmente de herbívoros, y se encuentra en los restos de estiércol de animales. Es así como se puede saber si había animales en establos o en sitios cercados alrededor del poblado y el tipo de alimentos que consumían. También permiten analizar condiciones ambientales y climáticas indicadas por la abundancia de herbívoros, signo indirecto de la lluvia y del volumen de zonas vegetales. Las esferulitas pueden resistir el paso del tiempo por miles de años y unas condiciones de temperatura de más de 500°C. El estudio de restos de heces y de estas esferas ha permitido saber que en esa época las deposiciones de herbívoros eran una importante fuente de energía, ya que eran usadas como combustible. Por la datación de estos y otros hallazgos en Oriente Próximo se deduce que los albores de la ganadería precedieron a los de la agricultura. Es muy probable que esta última haya surgido para alimentar animales en periodos de escasez. En las excavaciones de Abu-Hureyra también se pudo determinar y describir el consumo de al menos cien especies de plantas y productos vegetales y setas.

Pero eso no es todo, una de las principales características de este pueblo primordial del norte de Siria es que se logran definir claramente dos periodos, separados entre sí por varios siglos de abandono del territorio por parte de sus habitantes. El segundo periodo da comienzo al mundo agropecuario, cambia la estructura de las construcciones a formas cuadradas y rectangulares, y aumenta el volumen de restos de heces animales. Hace unos once mil años queda establecido un estilo de vida que deja atrás la vida nómada. Los primeros vestigios daban cuenta de alguna forma de ganadería que solo buscaba conseguir carne fresca en periodos en los que escaseaban las gacelas migratorias. Sin embargo, las capas más superficiales (más jóvenes) de la excavación mostraban que, tras un periodo de brusco cambio climático, aumentó la presencia de cabras y ovejas, y quedó establecido un estilo de vida basado en la ganadería. Se discute intensamente qué fue primero, si la domesticación animal o la vegetal. Está claro que en el Pleistoceno, hace trece mil años, en esos valles y mesetas del planeta ya se sabía cómo domesticar animales, pero la domesticación requería mucho tiempo y recursos, además de una estabilización geográfica que limitaba los desplazamientos del grupo en caso de variaciones climáticas o cambios de las condiciones ambientales.[4] Sin embargo, las excretas de los animales eran un combustible preciado no solo para calentarse sino como control de insectos y olores. No, en esa época pastorear no era una opción razonable frente a lo que la naturaleza les entregaba generosamente, como las abundantes gacelas persas, pero este conocimiento sería clave en el futuro.

Tejedores

El hallazgo de diferentes clases de agujas, principalmente de huesos, nos orienta al desarrollo de la tecnología textil desde la aparición del *Homo sapiens* y posiblemente durante su coexistencia con neandertales. No se entiende de otra manera la capacidad de los *Homo* para migrar a zonas de climas extremos.[5]

En un artículo de 2023, Ian Gilligan plantea la necesidad de obtener fibras provenientes de animales como recurso fundamental para el abrigo en el Paleolítico, periodo en el que sin duda los homínidos ya sabían tejer pelos.[6] Cuando me refiero a estos tiempos, estoy señalando las poblaciones de sapiens y neandertales de Europa y Asia. Sin embargo, en la crisis que se produjo al comienzo del Holoceno, caracterizada por el periodo Dryas Reciente (o Younger Dryas, fenómeno que sumió el hemisferio norte en un invierno glacial de más de mil años), los animales que proporcionaban fibras útiles para el tejido de prendas de abrigo escasearon sobremanera, obligándolos a buscar formas alternativas de protección contra el frío intenso. Es muy probable que los primeros intentos de domesticación animal fueran para obtener esta clase de fibras y así evitar la muerte por hipotermia. No existe ningún rastro de domesticación o agricultura antes del fin del ciclo glacial, hace doce mil setecientos años, salvo por la sociedad que se estableciera entre lobos y luego perros. En las zonas cálidas del planeta quizá este proceso fue diferente y más lento, pues los habitantes de esos territorios no tenían la misma necesidad de abrigo. De hecho, se sospecha que en estas latitudes del sur, el tejido se basaba en fibras vegetales.

La dieta paleolítica y la medicina evolutiva

Es notable cómo en la dieta de los pobladores de Abu-Hureyra se identificaron numerosos tipos de vegetales, lentejas, arvejas y flores de la familia de los *Chenopodium*, como el cenizo y un tipo de quinoa silvestres que crecían en diferentes partes del planeta, y que daban abundantes semillas, constituyendo un 4 por ciento de su alimentación. También utilizaban estas plantas para uso medicinal, en la obtención de tintes naturales y textiles, la fabricación de herramientas y como insumos para la construcción.

Además, consumían abundantes tipos de frutos rojos silvestres, pequeñas cerezas y peras enanas. Es curioso que solo se encontrara un 0,2 por ciento de restos de cereales como la cebada, el centeno y un tipo silvestre de trigo llamado *Triticum monococcum* parecido a la espelta (que ni los pájaros comían por su dureza y lo punzante de la espiga).

Con nuevas técnicas para analizar fitolitos, cristalizaciones cálcicas que se depositan en las células vegetales y que con el tiempo, al desintegrarse, las dejan como micromoldes celulares, se puede identificar a qué tipo de planta pertenecían; asimismo, dependiendo de las cantidades encontradas, se puede establecer el clima, la vegetación y los hábitos humanos y animales.[7] A diferencia de los restos de polen, estos se quedan en las zonas donde fueron originados.

Abu-Hureyra nos revela una historia sorprendente; este pequeño poblado, ubicado junto a un río sobre una pequeña colina, será testigo del devenir de la humanidad y del nacimiento de un nuevo hombre forjado con mazos de gigantes y estrépitos de estrellas. Es el verdadero grial de nuestra historia.

Es notable ver que en Centroamérica, en el mismo periodo, los pobladores de un asentamiento neolítico de Honduras, de más de once mil años de antigüedad llamado El Gigante, se alimentaban de frutos arbóreos como aguacate, chirimoya, guanábanas y papayas.[8] Incluso se observaron vestigios de su domesticación y selección; sin embargo, no hay rastro de maíz u otros granos en los restos botánicos. Al parecer, todos los seres humanos que habitaban el planeta no consideraban los granos o cereales como parte de la alimentación natural. Aprendieron, mucho antes del inicio de la agricultura, a seleccionar y cultivar árboles frutales y otros que producían diferentes tipos de nueces. Conocían muy bien las plantas y sus efectos, eran una fuente de alimentación a la vez que una farmacia formidable; también reconocían perfectamente los tipos de hongos y sus efectos, ya fueran venenosos, nutritivos o alucinógenos.

En algunos lugares del planeta todavía se consume lo que la tierra provee según condiciones geográficas, pluviales, de humedad y la posibilidad de acceso. Un estudio realizado en un sitio lacustre prehistórico de hace doce mil seiscientos años, en la zona de Tagua Tagua, en la sexta región de Chile, Álvaro Lizama-Catalán y Rafael Labarca reportan un abundante consumo de aves acuáticas, anfibios y otros pequeños mamíferos como el coipo (*Myocastor coypus*) que sigue siendo parte de la dieta de los locales.[9] Este es un ejemplo de cómo los grupos de humanos que migraban por el mundo se adaptaban a lo que el ecosistema les ofrecía. Así, por ejemplo, en Huaca Prieta, Perú, se hallaron los restos de comunidades que vivieron hace catorce mil doscientos años que, a pesar de encontrarse a unos veinte kilómetros de la línea de costa, se alimentaban preferentemente de peces y otros animales marinos.[10] Hacia el extremo sur de Chile continental, en Monte Verde, se encuentran objetos líticos y restos que combinaban una economía marina con fuentes alimentarias complementarias basadas en huemules y otros pequeños venados de los valles centrales y de las faldas de la cordillera de los Andes. Recientemente, la dieta paleolítica, inspirada en los estudios y publicaciones de Konner en 1985, sobre el estilo de vida de cazadores-recolectores, ha llamado la atención de los expertos como una posible vía para frenar la epidemia de enfermedades crónicas, obesidad y diabetes del mundo moderno.[11]

Hace pocos años surgió una nueva rama de la medicina, la medicina evolutiva, que busca desentrañar las condiciones de vida que forjaron nuestra biología, comportamiento y salud durante millones de años. Hoy, la ausencia de dichas condiciones es lo que ha provocado la pandemia de enfermedades crónicas que aquejan nuestro mundo. A partir de lo anterior, surge el concepto de «dieta paleolítica», que intenta imitar el estilo de vida de ese periodo caracterizado por la caza y la recolección. En una revisión, Daulath Singh y Annapoorna Singh analizan no solo el tipo de dieta sino sus cualidades, contrastándola con la alimentación actual.[12] Como ya hemos visto, comer carne es fundamental para el aporte de vitaminas del grupo B; sin embargo, la carne de la que hoy disponemos, industrializada, contiene más de un 30 por ciento de materia grasa en comparación al 4 por ciento de la que tenían los animales libres del Paleolítico.

En la evolución del sistema digestivo, el colon de los grandes simios, como los gorilas, constituye más del 45 por ciento de todo el intestino; en el caso del hombre, conforma menos del 25 por ciento. De hecho, es parecido al de los lobos, lo que indica un proceso evolutivo propio de carnívoros más que de herbívoros. El consumo de omega-3 por parte de nuestros antepasados cazadores-recolectores era abundante, en una proporción de 1:1 con los omega-6, que los protegía de enfermedades cardiovasculares y demencia. Hoy en día, la proporción es de 1:6 a favor de los omega-6 que, debido a ese desbalance, se transforman en proinflamatorios y trombogénicos.[13]

En este punto, creo importante recalcar que durante más de dos millones de años la dieta humana se mantuvo estable. No incluía lácteos, cereales (harinas), aceites de semillas, azúcares, alcohol ni mezclas generadas por bioingeniería. Las enfermedades metabólicas e infecciosas eran una anécdota. Veremos cómo los cambios actuales han superado nuestra capacidad de adaptación genética y epigenética dando origen a todo tipo de enfermedades crónicas que desconocíamos y que siguen aumentando, afectando en especial a nuestros niños. Por tal motivo, es clave entender para lo que sigue que la historia de la humanidad y del planeta no ha sido una progresión suave, delicada y lenta, sino más bien a la manera de un tiovivo o una montaña rusa, con periodos calmos de estabilidad en todos los sentidos y otros catastróficos que han causado la reingeniería de nuestros genes y de nuestra evolución. Del mismo modo, debemos tener claro que la evolución se construye sobre avances o cambios previos.

No se puede borrar de un plumazo la interacción de la microbiota, la nutrición, nuestra inmunidad y nuestro sistema neuroendocrino. Cinco o diez mil años no son nada en la evolución y las interrelaciones de los procesos biológicos, por lo que la introducción de un producto nuevo en el mercado alimentario tendrá consecuencias inimaginables en nuestra salud actual, ya que nuestro sistema no tiene capacidad para evolucionar tan deprisa.

19

Un planeta peligroso

La vida en el planeta no ha sido del todo tranquila. Desde la evidencia de la caída de un enorme meteorito que extinguió los dinosaurios hace sesenta y cinco millones de años, los científicos han ido aceptando la existencia de eventos catastróficos que han determinado cambios de especies y alteraciones violentas y duraderas tanto climáticas como ambientales. La Tierra se ha enfriado por completo, soportando temperaturas gélidas, al menos en dos ocasiones. Es lo que se conoce como periodo *Snowball* o «bola de nieve». Otros eventos, como las erupciones volcánicas, han generado una variación de la atmósfera que también ha determinado la sobrevivencia de algunos y la extinción de otros.

Hace alrededor de treinta y nueve mil años, un supervolcán (cerca de lo que hoy es la ciudad de Nápoles, en Italia) entró en erupción masiva, enviando a la atmósfera un volumen de cenizas que cubrió los cielos de la actual Europa por varios años. El Sol prácticamente desapareció y sus bondades ya no se percibieron. En aquellas latitudes se depositaron metros de ceniza sobre todo lo que había en la superficie. A causa de los vientos reinantes, la nube cubrió los cielos con una capa piroclástica que se extendió por glaciares, ríos, valles y planicies, matando a un número indeterminado de seres vivos. Lo que las excavaciones actuales indican es que, por encima de la capa geológica que define ese evento, nunca más aparecieron rastros de neandertales, quienes eran capaces de tolerar las más duras condiciones ambientales. Disminuyeron también de manera significativa los restos asociados a las culturas sapiens coexistentes (cromañones autores del arte rupestre y de culturas como la magdaleniense). Este hecho representó una crisis general en lo que hoy abarca el continente europeo.[1]

En los estudios genéticos recientes, realizados por investigadores de Harvard, se evidencia que actualmente no existen líneas genéticas humanas emparentadas con la población de sapiens (cromañones) que vivía antes de la erupción. No solo eso, sino que todos los análisis de ADN mitocondrial y cromosoma Y de muestras biológicas datadas después de ese periodo provienen de una sola estirpe genética (familia) que repoblará el actual continente europeo tras la catástrofe volcánica.[2] Esos nuevos grupos humanos provenían del creciente fértil (Oriente Próximo) y del norte de Asia. Casi todas las poblaciones de homínidos en esta zona del planeta se extinguieron.

Durante el periodo máximo de glaciación que se diera hace unos veintiún mil años, una buena parte del agua dulce del planeta se acumuló en placas de hielo continental distribuidas en Norteamérica y Eurasia. La evaporación del agua del mar y la precipitación en forma de nieve en dichos hemisferios hizo descender el nivel de los océanos en un promedio de ciento sesenta metros, lo cual dejó al descubierto zonas marinas que se hicieron transitables y permitieron la consecuente migración de los sapiens por el resto del planeta. Luego de ese máximo glacial, poco a poco el planeta fue entrando en un ciclo de desglaciación y la placa de hielo europeo se fue retirando hacia el norte, dejando libre valles, ríos y praderas por donde adentrarse a explorar, cazar y jugar. Esta vez todo parecía ir bien para los sapiens; es más, el clima estaba mejorando, permitiéndoles expandirse a otras zonas de Europa y poblando el norte a la saga de grandes mamíferos como mamuts, alces gigantes y otros herbívoros ya extintos.

Hace trece mil años todo auguraba varios miles de años más de buen tiempo y estabilidad. El último máximo glacial alcanzado diez mil años antes, es decir, hace unos veintiún mil años, lentamente dejaba paso a un aumento progresivo de la temperatura.[3] En América ya se habían establecido grupos indígenas que desarrollaron una cultura identificada por sus puntas de flecha características: los clovis.[4]

David Reich, jefe del laboratorio de genética evolutiva de Harvard, ideó una serie de técnicas genéticas asociadas a sistemas de análisis de datos. Amplificando muestras de restos del Paleolítico y de la Edad del Bronce pudo determinar que casi toda Europa se repobló durante el fin de la última desglaciación, hace más de diez mil años, con poblaciones provenientes de la zona de Anatolia en Turquía y con una segunda corriente migratoria hace seis mil años que provenía de Asia y que atravesó Siberia por los Urales para poblar la zona del norte de Europa. Pero ¿qué pasó entonces? ¿Dónde quedaron los descendientes de las culturas sapiens auriñaciense y magdaleniense del periodo que comprendía desde los treinta y siete mil años, que fueran autores del arte rupestre, de las primeras esculturas y de los primeros instrumentos musicales? Es decir, ¿qué pasó con todos los pobladores de Europa desde hace treinta y siete mil años —dos mil años posterior a la erupción volcánica mencionada— hasta los diecinueve mil años anteriores?[5] ¿Qué sucedió con su descendencia? La verdad es que no quedan rastros genéticos en nosotros; desaparecieron en algún momento entre catorce mil y trece mil años atrás.[6]

Dryas Reciente, la sexta extinción

Hace más de cien años, en los países escandinavos, la tierra no solo proveía alimentos, también se utilizaba y transformaba, gracias al fuego, en firmes ladrillos con los que sus habitantes construían las casas que habitaban. Para ello, cavaban profundos pozos en la tundra, extrayendo gruesas lonjas parecidas al permafrost de Siberia, donde se comprimían ricas mezclas de restos orgánicos, entre agua y capas de hielo, que reflejaban los cambios climáticos que habían afectado la zona por miles de años. En 1901, el geólogo y botanista danés Nikolaj Hartz y el geólogo Vilhelm Milthers descubrieron, en uno de estos pozos en Dinamarca, una capa parduzca bajo la que se podía ver, a simple vista, una flor blanca de ocho pétalos, llamada *Dryas octopetala*. Dicha flor crecía en zonas más cálidas, por lo que encontrarla allí a una profundidad correspondiente a más de trece mil años según el nivel geológico, solo podía indicar el inicio de la última desglaciación del planeta. Como en la película *La era del hielo*, esa desglaciación de hace casi catorce mil años dio lugar a un clima templado que hacía retroceder glaciares dando paso a nuevos valles y praderas que se iban cubriendo de vegetación, cuyas semillas llegaban con los vientos del sur y en el vientre de aves.

En las capas más antiguas, es decir, más profundas, a las de los pétalos de flor, solo había una mezcla de tierra y hielo sometidos a la tremenda presión ejercida por el peso de las placas glaciales que cubrieron Europa durante miles de años. La capa en la que se encontraban estos restos vegetales y la flor se denominó Allerød, o viejo Dryas, por el nombre de la población danesa, Allerød, donde se realizaron las excavaciones. Pero esto no acabó aquí. Pasado el entusiasmo de este hallazgo sobre el periodo climático representado por las capas de flores del Bølling-Allerød o periodo cálido y de desglaciación, Hartz empezó a dudar de su hallazgo, pues inmediatamente y abruptamente por encima de esta capa de tierra (en un nivel superior de la excavación, una capa más reciente) volvía a aparecer una capa idéntica a la que estaba bajo la del Allerød, cuyo grosor reflejaba un periodo de glaciación de no menos de mil años y que indicaba inequívocamente un cambio violento y abrupto de las temperaturas, una nueva glaciación que quebraba la curva ascendente natural del periodo geoclimático astronómico que correspondía al Bølling-Allerød. Es decir, como si la saga de *La era del hielo* se rodara en un planeta otra vez helado. Luego de esta lonja negra y fría, reaparecía unos centímetros más arriba una nueva capa que le seguía hacia la superficie, que mostraba una transición como la anterior y que respetaba la curva climática que le correspondía al planeta. De nuevo, mostraba un patrón de calentamiento de la Tierra. Dos años antes de la Primera Guerra Mundial, Hartz presentó su trabajo a la comunidad científica y denominó la capa negra intermedia de congelación súbita como Dryas Reciente en honor a dicha flor, a pesar de ser la capa caracterizada por su ausencia.[7]

Asociado al descubrimiento de la capa geológica del Dryas Reciente se evidenció una capa geológica equivalente en las Américas, en el resto de Europa y en Asia menor. Es decir, dicha capa negra de varios centímetros de profundidad se podía reconocer en otros continentes donde de manera misteriosa se tornaba más oscura que la encontrada en tierras danesas. Esta era una capa distinta, en la que los avances tecnológicos con los que contaba Hartz no permitieron observar otros componentes aún más sorprendentes de su composición. Ya no solo se distinguían la tierra y el hielo comprimidos por la presión, sino que aparecían también restos calcinados de materia orgánica que bajo el microscopio mostraban microesférulas de iridio, platino y nanodiamantes. Se apreciaron también una especie de microvidrios compuestos por diferentes tipos de silicatos fundidos, que hoy sabemos guardan la pieza de la historia que nos faltaba para comprender quiénes somos.

Durante el evento del Dryas Reciente las temperaturas en zonas del Atlántico norte descendieron súbitamente hasta los $-87\,°C$ y en otras partes del hemisferio norte a $-50\,°C$,[8] lo que perduraría por varios siglos. Los estudios posteriores en cilindros de hielo de Groenlandia, geológicos en los Alpes y análisis de muestras de polen prehistórico mediante la datación por carbono-14 demostraron con precisión que el Dryas Reciente fue el evento climático más abrupto ocurrido en los últimos sesenta y cinco millones de años, cuando el impacto de un meteorito causara la extinción de los dinosaurios.

Simultáneamente, y contra lo que pudiese esperarse, la gran placa de hielo laurentino, de varios kilómetros de grosor, que hace trece mil años cubría el territorio de lo que hoy es Canadá y parte de Estados Unidos, se fractura en su parte norte, en la actual bahía de Hudson, liberando trillones de metros cúbicos de hielo glaciar al océano. Esto interrumpiría las corrientes atlánticas que ascendían desde el sur y que, en esa época, ya templaban las zonas cercanas al Ártico, dejando el Atlántico norte convertido en un verdadero frigorífico; lo que contribuiría al enfriamiento de Europa y parte de Asia. Además, el nivel del mar, ya alto por los deshielos previos, ascendió decenas de metros cubriendo bordes costeros, bahías, deltas y valles de manera súbita, como un masivo y repentino tsunami. El evento Dryas Reciente significó una catástrofe mayor que la que podría desencadenar una conflagración nuclear total. Duró más de mil años, lo que coincidiría con las extinciones masivas de grandes mamíferos y de casi todos los seres humanos.[9]

La evidencia geológica también revela que unos diez millones de kilómetros cuadrados de vegetación y un número indeterminado de seres vivos se incineraron de manera casi simultánea hace doce mil ochocientos años, es decir, diez mil ochocientos años antes de Cristo, que equivale al 9 por ciento de la biomasa del planeta. Los registros antropológicos y arqueológicos lo señalan como un periodo «muerto» en numerosos puntos del planeta. En lugares tan distantes como el sur de Inglaterra, la Patagonia chilena o Australia desaparecen los rastros de humanos y de la antigua megafauna representada por algunas especies, como el canguro gigante, el mamut, el león americano, el tigre dientes de sable, el milodón y los tapires gigantes de América.

Extinción de la megafauna

En su libro *Sapiens*, Yuval Noah Harari destaca un hecho desconcertante. Cuando todo parecía ir bien en el planeta, una de las principales fuentes de alimentos de los *Homo sapiens* desaparece de repente, casi sin dejar rastro: los megamamíferos se extinguen. El autor analiza las posibilidades y establece una teoría que responsabiliza a los seres humanos de una depredación masiva asociada a un aumento poblacional y a la destrucción de los hábitats animales por el fuego provocado. Pero algo no encaja en sus afirmaciones. El primer elemento por considerar es que en aquella época el crecimiento poblacional sapiens estaba limitado por los factores que ya mencionamos, en especial el ciclo intergestaciones, la alta mortalidad materno-infantil perinatal y, general, por lesiones, accidentes y ataques de bestias. En un estudio reciente, Sirocko *et al.* demuestran que la megafauna coexistió con los diversos grupos humanos durante milenios y en distintas condiciones climáticas.[10] Ni el frío ni las condiciones templadas disminuyeron su presencia. El argumento de la destrucción de los bosques, selvas, estepas y sabanas, hábitat de los grandes mamíferos, por fuego provocado jamás cubriría los miles de millones de kilómetros cuadrados libres que quedaban a su disposición para alimentarse. Además, la quema masiva de bosques es una conducta asociada principalmente a la agricultura. La densidad humana en el planeta no era suficiente para explicar el fenómeno súbito y masivo de desaparición de todos los grandes mamíferos de forma simultánea. Tampoco explica la supervivencia de aquellos animales de menor tamaño.

Otro problema de esta teoría es cómo explicar la presencia de los descendientes de mamuts, rinocerontes y grandes felinos en África, donde las densidades humanas eran mayores. Hoy en día, se calcula que hace trece mil años no habría más de dos millones de humanos en el planeta, y ya se habían extendido por toda su superficie, por lo que la densidad de población humana era mínima. No es que no haya rastros de incineración de biomasa, producto del fuego desencadenado por humanos, los hay, pero muy localizados y de ninguna manera lograrían explicar la catástrofe. La evidencia es mucho más aterradora, y tuvo consecuencias que la raza humana sigue sufriendo. Algo muy sombrío ocurrió al final de la última desglaciación, y tuvo como víctimas a todos los seres del planeta.

Múltiples investigaciones con base en el estudio químico de cilindros de hielo extraídos desde la profundidad de los glaciares de Groenlandia y la Antártida identifican un suceso planetario de hace doce mil ochocientos años que alteró la temperatura de la Tierra.[11] Un fenómeno violento que sumió al planeta en un invierno que podríamos llamar «nuclear» de casi mil años, que equivaldría al transcurso de treinta generaciones humanas.

El último argumento en contra de la teoría de Harari es que la desaparición de los grandes mamíferos fue simultánea a la de la mayoría de la población humana del hemisferio norte,[12] como lo confirman estudios genéticos que se refieren a la reducción de la variabilidad genética en lo que se denominan los cuellos de botella genéticos, hoy fácilmente identificables gracias al estudio de ADN mitocondrial y el cromosoma Y.[13] Es como si solo unos pocos grupos humanos dispersos por el planeta hubiesen sobrevivido para transformarse en nuestros verdaderos abuelos, en particular en Norteamérica, Oriente Próximo y Asia.

Un estudio publicado en 2018 por Wolbach *et al.* evidenció, como ya mencionábamos, un episodio de combustión masiva de la biomasa animal y vegetal cuya extensión abarcó un radio de más de doce mil kilómetros de diámetro, desde el centro norte de Estados Unidos hasta zonas tan australes como Osorno, Chile.[14] El análisis y estudio de muestras de sedimentos que lo respaldan coinciden con el Dryas Reciente en más de ciento cuarenta lugares distintos del planeta, demostrando un fenómeno incendiario masivo con temperaturas que alcanzaron los dos mil grados y que incineró todo lo existente en la superficie afectada. No fue un fenómeno completamente parejo y gran parte de él también afectó a los océanos Atlántico y Pacífico. Tampoco era atribuible a fenómenos volcánicos como los ya descritos, como lo muestran los estudios de William C. Mahaney y Peeter Somelar.[15] Lo que resulta evidente es que todo ocurrió al mismo tiempo hace doce mil ochocientos años, y esto nos obliga a analizar teoría e hipótesis: ¿qué pudo ocasionar una catástrofe ambiental de tal envergadura? ¿Un evento tan devastador como extenso?

20

Fuego del cielo

SHOEMAKER-LEVY 9

En marzo de 1993, un par de astrónomos estadounidenses que observaban el cielo nocturno de California vislumbraron un cometa compuesto por veinte fragmentos cuyo tamaño no era superior a los quinientos metros. El cuerpo celeste se dirigía a Júpiter, planeta cuyo diámetro es once veces superior al de la Tierra. Al comentar su hallazgo, los astrónomos se dieron cuenta de que se trataba del mismo cometa que un año antes orbitaba Júpiter como un solo objeto y que, a causa de la intensa fuerza de atracción gravitacional de este inmenso planeta, se había fraccionado en veinte partes. Este cometa fue nombrado Shoemaker-Levy 9 en honor a estos científicos. Otro astrónomo calculó que en julio de 1994 el cometa colisionaría con la superficie gaseosa de Júpiter.[1] Durante ese año se coordinaron todos los observatorios del mundo y las sondas espaciales para orientar sus telescopios y espejos hacia uno de los polos de Júpiter para observar y medir el impacto, evaluando durante los meses siguientes las consecuencias en la superficie del planeta. Fue el telescopio espacial Hubble, a poca distancia de Júpiter, el que tuvo la primicia del primer y más poderoso impacto. Los astrónomos de la NASA interrumpieron la programación de la trayectoria de la sonda y rotaron sus sistemas de detección para tener una visión panorámica y tomar mediciones del impacto.[2] Los trozos estelares impactaron en un lapso de seis días del 16 al 22 de julio de 1994, lo que permitió a los astrónomos del mundo ser testigos por primera vez en la historia de un fenómeno de estas características.

El evento se desarrolló en dos fases. La primera se denominó «bola de fuego» (impacto, explosión y ascenso de la pluma explosiva hacia el espacio); la segunda fase generó el calentamiento de la atmósfera y la dispersión de los fragmentos pulverizados en ella. La temperatura de la fase de bola de fuego en el momento del impacto superó los 9.700 °C y descendió a los diez minutos a 2.000 °C. La pluma de expulsión de gases y fragmentos ascendió más de tres kilómetros sobre la atmósfera, generando de manera casi instantánea nuevas mezclas de gases nitrogenados, sulfuros y carbónicos, que se reincorporaron a la atmósfera del planeta. Las nuevas moléculas gaseosas son las mismas que forman parte de las proteínas y el ADN de los seres vivos. La onda expansiva de la segunda fase pasó de quince a cien kilómetros de diámetro en cuarenta segundos. Solo después de un mes, la temperatura de la superficie retornó a la normalidad, y después de un año la capa de nuevos gases se entremezcló en la atmósfera. Gene Shoemaker estimaría más tarde que cada dos mil años un cometa o asteroide de más de un kilómetro y medio de diámetro colisiona con dicho planeta, transformándolo, gracias a su potente gravedad, en el principal escudo protector del nuestro. La Tierra se encuentra solo a un planeta de distancia de Júpiter: Marte, cuyo tamaño y fuerza de gravedad no son suficientes para desviar un objeto celeste de gran tamaño y con una trayectoria de impacto hacia nosotros.[3]

Tras este avistamiento, muchos observatorios se especializaron en seguir asteroides y meteoritos que circundaban Júpiter. En 2021 se apreció de nuevo el destello de un impacto que liberaría una energía similar a la calculada previamente.[4] Esta clase de eventos, que parecen lejanos y de ciencia ficción, ya han ocurrido en nuestro planeta, siendo el más representativo el impacto de un gran meteoro en el golfo de México.

Chicxulub

A finales de los años setenta en Chicxulub, península de Yucatán, México, un grupo de geofísicos descubrieron un cráter cuyo diámetro es de más de ciento ochenta kilómetros, producto de un impacto de tal magnitud que pulverizó la roca subyacente de la superficie, expulsando granito y gases desde lo profundo del manto terrestre. El polvo, silicatos, iridio y sulfatos cubrieron la atmósfera, generando una gruesa capa que impidió la entrada de la luz solar. El impacto de la bola de fuego en el mar también habría provocado un tsunami descomunal nunca visto.

En 1980, el físico Luis Álvarez y su hijo Walter, geólogo, postularon que la enorme depresión había sido ocasionada por el choque de un asteroide o la cola de un cometa.[5] En 2020, tras el estudio de las capas geológicas y una extensión del área afectada por los diferentes fragmentos del objeto, se pudo determinar que este había entrado en la atmósfera en un ángulo de treinta grados hacia el noroeste, es decir hacia Norteamérica. El ángulo de impacto determinó el peor escenario posible, dado que la liberación de gases a la atmósfera y la superficie de contacto de los numerosos fragmentos generaron un área de devastación mucho mayor que si la caída hubiese sido directa, vertical, en noventa grados.

Cada roca del cometa, convertida en polvo en suspensión en la atmósfera, produjo con el tiempo depósitos de iridio en todo el planeta, generando una capa distintiva en la superficie y en el fondo oceánico, la cual traza una línea que separa la historia geológica en lo que se define como el límite del Cretáceo. En ella también se encontraron rastros de platino, rodio, oro y níquel, que permitieron identificar las concentraciones de material interestelar depositado, permitiendo reconocer zonas de impacto y sus fechas. Dependiendo de la composición del cometa, meteorito o asteroide, también es posible encontrar nanodiamantes y otros elementos metálicos raros en abundancia.[6]

Tras el enorme impacto, la atmósfera se saturó y la tierra se cubrió de una mezcla de polvo de sílices (vidrio), hollín —producto de la combustión de bosques y animales—, gases tóxicos e iridio, desencadenando en el planeta un invierno de más de veinte años. La oscuridad, la lluvia ácida y el enfriamiento global determinaron la extinción del 70 por ciento de los seres vivos de tierra firme y de los océanos.[7] La ausencia de fotosíntesis eliminó la mayoría del fitoplancton, principal fuente de alimentos en la cadena trófica oceánica.

El mismo fenómeno se produjo en tierra, pero a expensas del mundo vegetal.[8] Los restos de esporas de helechos que se encuentran en la capa geológica junto con iridio, minerales pulverizados y microesferas de sílice sugieren la desaparición de las masas vegetales en pocos días o semanas, con efectos catastróficos para los herbívoros. Al parecer, las cadenas tróficas basadas en los detritus orgánicos (por ejemplo, en lagos) se vieron menos afectadas.[9] Sobrevivieron especies pequeñas de extensa distribución planetaria, parecidas a los ratones, que fueron capaces de subsistir en sus madrigueras bajo tierra; luego, algunas de ellas subieron a los árboles, adaptándose a nuevos ecosistemas y que presentaban una mayor resistencia a la escasez de alimentos y agua dulce.[10] Los primeros mamíferos, mejor adaptados al prolongado invierno que siguió al impacto, prevalecieron y dominaron una nueva era, la Cuaternaria, de la cual provenimos los seres humanos. Así pues, todo parece indicar que la era de los dinosaurios llegó a su fin por el impacto de un enorme meteorito en el golfo de México.

Se dice que durante el desarrollo del mundo animal y vegetal en el planeta se han producido distintos saltos escalonados. Ya no se trata de un cambio gradual de la especie sino del reemplazo de unas por otras. La manera en que esto ha afectado la vida marina es menos conocida, pero sabemos que los tiburones han persistido por millones de años sin grandes cambios como especie y que, junto con tortugas y ballenas, que eran terrestres, entraron al agua en esa época.

El proceso de enfriamiento del planeta pudo ocasionar lo que los científicos llaman el segundo periodo bola de nieve de la historia durante el cual casi la totalidad de la tierra se congeló.[11] Hoy en día, se sospecha que las múltiples glaciaciones obedecieron principalmente a dos fenómenos: el impacto de cuerpos celestes y las erupciones volcánicas masivas. A pesar de que existen otros factores, como el efecto invernadero por la liberación de gas metano a la atmósfera o la reducción de la radiación solar, estos fueron más significativos en tiempos pretéritos cuando la disminución del dióxido de carbono ambiental también contribuiría a este enfriamiento global. En su estudio, Fu *et al.* proponen que el estadio de glaciación máxima de hace veinte mil años habría sido desencadenado por un choque cósmico, y que el hecho de que no se haya encontrado cráter que respalde esta teoría no impide que exista la posibilidad de un impacto en el océano, cuya superficie es mucho mayor y cuyo fondo se recubre con rapidez.[12]

En una publicación reciente, que analiza las extinciones masivas que ha sufrido la Tierra, Ashraf Elewa y Ahmed Abdelhady también describen mecanismos o efectos de primer y segundo orden según la magnitud e intensidad de su efecto en la vida del planeta.[13] Uno de esos mecanismos es el «escape» del oxígeno al espacio exterior. A pesar de que el electromagnetismo y la fuerza de gravedad del planeta impiden que nos quedemos sin atmósfera, existe un porcentaje de oxígeno que es expulsado al espacio por los vientos o radiaciones solares. Si por algún motivo se produjera (como ya ocurrió), una inversión del campo magnético de la Tierra, la atracción de la fuerza magnética sobre los átomos de oxígeno se debilitaría transitoriamente y estos serían expulsados en proporciones tales que podrían extinguir los organismos aeróbicos (los que usan oxígeno en sus procesos energéticos para mantener la vida). Es posible que el impacto de objetos astronómicos sean los que con más frecuencia hayan azotado nuestro planeta, provocando como efecto secundario, cambios en su magnetismo y fuga de oxígeno.[14]

Tunguska

El 30 de junio de 1908 un asteroide entró en la atmósfera terrestre y explosionó en los cielos de Siberia. Solo algunos pastores de renos de la etnia evenki, que se encontraban a más de cuarenta kilómetros de distancia, fueron testigos del fenómeno. Describieron el evento como una bola de fuego más intensa que el Sol, que iba dejando una estela gigantesca de humo, y que estalló con un ruido ensordecedor. Lo refieren como un trueno descomunal que golpeó sus cabezas y nubló todos sus sentidos. Lamentablemente, y a pesar de la distancia del impacto, murieron algunos pastores y cientos de renos. Este asteroide, de solo cuarenta metros, explotó a diez kilómetros del suelo, la altura en el que viajan los aviones comerciales. La explosión fue diez veces más potente que la de la bomba que destruyó Hiroshima y sus alrededores. Varias expediciones científicas confirmaron el impacto y sus características, y los científicos quedaron atónitos por su potencia destructiva.[15] Ochenta millones de árboles fueron incinerados o cortados de raíz en su epicentro. Al estudiar la tierra (turba) bajo sus pies, los geólogos pudieron evidenciar restos de silicatos licuados producto del calor extremo. Estos, mezclados con material orgánico incinerado, formaron, al enfriarse, trozos micrométricos de vidrio con incrustaciones que, cual piedra de ámbar, alojaban los restos de flora y fauna consumida por el calor del choque. La temperatura en el área que dejó la huella del impacto superó los 1.200 °C.[16] Las concentraciones de iridio, platino y otros metales eran muy superiores a las del resto del terreno y la presencia de microesferas magnetizadas confirmaban el origen cósmico de la explosión. El ángulo de la entrada en la tierra fue de treinta grados y en esa época un meteorito con esa trayectoria no era detectable, pues no existía la tecnología adecuada.

El impacto no dejó cráter debido a que, la mayoría de las veces, el ángulo de entrada en la atmósfera (por lo general menor a treinta grados) y la fricción hacen estallar los cuerpos celestes antes de llegar a la superficie. Muchos científicos, basados todavía en dogmas de la antigua astronomía, exigen la presencia de un cráter para confirmar el impacto. Requisito hoy innecesario. Los impactos de meteoritos en la Luna sí dejan cráter, ya que no tiene atmósfera que los ralentice o los haga estallar, por lo que los que golpean su superficie dejan un enorme agujero. Nuestro satélite natural actúa como el último escudo del planeta, interceptando cuerpos celestes que, de no ser por ella, golpearían la Tierra.

Islas Marshall

En 1994, y luego en 2009, en una zona del océano pacífico entre Filipinas y Hawái, cerca de las Islas Marshall, se registraron impactos de meteoritos que liberaron decenas de megatones de energía. Para que nos hagamos una idea, las bombas de Hiroshima y Nagasaki descargaron una energía de aproximadamente treinta megatones. A pesar de satélites y radares, su entrada en la atmósfera de la Tierra tampoco fue identificada, y cayeron providencialmente a varios cientos de kilómetros de zonas habitadas en el océano Pacífico. Solo fue registrado el efecto de su impacto, lo detectaron algunos radares militares estadounidenses, sismógrafos e instrumentos oceanográficos de las bases norteamericanas.[17] La caída de estos cuerpos en los océanos no dejan mayor evidencia, y es más probable que los impactos se concentren en ellos, dado que cubren más del 70 por ciento del planeta, lo que además genera menos alteraciones atmosféricas y climáticas.

Cheliábinsk

El 15 de febrero de 2013 los habitantes de la zona de Cheliábinsk, en Rusia, despertaron con un ruido estruendoso producto del estallido que causó un superbólido celeste al entrar en nuestra atmósfera. Cruzó los cielos translúcidos del norte de Rusia y explotó algunos kilómetros por encima de los frondosos bosques siberianos. El impacto de la masa incandescente desprendió una energía de quinientos kilotones de TNT. A través de vídeos que registraron el evento, un grupo de investigadores del instituto astronómico de República Checa pudo analizar el tamaño y la trayectoria del objeto.[18] Los análisis permitieron identificar un asteroide de un diámetro de dos kilómetros, que explotó a una altura de treinta kilómetros por encima de la superficie terrestre, fragmentándose en miles de pequeños pedazos que traspasaron la atmósfera e impactaron en la zona de Cheliábinsk. El ángulo de su trayectoria permitió suponer que provenía del cinturón de asteroides que orbita nuestro sistema solar. Lo dramático de la situación fue que, a pesar de su tamaño, nuevamente no pudo ser identificado y como un avión invisible a los radares se filtró y dejó como inútiles a todos los sistemas de vigilancia aérea y espacial del mundo. A los astrónomos, científicos y gobiernos les aclaró que existen regiones del cielo que son inaccesibles a nuestros telescopios.[19]

Lo que es seguro es que tarde o temprano (en millones de años o mañana) un objeto del mismo tamaño o superior al que cayó en Chicxulub impactará en la Tierra. No es posible saber si lo detectaremos, y solo estaremos en condiciones de vislumbrarlo si el ángulo de su órbita lo permite. Tan real es este fenómeno, que el 23 de noviembre de 2021 la NASA lanzó una nave con la misión de impactar un asteroide y cambiar su órbita (Double Asteroide Redirection Test, DART Mission). El coste superó el billón de dólares y tuvo apoyo de varias agencias espaciales mundiales. El 26 de septiembre del 2022 DART impactó el asteroide Dimorfos, de no más de cien metros de diámetro, desviándolo de su órbita alrededor del asteroide Didymos. Hoy en día la única fuerza posible para producir un efecto similar en un asteroide de mayor tamaño, como el de Chicxulub, es una detonación nuclear; sin embargo, no contamos con la cantidad de bombas suficientes ni sabemos cómo hacer que impacten al mismo tiempo para desviar un objeto de tal tamaño.

Mientras escribía este capítulo, un vídeo publicado en X por un grupo de jóvenes que estaban de fiesta a las 3 de la madrugada del 19 de mayo de 2024, mostraba el desplazamiento de un meteorito cruzando el cielo con destino desconocido. A las pocas horas se informó que había impactado en el océano Atlántico. En pocos días los detalles del objeto y su trayectoria estarían disponibles en un artículo.[20] La rapidez de dicho análisis fue posible gracias a la red de centros astronómicos y satélites que supervisan la atmósfera del planeta, y los objetos celestes en órbita cerca de la Tierra. El centro espacial de la NASA en California tiene en su página web (https://cneos.jpl.nasa.gov/) toda la información actualizada por hora de dichos cuerpos. A pesar de ello, el meteorito visualizado de manera tan espectacular durante esa noche de primavera en el hemisferio norte apareció sin invitación, demostrándonos que la llegada de estos cuerpos no es siempre predecible. La mayoría de las veces caen de manera azarosa en los océanos, como muestra el mapa de impactos del mismo centro de la NASA, por lo que seguir buscando cráteres en la tierra para demostrar los choques de gran envergadura no tiene sentido.

21

El impacto de Abu-Hureyra

En 1966, Siria decide construir una represa en el valle por el que corre el río Éufrates, para crear lo que hoy es el lago Ásad. El megaproyecto de ingeniería inundaría una de las áreas arqueológicas más antiguas e importantes del planeta: Abu-Hureyra. Durante los años de construcción de la represa, el Gobierno sirio decide otorgar permisos para que una misión arqueológica, de la que ya hemos hablado antes, explorara el sitio. Eran pocas las expectativas que tenían de recuperar tesoros u objetos de valor de los egipcios o sumerios, de modo que encargaron la excavación al joven arqueólogo, de solo veintisiete años, Andrew Moore, del Rochester Institute of Technology, para intentar rescatar muestras suficientes de un poblado prehistórico que parecía particularmente antiguo. Moore quería utilizar las últimas técnicas y tecnologías de investigación arqueológica para extraer toda la historia que pudiesen revelar los restos depositados en las múltiples capas que aparecían en las excavaciones de más de cuatro metros de profundidad. Sus descubrimientos fueron tan importantes que están empezando a cambiar el conocimiento de nuestra historia y de la evolución humana.

Andrew Moore descubrió, en excavaciones que duraron dos años, la cuna de uno de los primeros asentamientos humanos de la historia que hoy duerme junto con los restos de sus habitantes, plantas y animales bajo las profundidades del lago en la parte norte de lo que hoy se denomina «el creciente fértil», en Oriente Próximo. Esta medialuna corresponde a una franja de tierra que recorre lo que es hoy Palestina, Israel, Líbano, Jordania, Siria, Turquía e Irak, terminando en el norte de Irán. Entre los numerosos ríos que la alimentan destacan el Tigris, el Éufrates y el Jordán. Ríos que han generado un ecosistema clave en el desarrollo de la flora y fauna de los últimos treinta mil años. Esta franja de tierra es la que ha dado origen al hombre moderno.

El asentamiento de Abu-Hureyra mantuvo una población estable durante más de ocho mil años. La datación con radiocarbono y técnicas actuales indican que es el primer asentamiento estable de cazadores-recolectores de la Antigüedad. La primera capa excavada dio cuenta del establecimiento de los primeros grupos hace más de trece mil trescientos años. Los primeros pobladores llevaron un estilo de vida que quedó impreso en los restos óseos humanos y animales descubiertos en la capa más profunda, a cuatro metros y medio de profundidad. Aquel nivel guardaba restos de semillas y plantas consumidas por los pobladores. Con la información clasificada por zoólogos y botánicos, Moore pudo describir la dieta de los seres humanos durante casi dos millones de años en esas áreas del planeta.

Al progresar las excavaciones, de cada capa iban emergiendo más y más rastros del proceso que llevó a los seres humanos a la transición de cazadores-recolectores a agricultores. Lo que parecía un proceso lento y paulatino terminó siendo un cambio violento e inesperado. La historia de Abu-Hureyra nos muestra que después de casi quinientos años de estabilidad durante un periodo llamado de Bølling-Allerød, en el cual se estaba llegando al clímax de desglaciación, y el clima era templado y lluvioso, tuvo lugar un fenómeno brusco e inesperado que afectó a esa cálida zona transformándola en un lugar inhóspito por siglos. El creciente fértil se había poblado de abundantes bosques y vegetación, pero sucedió algo que desencadenó de forma simultánea el Dryas Reciente y el abandono de esas zonas del planeta por los humanos. De pronto, el hemisferio norte se enfrió y las áreas desérticas se extendieron hasta los límites actuales.

El trabajo del equipo de Moore fue tan eficiente que desenterró la capa del preciso momento en que se inició un cambio climático que duró más de mil años y cambió el mundo. Lo hizo desentrañando y descifrando una capa negra de no más de cinco centímetros de ancho a cuatro metros y medio de profundidad. Esa capa presentaba una serie de anomalías asociadas a la quema de materiales orgánicos, que en su momento fueron interpretadas como parte de un espacio de reunión donde los habitantes se alimentaban o cocinaban. Hasta ahí se trataba de un trabajo terminado que dio origen a varios artículos científicos. Entonces se guardaron las muestras en el garaje de la casa de Moore y pasó el tiempo. En 2007, Firestone *et al.* publicaron el que sería uno de los estudios más controvertidos de la primera década del siglo XXI.[1] Apenas publicado el artículo se alzaron voces en la comunidad científica mostrando clara oposición a sus conclusiones. Richard B. Firestone explica que, tras estudiar diferentes asentamientos ocupados por la cultura Clovis que se estableció hace más de catorce mil años en el centro y este de Norteamérica,[2] descubrió una capa de sedimentos de color negro de solo cinco centímetros de grosor a cuatro metros y medio de profundidad. Esta misma capa se repetía en los cincuenta sitios donde excavaron, pero lo que más le llamó la atención fue ver que, bajo esa capa, se encontraban múltiples vestigios óseos de grandes mamíferos, como mamuts, y objetos líticos (hechos de piedra), como puntas de flecha, que no se volvieron a encontrar en las capas superiores. Firestone y su equipo decidieron analizar aquella misteriosa capa. En una primera instancia, los estudios habituales no mostraron ningún vestigio de actividad o de ocupación humana. Es en ese momento que un colaborador húngaro (el profesor Revay del GeoInstitute for Isotope and Surface Chemistry de Budapest) inicia un estudio en paralelo en busca de isótopos de distintos metales y composición química de la capa en cuestión.

Revay y Firestone, con experiencia previa en este tipo de estudios, tanto en superficie terrestre como en fondo marino, quedaron perplejos con los resultados: la capa estaba conformada por restos carbonizados de compuestos orgánicos (animales y vegetales), mezclados con microesferas de platino, iridio, nanodiamantes y restos de sílices transformados en vidrio con incrustaciones de todo lo anteriormente descrito como si se tratara de ámbar. La temperatura necesaria para producir la licuefacción de algunos de esos materiales debía superar los 2.000 °C, una fogata con las maderas más «energéticas» no supera los 1200 °C; Asombrados, concluyeron que solo el impacto de asteroides, meteoritos y cometas, o el estallido de bombas nucleares podrían dejar estas «marcas» en la superficie del planeta con un cráter asociado o sin él. El asombro no terminaba ahí, pues tras datar numerosas veces la negra capa de sedimento, todas las mediciones indicaban doce mil ochocientos años, con un margen de error de más o menos cincuenta años, coincidiendo exactamente con el inicio del evento climático Dryas Reciente. La investigación de Firestone mostró que restos del pueblo clovis, y de la megafauna prehistórica, aparecían de manera abundante en las capas previas a la que correspondía al Dryas Reciente (la capa o estrato de color negro). Sin embargo, en excavaciones de sedimentos por encima de aquella capa de «tierra», solo aparecían en casos aislados. Era como si se los hubiese tragado el planeta. Después de doce mil ochocientos años antes de Cristo ya no había rastros de los grandes mamíferos y las poblaciones humanas quedaron reducidas a algunas comunidades aisladas, distribuidas por el continente norteamericano. Pero esa investigación no quedó ahí.

En 1986, en las afueras del pueblo de Pilauco, en el sur de Chile, una empresa constructora excavaba la zona cuando se encontraron con restos de mamuts y otros megaherbívoros extintos. La zona quedó cerrada y olvidada durante más de veinte años, hasta que el profesor Mario Pino, en 2007, organizó una expedición de científicos para investigar el sitio. Los hallazgos determinaron que se trató de un asentamiento humano en una zona semipantanosa, donde los humanos coexistieron con grandes mamíferos. Los cálculos de su antigüedad determinaron que se habían establecido hace más de trece mil años,[3] era uno de los asentamientos más antiguos de la prehistoria. Durante los trabajos, a los investigadores les llamó la atención una fina capa de tierra oscura de más de cinco centímetros, que separaba los restos prehistóricos donde se hallaban las osamentas de milodones y mamuts de las capas superiores donde ya no se encontraban estos vestigios. Lo atribuyeron a la erupción de algún volcán de la cadena sur andina. La datación de la capa mostraba que se habría depositado hace doce mil ochocientos años.

Unos años después, luego de leer el trabajo de Firestone, Mario Pino organiza, junto con un grupo de investigadores, una nueva expedición y retorna a Pilauco a analizar los sedimentos de aquella misteriosa capa. Los primeros hallazgos demostraron una concentración muy poco común de microesferas de platino, oro, cromo, paladio y hierro, además de cristales de cuarzo licuados mezclados con restos de flora y fauna de la época, carbonizados por altas temperaturas. Las formas y composición de las microesferas eran similares a las encontradas en el epicentro del evento Tunguska.[4] La capa de residuos carbonizados estudiada reflejaba una combustión masiva que, sumada al resto de los sitios estudiados en el mundo (más de cincuenta), se calcula en un 10 por ciento de todos los bosques, selvas, pastizales y matorrales del planeta, así como un porcentaje similar de fauna y de seres humanos.[5] Se supone que, por la extensión del impacto, se debe de tratar de parte de un cometa de por lo menos cien kilómetros cuya cola colisionara parcialmente y cuyos restos aún siguen en órbita.[6]

Andrew Moore no tardó mucho en contactar con Firestone para compartir sus investigaciones de Abu-Hureyra. La evidencia científica acumulada acerca del origen del Dryas Reciente ya no era una hipótesis digna de ciencia ficción, sino la explicación más contundente de la transición de más de tres millones de años de vida como cazadores-recolectores a una vida agrícola sedentaria. Moore sabía que, de estudiar las muestras que había recolectado en Abu-Hureyra, los análisis confirmarían el origen cósmico del Dryas Reciente; además, estas muestras conservaban algo que nunca antes se había podido evaluar: el cambio alimentario que produciría una catástrofe que sumiría al mundo en un invierno «nuclear» de más de ochocientos años. El fuego del choque, la combustión masiva de flora y fauna, el enorme tsunami que provocara, así como la oscuridad total posterior, sin duda deben de haber sido uno de los eventos más terroríficos y mortíferos de la humanidad.

En 2020, el equipo de Moore publicó un artículo sobre los resultados de la misteriosa capa negra (Younger Dryas Boundary-YDB) que encontrara casi cincuenta años antes en Siria.[7] En su laboratorio había almacenado, en un orden milimétrico, las muestras recolectadas de cada capa excavada en la ribera del río Éufrates, donde se encontraba la aldea prehistórica de Abu-Hureyra. Los restos evidenciaban, efectivamente, la presencia de microesferas, residuos carbonizados de animales y plantas que se había derretido formando vidrio. Este, al estar en contacto con estos otros elementos, había formado las más extrañas combinaciones, que como una piedra de ámbar guardara parte de esta evidencia. La temperatura necesaria para producir esta mezcla era superior a 2.200°C, y los metales ahí incrustados solo podían explicarse por el choque de un objeto estelar. La combinación de nanodiamantes, platino e iridio no se podía explicar en una zona que carecía de todos ellos. Los principales trozos del cometa cayeron en Norteamérica, el Atlántico, Groenlandia, Europa sobre su la placa glacial, el Mediterráneo y Oriente

Próximo. Parte del hielo y los meteoritos que arrastraba la cola del cometa se fueron esparciendo incluso por una zona de Asia. Con independencia de los lugares impactados por la explosión, el planeta entero sufrió las consecuencias.

El origen del cambio

Por supuesto las teorías acerca del origen del Dryas Reciente no siempre han coincidido y se han realizado estudios independientes tratando de desacreditar los hallazgos mencionados. Es así como en 2009 Surovell *et al.*[8] repitieron los estudios de Firestone[9] sin que pudieran confirmar la presencia de materiales cósmicos en los sitios previamente analizados, intentando rebatir la teoría. No fue hasta 2012 que LeCompte confirmara los hallazgos del grupo de Firestone, describiendo asimismo todos los errores metodológicos del estudio de Surovell. Hasta la fecha grupos de diferentes universidades del mundo han realizado múltiples estudios por otros, estableciendo el hecho de que un enorme superbólido —posiblemente fragmentos de la cola de un cometa— impactaron de manera violenta un área de más de un tercio del planeta provocando una reducción significativa de la población humana, como se evidencia en los restos antropológicos y arqueológicos de la cultura Clovis. Recientemente se ha descartado el origen volcánico, incendios, tormentas eléctricas o antropogénico.[10]

Si nos basamos en lo hallazgos en Abu-Hureyra para explicar los efectos del impacto, esto fue lo que sucedió: el cometa Enke, de unos cien a doscientos kilómetros de ancho, viajaba hacia nosotros a una velocidad de treinta kilómetros por segundo, es decir, a ciento ocho mil kilómetros por hora.[11] Se cree que el cometa se fue fragmentando a medida que se acercaba a la Tierra, desprendiendo inmensos pedazos que chocaron con el planeta, como quien lanza un balde de piedras sobre un suelo de cristal. Se calcula que el ángulo del impacto fue de unos treinta grados con una trayectoria de oeste a este. Es decir, que primero impactó lo que es hoy Canadá y Estados Unidos, pulverizando la gran placa de hielo laurentino de más de un kilómetro de espesor, para luego extenderse por los océanos Pacífico, Atlántico y Ártico. Afectó a Groenlandia y a la superficie glacial del norte de Europa llegando al Mediterráneo y a Oriente Próximo. Múltiples fragmentos de gran tamaño impactaron Sudamérica, desde Venezuela hasta Chile.

La intensidad del impacto hizo trizas la capa glacial laurentina, que se vació de manera abrupta por los ríos St. Lawrence y Mackenzie hacia el Atlántico norte, bloqueando los flujos templados de la corriente del golfo de México y contribuyendo al enfriamiento del hemisferio norte. Como veíamos, hace doce mil ochocientos años la Tierra venía experimentando un calentamiento paulatino (Bølling-Allerød) y las capas de hielo continentales ya mostraban evidencias de la disminución en su grosor, dejando paso a ríos y valles labrados en las rocas.[12]

El tsunami que causó el impacto en los océanos sumergió todas las costas del mundo, estuarios y golfos. La exuberante vida que seguro florecía cerca de ríos y valles quedó bajo el agua, y fue arrasada con una subida del océano que debe haber sido cincuenta veces más extenso que el tsunami de Indonesia (2004) en el océano Índico. Este tsunami reciente fue causado por un terremoto de magnitud 9,1 dejando un saldo de al menos doscientas mil víctimas mortales.

Como hoy, en aquella época las zonas bajas del planeta, en especial estuarios y valles fluviales, concentraban a la mayoría de las poblaciones. Las fuentes de agua dulce, la caza y la exuberancia vegetal eran las que determinaban la distribución de los sapiens en el mundo. Posiblemente las zonas más altas y menos frondosas eran pobladas por grupos más primitivos y tal vez desplazados. La historia de Noé coincide perfectamente con este evento. Difícil es imaginarse lo que pueden haber sentido y pensado los que sobrevivieron al impacto. Un castigo divino era la única explicación plausible. De súbito les cayó fuego del cielo destruyéndolo todo, inundando la atmósfera con una capa de polvo y hollín que oscureció el planeta, sumiéndolo en el frío, la escasez y el silencio mortal de una naturaleza destrozada y carbonizada. Es difícil imaginar cómo sería no ver el Sol por años, ni escuchar el piar de los pájaros por las mañanas. El planeta, que venía descongelándose paulatinamente y de forma armoniosa, cayó en una abrupta era glacial «nuclear» que lo dejó sin animales, sin vegetación y, por ende, sin alimentos ni abrigo. Las carencias alimentarias dejarían a generaciones con bajísimos niveles de vitamina D, lo que haría palidecer la piel de muchos humanos de la época, y la falta de carne diezmaría las poblaciones de vitamina B prácticamente dejándola sin sus fuentes.

Para sobrevivir, los humanos solo pudieron comer lo que resistió en los márgenes de los incendios y lo que pudo germinar bajo las cenizas, como malezas y pequeños arbustos. Entre aquellos rastrojos que crecían de manera silvestre en las zonas altas de Siria y Turquía (protegidas del tsunami) se encontraba el trigo silvestre. De ser una espiga dura y filosa, poco atractiva a la vista y nunca antes considerada como alimento, el trigo silvestre y otros granos se transformaron en el alimento fundamental de los seres humanos. Los cultivos llegaron mucho más tarde, pasaron siglos hasta que fueron capaces de producir alimento «con el sudor de su frente».

La glaciación que produjo el Dryas Reciente generó un periodo de sequía y frío que duró siglos. Hizo retroceder las áreas vegetales cientos de kilómetros, transformando el creciente fértil en una delgada franja verde en la que ya no era posible sobrevivir cazando o recolectando los abundantes frutos y vegetales que antaño les ofrecían sus ríos. Los seres humanos se enfrentaron a una catástrofe, un trauma que duró siglos y que produjo cambios epigenéticos que modificaron la expresión de los genes. El hambre, el temor y el frío alteraron las relaciones sociales de los grupos que se vieron en la necesidad de competir por las fuentes de alimento entre ellos. Las madres ya no pudieron amamantar a sus hijos, y los ciclos de reproducción se acortaron,[13] lo que con el tiempo generó un gran incremento de la población, pero a un enorme coste; y aún quedaba lo peor.

La evidencia genética en sapiens muestra «un cuello de botella» en el cual la humanidad se redujo a una mínima expresión, quizá a un puñado de tribus que, hace unos diez mil años, comenzaron a repoblar el planeta casi por completo. En ese periodo las razas empiezan a diferenciarse, y se produce una explosión demográfica significativa. Aquellas tribus que sufrieron el impacto del Dryas Reciente en América, Australia y Oceanía y que sobrevivieron, también cambiaron muchas de sus conductas a fin de subsistir; sin embargo, mantuvieron un contacto con su medio. Aquellos que lo desestabilizaron, como los mayas en Centroamérica, terminaron extinguiéndose, como explica Jared Diamond en su libro *Colapso*.

Como describe W. M. Napier en su artículo, los efectos del impacto de un cuerpo celeste, como pudo haber sido el del cometa 2P/ENcke con la tierra hace doce mil ochocientos años son difíciles de imaginar.[14] Nuestro imaginario no sería capaz de tolerarlo, por lo que se transformó en leyendas e historias transmitidas de generación en generación a través de la narración y de los mitos que Carl Gustav Jung definió como «arquetípicos», pues se encuentran en diferentes culturas a través de diferentes épocas, todas apuntando a los mismos relatos.

Napier describe el evento como un huracán de meteoritos que duró varios días y que expulsó polvo hasta cincuenta kilómetros de altura bloqueando por completo la luz solar por al menos dos años. La violencia de los múltiples impactos produjo un fenómeno de combustión masivo sobre una superficie de más de doce mil kilómetros de diámetro, lo que agregó cantidades enormes de dióxido de carbono a una atmósfera ya saturada de ácido sulfúrico, silicatos y polvo que caerían sobre la vegetación restante como lluvia ácida. El efecto calculado es un descenso de 15°C promedio de la temperatura global, sumergiéndonos en una especie de invierno nuclear con efecto de bola de nieve planetario. Como describen William C. Mahaney y Peeter Somelar, solo un impacto de este tipo podría explicar un abrupto cambio del clima que nos sumió en una era glacial de casi mil cuatrocientos años, y que destruyó casi un tercio de la vida del planeta.[15]

Un calendario estelar

Hace más de cincuenta años, cerca de Sanliurfa, en la zona de Anatolia, Turquía, descubrieron una construcción que fue enterrada a propósito milenios atrás por los descendientes de los primeros agricultores del planeta: Göbekli Tepe.

Göbekli Tepe fue construida en varios periodos, sus primeras piedras megalíticas se colocaron hace al menos doce mil años. Estas piedras, que pertenecen a la etapa más antigua del recinto, pueden llegar a los 5,5 metros de altura y pesar más de quince toneladas. Solo se puede explicar la construcción de este centro, al parecer astronómico o ceremonial a finales del Dryas Reciente, si consideramos que previo a este evento climático algunos grupos de seres humanos ya tenían la cultura y los conocimientos de arquitectura e ingeniería necesarios para edificar algo así.

Más sorprendente aún son las imágenes talladas en estas colosales piedras, que posiblemente representan diferentes constelaciones del cielo del hemisferio norte. Martin Sweetman, de la facultad de ingeniería de la Universidad de Edimburgo, logra establecer que los pilares tienen una clara orientación astronómica, y que las figuras talladas en uno de ellos representan un momento preciso en el tiempo astronómico que, al ser cotejado con el software más moderno, indica una fecha próxima al inicio del Dryas Reciente, hace doce mil ochocientos años. Recientemente, el grupo de la Universidad de Edimburgo nuevamente publicó un estudio en el que se relaciona Göbekli Tepe con otros centros astronómicos como Stonehenge y la vecina Karahan Tepe, profundizando en el resto de los tallados de este centro.[16]

En los alrededores de Göbekli Tepe no se encuentran restos de pueblos o asentamientos humanos, nada que ofrezca indicios de agricultura ni ganadería. Lo que indicaría que la cultura, el conocimiento, y quizá la religión, precedieron la agricultura y no a la inversa.[17] Lo que la evidencia arqueológica apunta es que algunos grupos humanos de cazadores-recolectores tenían la capacidad de construir un portento así.

Es posible que durante el periodo previo al Dryas, durante el Bølling-Allerød, ya existiese la costumbre de instalarse en zonas fértiles con acceso a agua dulce y nutrición variada y abundante, como son las desembocaduras de ríos y sus valles de manera estacional o permanente. Es importante entender que ser cazador-recolector no es equivalente a ser incapaz o incivilizado, tanto cuanto vemos que esa forma de vida mantenía la salud y un número poblacional estable y en equilibrio con el medioambiente.

Si bien es cierto que en el mundo moderno hemos aprendido que la jerarquización de la sociedad, generando un escalafón de clases, libera a algunos para el desarrollo de la cultura, de la tecnología y de la ciencia, esto no quiere decir que el avance intelectual no se haya dado entre ellos. Quizá es tiempo de aceptar que ser cazador-recolector es una forma de vida que se ha mantenido hasta hoy, coexistiendo con la del mundo «civilizado», y que puede haber coexistido previamente con otros grupos de sapiens que hayan avanzado en conocimientos científicos y en particular astronómicos. La evidencia nos indica que los tiempos llamados históricos deberían atrasarse varios miles de años antes del establecimiento de los sumerios.

Posiblemente es inadecuado denominar cazadores-recolectores (por la forma en que se alimentaban y vivían) a todos los grupos humanos del Paleolítico, dado que ese término obvia el importante desarrollo que ya venían mostrando, desde milenios atrás, representado en el arte rupestre exquisito, en particular en cavernas europeas (donde quedaron mejor conservados) y en esculturas de animales y figuras femeninas que dominan ese periodo. Es importante dejar la puerta abierta a que el resto de las manifestaciones humanas hayan sido destruidas por el tiempo, por las condiciones ambientales y el ascenso de los océanos. En esa época, antes del Dryas Reciente, estaban al menos ciento veinte metros más abajo de los niveles actuales. Claramente, Göbekli Tepe empuja hacia atrás nuestra historia moderna y nos obliga a repensar quiénes eran los «cazadores-recolectores», y sobre todo a buscar evidencias de lo variopinto del desarrollo que pueden haber logrado. Todo lo que la arqueología ha ido encontrando está, obviamente, en lugares donde la geografía y el clima han permitido su conservación, sin considerar, como ya hemos comentado, que los mejores hábitats para la vida humana de aquel entonces se encontraban en los bordes marinos, deltas de ríos y valles costeros, todo hoy bajo el océano. Es más, asumiendo el impacto del Dryas Reciente, las olas desencadenadas por el huracán de meteoritos pudieron superar fácilmente los cien metros de altura. Bajo el agua se encuentran aún las entradas de cuevas rupestres impactantes como las de Cosquer, en la costa marsellesa de Francia. Dicha gruta tiene su entrada a metros de profundidad en el mar, donde solo buceadores expertos pueden llegar y donde algunos han perdido la vida intentándolo. Una cueva que, a finales del Paleolítico, se situaba por encima del nivel del mar. Con toda seguridad, las piezas que faltan al puzle de nuestra historia se encuentran sumergidas en los fondos marinos.[18]

22

El trauma individual y colectivo

Los eventos desencadenados por el Dryas Reciente, cuyo origen ha dejado de ser hoy un misterio a pesar de los detractores, fueron de una envergadura y extensión apocalípticos para los seres vivientes en océanos y sobre la tierra. Solo un evento de esta categoría nos impulsaría a este abrupto salto evolutivo; hoy no seríamos quienes somos si esto no hubiese ocurrido.

Nuestras enfermedades modernas, físicas y mentales, entre las que incluyo la psicopatía y la violencia, son consecuencia de este súbito cambio ambiental, cambio que trajo una variación al desarrollo cerebral del ser humano que potenció un intelecto individualista, desconfiado, temeroso de su entorno y de sus semejantes, y en el que la violencia, otrora sin sentido y en extremo riesgosa para la especie, se transformaría en vehículo de opresión, sometimiento y expansión territorial. La desconexión del ecosistema que provocara el Dryas Reciente nos fue volviendo lentamente seres irracionales y violentos.

La evolución del universo no se comporta como un juez con su código de lo que es bueno o malo, o de lo que nos conviene o no. La evolución sigue un curso implacable, pero a la vez maravilloso. Los pocos seres humanos que sobrevivieron no fueron seleccionados de manera darwiniana en este proceso, los que estuvieron expuestos al impacto del cometa o ascenso de las aguas de los océanos no tuvieron ninguna oportunidad.

Fue lo que fue, y no se trató de algo personal ni de un castigo divino.

Entender todo esto era un gran alivio para mí. Al observar y recorrer nuestro pasado sentía que estaba reparando mis propios traumas, y poco a poco me daba cuenta de que mis atributos como ser humano no tenían nada que ver con el profundo trastorno mental y conductual del depredador que me había atacado, que, por lo demás, era solo uno más de millones de machos de la especie afectados por un profundo desorden psicopático y antisocial. El poder narcisista y el abuso hacia nuestros semejantes y el planeta forman parte de un problema de mayor envergadura.

El 97 por ciento de la historia humana ha sido sinónimo de colaboración. La empatía, el altruismo y la compasión entre congéneres fueron los principales factores para la supervivencia de la especie, pero las consecuencias de ese gran impacto que azotó el planeta hace más de doce mil años fueron devastadoras. Para los sapiens, se dio una desorganización mental y social sin precedentes en los millones de años de historia de los homínidos.

Es posible que uno de los actores evolutivos menos analizados sea el trauma colectivo. Casi no existe literatura sobre cómo los eventos que he descrito, como terremotos, hambrunas y catástrofes naturales, afectan la evolución, en particular, la humana. Imaginemos a la población del planeta hace doce mil ochocientos años: gozan de un clima cálido, benevolente, con una exuberante naturaleza llena de animales que les provee alimentación, utensilios y abrigo. De pronto experimentan la llegada de enormes bolas de fuego que caen sobre sus cabezas, provocando una incineración masiva e incendios que se extienden por más de doce mil kilómetros cuadrados, cubriendo continentes y generando múltiples tsunamis, bloqueando la luz solar y sumiéndolos en una era glacial casi inmediata. El impacto en los sobrevivientes, que no volverían a ver la luz del Sol, ni la Luna, ni el firmamento durante más de dos años, sumidos en un frío glacial y sin apenas alimento, debió de generar un terror descomunal y permanente, cuyas marcas epigenéticas ya no los abandonarían o, más bien, ya no nos abandonarían.

Otra consecuencia directa del miedo extremo es la inmediata desconfianza, principalmente hacia la naturaleza, que trajo consigo la necesidad de construir un imaginario que permitiera comprender tal carnicería y terror. Un castigo así no era explicable, era necesario justificarlo. No será tan difícil atribuir a un poder divino, venido del cielo, tal catástrofe apocalíptica.

En aquella época de cazadores-recolectores, las muestras de religiosidad y trascendencia aparecen con frecuencia en algunas esculturas y pinturas rupestres. Nuestros antepasados ya tenían desarrolladas creencias y sentimientos religiosos, por lo que es posible que el estupor de dicho evento haya inspirado un relato de ira contra un ser humano cuyo comportamiento fuese el desencadenante último de dicha debacle. Se cerraba así el círculo del miedo y la culpa que nos acompañarán hasta hoy, y que serán los instrumentos fundamentales del sometimiento y estratificación humanas. Sin duda el violento cambio climático exigió una rápida adaptación de los seres vivos para sobrevivir, con un papel fundamental de la epigenética. Sin embargo, el coste psíquico y biológico fue enorme.

El frío glacial desertificó la mayoría de los ecosistemas, la lluvia dio paso a la aridez por más de mil años, acabando con la vegetación y las migraciones animales en gran parte del hemisferio norte. Dejó a cazadores-recolectores a la deriva, tratando de idear nuevas formas de supervivencia. Los grupos de sobrevivientes debieron de vagar aterrorizados en busca de alimento y abrigo habitual sin que pudieran encontrarlos; debieron de verse obligados a recurrir a otras fuentes poco utilizadas hasta entonces, como cereales silvestres y otros productos vegetales. El periodo del Dryas Reciente fue de mil doscientos años, lo que significa que decenas de generaciones humanas estuvieron expuestas a dicho estrés climático, tiempo suficiente para hacer estables cambios epigenéticos que nos transformaron en algo muy distinto a los sapiens originales.

Pos-Dryas y el origen de la enfermedad

Al terminar el periodo de frío glacial del Dryas se producirá un aumento poblacional descontrolado y sin precedentes. La alimentación en gran parte del planeta no será la misma y transformará a los inventores de la agricultura en grupos ávidos de tierras, en invasores despiadados que no conocerán límites para su expansión. Fue un desvío brutal de los procesos biológicos y fisiológicos del cuerpo y del comportamiento de los sapiens, con el ineludible desajuste anatómico que le siguió. Pensemos en un intestino que se había acortado, favoreciendo un sistema digestivo preparado para un tipo de alimentación variada con abundantes proteínas y grasas insaturadas cuyo origen era natural y silvestre, y que de repente empieza a recibir grandes dosis de alimentos nunca antes ingeridos, con predominio de hidratos de carbono.

Todo esto hizo cambiar drásticamente la microbiota humana, que se fue adaptando a nuevas fuentes alimentarias. Esto provocó un desbalance enorme en el sistema inmune, el cual se activó rechazando las nuevas moléculas y generando los primeros desórdenes inflamatorios y autoinmunes. Un ejemplo es la enfermedad celíaca: las personas que la sufren en realidad no están enfermas, sino que son víctimas de un cambio alimentario que, a pesar de tener siete mil años, se considera un proceso brusco y violento en lo que a evolución digestiva se refiere.

Al ingerir una dieta abundante en hidratos de carbono, volvimos a estimular el circuito del ácido úrico, aumentando triglicéridos y provocando el inicio de los desórdenes metabólicos y de la hipertensión arterial. No, no son enfermedades genéticas, son todas provocadas por los cambios en el estilo de vida y la alimentación de los seres humanos. Es más, siempre hemos evaluado los cambios que afectan los órganos viscerales y de la piel de nuestro cuerpo, dejando de lado los que trastornan a nuestro cerebro, determinando los cambios conductuales y la salud mental. Durante años hemos pensado que los problemas psíquicos se deben solo a interacciones emocionales y traumas que ocurren durante la vida del individuo; sin embargo, el cerebro se enferma igual que el corazón de arterioesclerosis, igual que el hígado de fibrosis e infiltración grasa (hígado graso) y suma y sigue. La separación de cuerpo y mente, en la que hemos creído durante siglos, ha provocado un atrasado de cientos de años en el conocimiento de la salud humana. Hoy, gracias a los estudios de nuestra microbiota, hemos ido aprendiendo que todos los trastornos de salud mental, las conductas antisociales, la violencia y el abuso se deben a múltiples factores, pero principalmente al estilo de vida, la nutrición y a la desconexión del ser humano con el ambiente natural.

Es momento de volver al norte de Siria, entre los ríos Tigris y Éufrates, para analizar algunos hallazgos en Abu-Hureyra por el equipo de Moore. En su tercera publicación, de 2023, el equipo analizó muestras de restos de semillas, animales, vegetales y coprolitos (restos de heces), asociadas a las capas excavadas pre y pos-Dryas.[1] Así lograron establecer el tipo de alimentación previa al enfriamiento global del Dryas Reciente, la época de cálido bienestar, y la alimentación del pos-Dryas que daría comienzo a la domesticación de animales y a la era agrícola.

Moore notó primero una diferencia en el grosor de las capas de estos sedimentos. La cantidad de restos de la vida cotidiana, más el polvo ambiental, hacían que se depositase aproximadamente 1,1 centímetros de «tierra» en el suelo de la aldea de manera estable antes del estrato negro del Dryas Reciente, es decir, hace más de doce mil ochocientos años, cuando cambian de manera drástica los componentes de las capas previas por una negra, donde se depositaron restos en los que solo se encuentran cenizas, iridio, platino, nanodiamantes, restos carbonizados y hollín, conformando una capa de casi cinco centímetros. Le sigue luego un nivel de la excavación donde no se encuentran residuos, lo que indica el abandono del asentamiento por varias décadas. Al analizar los niveles más superficiales, se nota la reaparición de restos orgánicos que se hacían más abundantes a medida que se acercaban a las capas más superficiales (nuevas). Esto indica que, a finales del Dryas Reciente, Abu-Hureyra se fue repoblando lentamente, como lo indican la cantidad de restos orgánicos que se fueron acumulando a razón de 0,4 centímetros por año.

Es impresionante que, tras un cataclismo de tales dimensiones, grupos humanos se hayan vuelto a instalar en el mismo poblado. La presencia del río Éufrates, con sus aguas generosas, fue sin duda una de las razones fundamentales. El registro de este grupo de científicos es la muestra más completa que existe en la actualidad de la transición del estilo de vida de cazadores-recolectores a agricultores y pastores. Es un legado crucial para entender la evolución alimentaria que han sufrido algunos grupos de seres humanos en los últimos diez mil años. Estos grupos se fueron expandiendo por el Mediterráneo hacia Europa y modificando el estilo de vida del mundo mediante las conquistas y colonialismos. Fue así como cambió todo tras la inesperada «visita» del cometa. Pero ¿cuáles fueron los principales cambios, según la evidencia arqueológica, paleontológica y arqueo-botánica? Como hemos comentado, durante los dos primeros siglos posteriores al inicio del Dryas Reciente, los seres humanos de aquella zona de Siria se vieron obligados a consumir lo que fue «quedando» a causa de un clima cada vez más seco y agreste. Solo los vegetales más resistentes, como algunos cereales, entre ellos el trigo silvestre, originario de aquella zona, fueron capaces de germinar por periodos. Está claro los habitantes de esas zonas de Siria y Turquía ya tenían algunos conocimientos de selección de semillas, lo que les permitió adoptar de manera progresiva el estilo de vida agrícola. El consecuente tipo de dieta aumentó drásticamente el consumo de hidratos de carbono y gliadinas (proteínas de los cereales, incluido el gluten), del 4 por ciento del total de los alimentos consumidos previamente (cazadores-recolectores-paleolítica) al 45 por ciento actual, disminuyendo notablemente la proporción de proteínas animales y de ácidos grasos tipo omega.

Lo que llamó la atención de los científicos fue el hallazgo de restos de deposiciones caprinas en capas más profundas (antiguas) que por su concentración y ubicación en relación al poblado indicaban algún tipo de corral precursor de la domesticación, lo que habría ocurrido previo al desarrollo de la domesticación de cereales. El frío de la glaciación ya no se podía combatir con el fuego de la leña (escasa), ni con las pieles de animales que ya no migraban por esos corredores o que sencillamente habían dejado de existir, por lo que debieron hacer uso de sus capacidades para hilar la lana de caprinos. Soportar el frío permitiría salir en búsqueda de alimentos. Como ya hemos comentado, es muy posible que la domesticación de animales fuera inicialmente producto de la crisis climática y luego de la alimentaria.

La tecnología lítica también refleja este proceso: las puntas de flechas, abundantes en las capas más profundas de las excavaciones, desaparecen en las superiores, dando paso a nuevos instrumentos domésticos como morteros y utensilios para la molienda de los granos. De forma concomitante, los restos humanos de las capas más superficiales (inicio de la vida agrícola), muestran las primeras deformaciones óseas, derivadas del extenuante trabajo de moler el grano y de enfermedades nunca antes vistas, como caries dentales masivas e infecciones óseas, que reflejan la destrucción de la boca producida por los restos acumulados de estos nuevos alimentos.[2] Los restos dentales reflejaban además la abrasión del polvo de piedra de mortero mezclado con la harina que luego constituiría la pasta alimentaria de adultos y menores. La evidencia de destrucción dental se asociaba a signos infecciosos cuya profundidad invadía los huesos mandibulares, e incluso periorbitarios, que sin duda deben de haber afectado la salud y sobrevida general del grupo.

En los restos de huesos orbitarios de niños encontrados en Abu-Hureyra destacaba la llamada «cribra orbitaria» (cambio anatómico según el cual las cuencas oculares del cráneo se hacen más profundas y de bordes prominentes), signo inequívoco de anemia grave que refleja y confirma que las condiciones de vida y sociales no eran buenas; tanto es así que Abu-Hureyra y otros sitios neolíticos del creciente fértil fueron abandonados hace unos siete mil años. El sistema de vida de los primeros agricultores no era fácil, y se aprecia un fracaso sistemático de la subsistencia en la mayoría de los poblados. Sin duda, fue un largo proceso de ensayo error.

Huesos del resto del cuerpo revelaron que el tamaño promedio de los adultos era menor que el de sus ancestros, y que los restos de los menores de edad mostraban signos evidentes de desnutrición. También se encontraron lesiones vertebrales lumbares de desgaste, propias de la posición de trabajo de molienda y por estar de rodillas en el suelo, además de signos de artritis en los ortejos mayores de los pies (dedo gordo) por la misma posición, en particular en las mujeres. Ya la distribución del trabajo doméstico se va haciendo evidente, afectando principalmente la salud de ellas. Las excavaciones de Abu-Hureyra reflejan una verdadera maldición desde el Dryas Reciente.

En un estudio acerca de otra cultura originaria de Oriente Próximo, la cultura Natufiense, de más de diez mil años de antigüedad, Massoud *et al.* analizaron los esqueletos de habitantes del periodo preagrícola y los compararon con aquellos que en la misma comunidad empezaron a vivir del cultivo de la tierra.[3] En este estudio evaluaron la frecuencia de traumas, daño dental, conformación muscular masculina y femenina, así como los signos indirectos de los procesos y enfermedades inflamatorias, concluyendo que la agricultura trajo consigo un estrés osteoarticular y muscular mucho mayor, generando un daño precoz en huesos y articulaciones, lo que se expresó como artrosis de columna, caderas y rodillas. Las deformaciones descubiertas en otros esqueletos hacían suponer importantes lesiones musculares en brazos y piernas.[4]

Las infecciones

Como mencionábamos, nuestros antepasados empezaron a incorporar en los espacios habitacionales a los animales que domesticaban, así evitaban la fuga y los robos, además de que es posible que les proporcionaran calor en los periodos fríos, particularmente en el largo Dryas Reciente. Este hacinamiento enrareció la calidad del agua, que no contaba con sistemas de drenaje, lo cual, junto a la aglomeración, hizo de caldo de cultivo para las infecciones parasitarias, bacterianas y virales.

La aparición de la ganadería producirá algo inesperado: las zoonosis, que como ya hemos comentado es la transmisión de enfermedades entre los animales y los seres humanos, y viceversa. Serán las zoonóticas las primeras enfermedades infecciosas transmisibles de la historia. Por otro lado, las tan famosas enfermedades virales tampoco estaban presentes antes del Dryas Reciente. No era posible que los virus nos enfermaran, dado que requieren de múltiples reservorios para propagarse, lo que no ocurre en comunidades pequeñas pero sí en grupos poblacionales numerosos. Si a esto le agregamos cambios ambientales, como los generados por la agricultura, tendremos la «tormenta perfecta».

Cabe señalar que hoy casi la mitad de los habitantes del planeta carecen de agua potable o la que tienen disponible está contaminada.[5] Cuando se construyeron las primeras ciudades, y el número de habitantes sobrepasó los cien mil, aparecieron las primeras epidemias virales como el sarampión, la polio o la viruela. La disminución de la cantidad, el tipo y la calidad de alimentos predisponía a estas poblaciones a sucumbir ante estas enfermedades. En la Antigüedad, los seres humanos consumían una variedad de más de cinco mil plantas (distribuidas en los distintos continentes) para disminuir a menos de ciento cincuenta en las zonas agrícolas de la nueva «civilización» y a menos de cuarenta en la actualidad. Todos estos fenómenos pusieron a prueba nuestro sistema inmune innato, provocando los primeros indicios de respuestas inflamatorias que desencadenarían en las primeras enfermedades autoinmunes e inflamatorias.

Una de las infecciones mejor documentada fue la escabiosis (los piojos), para cuyo tratamiento se diseñaron los primeros peines de la historia. Los piojos causaban epidemias de graves consecuencias, pues son parásitos de dos tipos: aquellos que afectan el cuero cabelludo y los que se desplazan sobre la piel. Ambos se alimentan de sangre del huésped y las lesiones que produce el rascado rápidamente se sobreinfectan con bacterias como el estreptococo y estafilococo dorado, causando serias infecciones en la piel que muchas veces terminaban en la muerte, particularmente de los niños. La malaria (hasta el día de hoy genera más muertes en el mundo que cualquier otra enfermedad infecciosa) se originó a causa de los primeros agricultores en África.[6] El parásito *Plasmodium falciparum* que la produce, y que es introducido en nuestra sangre por la picadura de un mosquito del género *Anopheles gambiae,* no habría podido propagarse si no hubiese sido por la tala de las selvas ecuatoriales y las concentraciones humanas de los primeros poblados agrícolas. Otro tipo de infección mortal e invalidante eran las producidas por tenias (lombriz solitaria), que se mantenían en reservorios porcinos y fueron transmitidas a los humanos. Pero quizá una de las enfermedades más temibles es la tuberculosis, que también aparece gracias a las primeras aglomeraciones humanas y posteriormente fue transmitida a los animales, generando un círculo zoonótico mortal. Los estudios genómicos han podido determinar incluso las épocas aproximadas de los primeros brotes de cada enfermedad.[7]

Resulta impresionante pensar que todas las vacunas que hoy necesitamos no serían necesarias si no fuera por las ciudades y la tala de bosques desencadenada por la agricultura. Pero, sin duda, las consecuencias más perjudiciales de este cambio de estilo de vida y de la alimentación de la era agrícola se la lleva la microbiota humana y animal. Como hemos visto, este cambio afectó la estructura fundamental de nuestros sistemas digestivos, inmunitario, neuroendocrino y metabólico, produciendo el cambio evolutivo más violento y dañino que ha experimentado una especie, a excepción de los cataclismos cósmicos o climáticos. Es muy probable que, así como se hacen evidentes las primeras infecciones transmisibles en humanos, también se empezaran a ver los primeros cambios conductuales en ellos. La humanidad no había desarrollado habilidades para vivir y organizarse en grandes grupos, tampoco sabía cómo enfrentarse al aumento de una población que era más débil y enferma. Pero el efecto más dramático se dio en la reproducción y tasa poblacional de los grupos humanos que debieron optar por esta manera de vivir.

23

La expulsión del edén: la revolución agrícola

La falta de lactancia en los primeros mil días del desarrollo infantil y la consecuente desnutrición afecta de manera drástica el periodo más importante del desarrollo humano, en particular del cerebro. La interrupción del proceso de apego y socialización de los infantes asociado al periodo de lactancia genera un cambio radical en la maduración afectiva y social de la corteza prefrontal y el hipotálamo, de manera muy particular en los niños, cuyos receptores de andrógenos cerebrales determinan el efecto de la testosterona en la distribución de neuronas y sus conexiones. Es decir, la testosterona modifica la estructura cerebral en los varones cuyo resultado es una mayor agresividad, un menor apego, disminución de capacidades sociales, hipersexualidad, desconexión con el medio y sus semejantes, y violencia. Este proceso es modulado principalmente por la oxitocina, que reorganiza el cerebro masculino para devolverle las capacidades sociales, solidarias, compasivas y altruistas. En el caso de las mujeres, que no cuentan con receptores de andrógenos (solo se ubican en el cromosoma Y), el efecto de aprendizaje social del apego durante la lactancia no tiene por objeto contrarrestar el efecto de la testosterona.

Si lo vemos desde el punto de evolución biológica, los seres humanos sobrevivimos por el efecto que tuvo lo que podríamos llamar «nido» en el desarrollo de nuestras capacidades sociales, entre las cuales el altruismo desempeñó un papel fundamental. La disminución de oxitocina circulante en el cerebro de los niños, que traería la era agrícola por la reducción del tiempo de lactancia, sería el origen de cambios sociales cruciales. Otro efecto no menor fue, como decíamos, la falta de proteínas animales, lo que alteró los niveles de vitaminas del grupo B cuyo déficit genera las secuelas neurológicas que ya describimos en capítulos precedentes. Por último, la respuesta inmunológica al nuevo tipo de nutrientes y el consiguiente cambio de microbiota sellarán un proceso evolutivo abrupto que generará todos los cambios en el ser humano que se evidencian hoy. Creemos erróneamente que nuestra biología actual es como ha sido siempre, y que nuestra esperanza de vida es mayor dado que estamos mejor alimentados y, a su vez, somos intelectualmente más desarrollados. La evidencia nos indica todo lo contrario.

La agricultura no fue un proceso natural, fue producto de la desesperación, del hambre y la falta de recursos. Antes, los seres humanos solo consumían alimentos silvestres y sus sistemas digestivo e inmune, así como su microbiota, se habían adaptado y modificado durante casi tres millones de años para extraer lo mejor de ellos sin dañarnos. Un breve inciso para reflexionar: ¿qué significan siete mil o diez mil años en comparación con ¡dos o tres millones de años!? Nuestros periodos de «civilización» ni siquiera representan el 0,7 por ciento de ese tiempo. Imaginemos lo que representa el equilibrio logrado en esos millones de años entre nuestro organismo, nuestra microbiota, la alimentación, nuestra inmunidad y nuestro ambiente. Los cultivos fueron una medida desesperada en un mundo caótico, inhóspito, incierto y temible. No quedó otra alternativa que alimentarse de lo que crecía en las condiciones climáticas más extremas. Sin embargo, cuando el invierno glacial dio paso a un clima templado, ya no hubo vuelta atrás. A pesar de que en este nuevo sistema de vida escaseaban los recursos, eran aún más vulnerables a los cambios climáticos, lo que obligaba al sedentarismo, promovía la segregación social y la enfermedad: ya no volverían a ser cazadores- recolectores. Incluso muchos, tras haber fracasado en este nuevo estilo de vida y sufrir las consecuencias, siguieron intentado esta forma de subsistencia.

Ya no sería posible, para aquellos que habían sobrevivido de esta manera, recuperar las habilidades y conocimientos del mundo de cazadores-recolectores. Fue el inicio de la desconexión con la naturaleza, la «expulsión del edén». Es así como, a pesar del hambre y del cambio alimentario, la población humana en esa región del levante empezó a crecer a un ritmo nunca visto. Como mencionábamos, el incremento poblacional es atribuible al cambio de estilo de vida. Ya las madres no criarían a sus hijos como lo habían hecho por más de tres millones de años, incluso desde antes del *Homo erectus*, al interrumpir su lactancia antes de tiempo. El cese de producción de prolactina en el cerebro reactivaría en ellas la fertilidad, permitiendo la ovulación, por lo que se acortó el periodo entre gestaciones. Este fenómeno, al principio inevitable, tampoco tuvo vuelta atrás, ya que el reemplazo prematuro de la leche materna por un tipo de «papilla», o ulpo, preparada con cereales molidos y agua, se transformó en un sustituto fundamental que permitía a las madres liberarse para seguir el día a día en las actividades de subsistencia y la molienda. Sin embargo, lo que parecería una liberación era en realidad esclavitud, pues las condiciones de vida del inicio de la era agrícola y de los primeros poblados se harían en extremo precarias para la mayoría de los habitantes. Cat Bohannon en su libro *Eve*, comenta que algunos siglos después del inicio del proceso agrícola las mujeres que se daban cuenta de cuán fundamental era la lactancia para sus hijos empezaron a apoyarse en otras mujeres de la comunidad, estableciendo la labor de nodrizas. Esta función perduraría por milenios, incluso hasta nuestros días, pero no sería suficiente para restablecer los periodos del desarrollo infantil en pro de una vida social y cooperativa. Al pasar el tiempo, y con el desarrollo de la ganadería, se introducirían la leche y sus derivados, mejorando el aporte nutricional de la población. Pronto la tierra cultivable y de pastoreo se transformaría en el bien más preciado, y por primera vez tendría dueños y herederos.

El aumento progresivo de las poblaciones y el cambio en el «nido humano» producirá un trastorno en el proceso de aprendizaje social de la progenie, en especial de los varones. Ellos se verán gravemente afectados en su comportamiento, y muchos desarrollarán rasgos psicopáticos y agresivos. Muchas de las instancias naturales desarrolladas durante millones de años por la naturaleza para contrarrestar el efecto natural de la testosterona en el hombre se vieron afectadas, principalmente en las poblaciones del creciente fértil, en las que muchos varones ya no verían al prójimo de una manera empática y social sino como alguien a quién someter o asesinar para sobrevivir o adquirir poder. Se cambia la cooperación por la competencia, y tal sería el impacto de esta transformación sociocultural que muchos científicos se referirán a la competencia entre las especies o la sobrevivencia de los más fuertes.

La interrupción del proceso normal de desarrollo cerebral humano, diseñado por millones de años de sabia evolución, cambia el comportamiento masculino adulto, con consecuencias que no se hacen esperar. La pérdida de habilidades sociales, parentales, y de cuidado nos sumirán en tiempos de guerras, violencia, abuso, sometimiento, discriminación y locura.

Ciudades

No fue hasta el año 10000 a.n.e., periodo en que volvió el calor y los deshielos, que aquellos sobrevivientes de la región de Anatolia empezaron a desplazarse hacia el centro sur de Europa. El aprendizaje de los cultivos les dio la independencia para avanzar por los territorios aptos y con acceso a agua.[1] La población de la Europa mediterránea y central había mermado de manera drástica por el Dryas Reciente, pero se repoblaría con los sobrevivientes de Oriente Próximo que avanzaron con su nueva modalidad de vida.[2] Es difícil determinar cuál fue el nivel de intercambio cultural entre poblaciones de Oriente Próximo y Europa, pero la evidencia actual indica que la agricultura y la domesticación de animales de pastoreo se inició en el creciente fértil y luego, por vías aún por conocer, se expandió hacia el resto de Eurasia y Oceanía.

El desarrollo de culturas y de estilo de vida que se daría en el continente americano tiene una evolución propia y se originaría por la migración de grupos a través de Asia antes de los eventos ya descritos. La densidad y aumento del número de habitantes en Oriente Próximo dará origen a las primeras ciudades, entre las que destaca Jericó, que es considerada la primera ciudad del mundo (de once mil a doce mil años de antigüedad). Para la subsistencia de sus habitantes se deberán multiplicar los espacios de cultivo y pastoreo.

Quizá la «enfermedad» más virulenta causada por la aglomeración en las ciudades fue el cambio del equilibrio social que sufrimos los seres humanos. Acostumbrados a grupos pequeños de individuos, no más de cuarenta, unidos entre sí y solidarios, nos vimos enfrentados a cambiar nuestras conductas y nuestra visión de los demás. Si sumamos el descenso de la empatía y de las habilidades sociales de los hombres, dada la disminución del efecto de la oxitocina, que poco a poco fueron apoderándose de los privilegios, ya tenemos los ingredientes de una mezcla explosiva.

Antes de este periodo nos veíamos como pares, nos necesitábamos para sobrevivir. Cooperábamos y el intercambio social entre pequeñas tribus era fundamental para la variabilidad genética, evitando así la endogamia. En otras palabras, las parejas

LA EXPULSIÓN DEL EDÉN: LA REVOLUCIÓN AGRÍCOLA

se buscaban por lo general fuera de las comunidades. Tras el aumento y concentración de las poblaciones se generaron otras dinámicas en las que primó la competencia por la sobrevivencia y el poder. Resumiendo, la historia del *Homo sapiens* en Oriente Próximo y Europa en los últimos cuarenta mil años fue una historia de desastres naturales, impactos estelares, extinciones masivas, trauma y sufrimiento.

Pero el *Homo sapiens*, último descendiente de los homínidos, destacó por su facultades de adaptación e invención, habilidades que le permitieron sobrevivir en las duras condiciones que presentó el planeta. La capacidad de colaboración que aún existía, posiblemente mediada por las mujeres, también evitó su extinción frente a las catástrofes; sin embargo, resistir y adaptarse traería consigo un cambio evolutivo que hasta ahora no sabemos cuándo acabará.

Townsend *et al.* analizan, entre otros, el proceso cognitivo de los homínidos y atribuyen a sus aptitudes para colaborar u comunicarse la formidable cualidad de resiliencia evolutiva y desarrollo intelectual.[3] En la época de cazadores-recolectores no había lugar para egoísmos o narcisismos. Esos rasgos de personalidad no tenían cabida en las sociedades paleolíticas, ya que iban en contra de la sobrevivencia de la especie. Sin embargo, el cambio generado por el Dryas Reciente quebraría un delicado equilibrio en el desarrollo neuroafectivo de los sapiens.

Es notable el hecho de que no existe evidencia de violencia social, agresión o asesinatos en la época previa al impacto estelar. Es más, la prueba de asesinatos masivos, violencia y guerras solo aparece después del inicio de la agricultura. La historia de Caín y Abel que describiría el primer asesinato de la humanidad da cuenta de un horrible crimen entre hermanos, y el profundo mensaje que esto conlleva nos habla de enajenación, insensibilidad, envidia, rabia, egoísmo, de pérdida de noción de realidad, de ausencia de empatía y de un quiebre definitivo en la colaboración humana. La historia de Caín y Abel nos simboliza como nueva humanidad, y describe parte de las motivaciones internas que impulsarán la conducta humana. Este acto brutal y extremo nos ilumina para entender qué fuerzas regirán en el futuro tejido social. Este evento se describe entre varones, lo que me parece preciso, pues fuimos nosotros los que alteraremos nuestras conductas. La violencia y la brutalidad en el mundo de hoy es, en su mayoría, de origen masculino, y eso tiene una explicación evolutiva. Al mundo femenino no le quedó otra opción que adaptarse.

Involución

Desde hace unos diez mil años, el tamaño del cerebro de los seres humanos empezó a mermar, lo que se ha interpretado como un fenómeno adaptativo a una alimentación restringida, con menos proteínas y grasas omegas.[4] Tal reducción, sin duda, conlleva o refleja cambios en su funcionamiento, pues también, como factor asociado, se dio el encogimiento del cuerpo en un promedio de tres centímetros.[5]

Una de las principales consideraciones evolutivas de los homínidos ha sido que el tamaño del cerebro se ha asociado al desarrollo de la inteligencia y a las capacidades cognitivas. Así pues, con toda seguridad hay una relación proporcional entre la capacidad craneal y el desarrollo del *Homo sapiens*. En ese sentido, la pregunta que de inmediato nos asalta es si nuestros antepasados eran más inteligentes que nosotros, y la respuesta parecería obvia, dado los avances de la civilización. Sin embargo, desde el punto de vista evolutivo y del desarrollo de la vida en el planeta, no lo parece tanto. Hoy, como nunca antes, hemos puesto en juego toda clase de vida, incluida, por supuesto, la nuestra. No por casualidad, vemos a empresarios competir en una carrera desquiciada por obtener logros en viajes al espacio y en el deseo colonizar planetas cercanos. Lo inverosímil es que la «terraformación» no se acerca un ápice a la majestuosidad de la selva amazónica o a los bosques de Borneo.

Otra pregunta que también parece obvia respecto a la reducción del tamaño cerebral es si esto trajo cambios conductuales; la respuesta en este caso parece ser afirmativa, dado que es evidente el cambio de conductas sociales que ha tenido el hombre moderno a través de la historia. Solo nos queda analizar cuáles fueron los mecanismos evolutivos involucrados, responsables de alterar la expresión de nuestra genética y epigenética. Hawks concluye que este cambio se debe a un proceso de variación genética por la necesidad de tener un cerebro más eficiente frente a la escasez causada por el aumento poblacional de la era agrícola.[6]

En 2023, tras analizar sociedades de insectos, como la de las hormigas, DeSilva *et al.* notaron que la comunicación y cooperación colectiva reemplaza en parte a la individual.[7] Se cree que el crecimiento poblacional y la tecnología asociada a las comunicaciones (escritura) llevó a que las capacidades asociativas del cerebro humano se hiciesen más eficientes, permitiendo la reducción de su tamaño.[8] Tal vez haya un poco de todo: cambio nutricional, interacción colectiva y tecnología comunicacional. Quizá el efecto más poderoso sea el alimentario, pues se ha visto, a lo largo de la historia, que la capacidad de generar conocimiento ha recaído solo en las clases acomodadas de las jerarquías —muy pocos individuos—, en proporción a aquellos que seguían sumidos en la pobreza extrema. Sin embargo, la teoría alimentaria debe ser explicada, pues el solo hecho de tener alimentos de menos calidad no quiere decir que necesariamente nuestro cuerpo y nuestra mente sean defectuosos. Sin duda la capacidad de adaptación de un sistema biológico lo llevará a buscar el mejor rendimiento de, como metáfora, los bloques con los que cuenta para construir, aunque es posible que requiera cambiar el diseño. Claramente, no tiene que ver solo con proteínas y ácidos grasos, sino más bien con todos los mecanismos inmunes, digestivos y neuroendocrinos reguladores que, como veremos, son definidos por la microbiota humana.

Un nido hecho de espinas

Aparte del desarrollo de las artes rupestres y de las primeras esculturas de hace más de cuarenta mil años, la música siempre sido una fuente de comunicación y sociabilización que, junto con el lenguaje, se ha destacado como la cúspide de las características cognitivas del género *Homo*. La música está asociada a habilidades intelectuales y emocionales que se entienden en el contexto de la cooperación, el juego, el altruismo y la empatía.[9] La producción y ejecución musical requiere de autocontrol y espacios de paz y seguridad, y es un medio relevante para expresar sentimientos espirituales o en la búsqueda de estados de trance. Estas condiciones y competencias son reguladas por una delicada interacción entre la oxitocina y la testosterona. Todas las expresiones de arte requieren un equilibrio entre estas hormonas; curiosamente, a mayor testosterona en hombres, menor es su capacidad artística y creativa; mientras que en las mujeres ocurre lo contrario. Es muy interesante correlacionar esto con los hallazgos genéticos evolutivos, en los que se aprecia una progresiva «poda» de genes que codifican para la producción de andrógenos (hormonas masculinas). Este fenómeno también se ha visto asociado, en la evolución humana, al desarrollo del cerebro.[10]

En aquellas épocas lejanas en las que cazadores-recolectores recorrían la tierra, la crianza de los niños era compartida por los grupos humanos o tribus. La recolección y la caza se hacían en grupo, demostrando capacidades sociales superiores como la tolerancia, la inhibición de la agresión y la disminución de la alerta conductual, todos comportamientos mediados por la preponderancia del efecto de la oxitocina sobre la testosterona. En otras palabras, el ser humano de sexo masculino se hace más «humano» en la medida en que, al desenvolverse socialmente, disminuye el efecto de la testosterona. Sin embargo, los cambios alimentarios de la época posagrícola son capaces de revertir este efecto y generar el incremento de testosterona en el hombre, lo cual hoy se hace evidente, por ejemplo, con el aumento del cáncer de próstata asociado a una variación de la microbiota.

Hoy en día hay suficiente consenso acerca del concepto de apego en el desarrollo de las capacidades sociales de los seres humanos. Por supuesto, estas no son características «injertadas» en los seres humanos modernos, sino que tienen profundas raíces evolutivas; con esto último, también me refiero a genéticas, epigenéticas y fisiológicas. La adquisición de este tipo de rasgos y conductas provienen de la selección evolutiva que tarda miles e incluso millones de años. Las conductas que manifiestan todos los seres vivos se basan en funciones biológicas no «espirituales» ni «mentales», son producto de la interacción entre una serie de sustancias químicas que conforman las estructuras fundamentales de las células y de los sistemas vivos, por lo que pequeñas modificaciones en estos delicados equilibrios pueden generar cambios notables tanto en la expresión física como en los comportamientos. Una analogía útil para entender lo anterior es el clima; así, por ejemplo, pequeñas o sutiles variaciones de presión generarán vientos susceptibles de desencadenar tornados o huracanes. Otra semejanza que podemos establecer es con un radio antiguo, en el que con solo mover un milímetro el dial, dejaremos de oír la información o la música que estábamos escuchando. Pero ¿cuáles eran esos delicados balances entre biología y conductas que permitieron nuestro desarrollo como especie?

En 2023, las investigadoras Mary Tarsha y Darcia Narvaez publicaron un artículo en el que muestran los efectos de la oxitocina en el desempeño social de la especie y sus efectos en el desarrollo cerebral durante la infancia, periodo en el que este tiene la plasticidad necesaria para ser moldeado por las experiencias sociales.[11] En su estudio, las autoras ponen de manifiesto la importancia de la oxitocina en el desarrollo cerebral, en especial de la corteza prefrontal y la región de la amígdala, donde dicha hormona tiene un potente efecto regulador de su función, pudiendo disminuir su daño frente a los efectos del estrés sostenido y los traumas. Las caricias, las sonrisas, el juego y una lactancia adecuada son los más potentes estimulantes para la producción de oxitocina. Por el contrario, los efectos del trauma psíquico, físico, del abandono, de la falta de pecho materno y la nutrición insuficiente o inadecuada, harán que la producción de oxitocina se reduzca, perjudicando el desarrollo neurobiológico, cognitivo, afectivo y social, muchas veces por el resto de la vida. Todo lo que a su vez podría ser heredable epigenéticamente. Revertir estos efectos requiere de la toma de conciencia de las poblaciones acerca de lo que estamos sufriendo y heredando a las futuras generaciones, para prevenir primero y diagnosticar precozmente después, a fin de cambiar el estilo de vida de quienes se ven afectados y generar espacios en los que se sientan seguros.

Es importante recalcar que el cerebro del recién nacido es un cuarto del tamaño del de un adulto y que el proceso crítico de su desarrollo comienza en el momento del parto. Debemos considerar también un periodo particularmente vulnerable, que se prolonga hasta los tres años —los llamados mil días de vida—, durante el cual existe una dependencia casi total del «nido» familiar o grupal. Por lo general vemos estas características como un error de la evolución, como una debilidad de la especie más que un proceso privilegiado y único de descubrimiento e interacción del medio. En el fondo se va a produciendo una suerte de metamorfosis en el cerebro del recién nacido en la que el tiempo es un aliado clave que permite aumentar y optimizar sus capacidades, siempre y cuando se den las condiciones adecuadas.

Hoy sabemos cuáles son las condiciones ideales que permiten el desarrollo óptimo de un individuo autónomo, con buena salud y con capacidades sociales, como la empatía y la compasión, que requerirán, todas ellas, una conexión lúcida y real consigo mismo, reconociéndose parte del mundo, con autoestima y dignidad. Sabemos que el ambiente para el crecimiento armonioso y adecuado de la niña o el niño debe ser seguro, acogedor y fuente de caricias tanto físicas como gestuales. Esta necesidad tampoco es una característica introducida o «injertada» en los seres humanos por alguna fuerza omnipotente, sino que es producto de los millones de años durante los cuales los genes fueron modelando sus expresiones, determinándose las condiciones ideales y estables para la subsistencia y el desarrollo de la especie. Nuestra evolución lleva millones de años y las causas que la han modelado deben ser identificadas, respetadas y fomentadas si queremos revertir la epidemia de enfermedades físicas y mentales que están arrasando con la humanidad. Debemos ser conscientes de que el desarrollo de estas capacidades, actitudes y características también son fruto de la interacción social con la familia extendida o la comunidad.

Otro factor crucial por considerar es el efecto del medioambiente y de los ciclos estacionales y solares sobre los seres vivos. El hecho de haber estado inmersos en la naturaleza durante el 99 por ciento de nuestra existencia como especie no es menos relevante. Si bien hemos demostrado nuestra capacidad de adaptarnos y vivir en espacios reducidos, sin vegetación, en ausencia de radiación solar o en lugares con alta densidad poblacional, no significa que todo eso sea normal para nuestra salud física y mental. Será muy importante entonces diferenciar lo que son capacidades de lo que son necesidades, y aunque es cierto que tenemos competencias suficientes para la adaptación, nos cuesta saber hoy cuáles son nuestras verdaderas necesidades. Por otra parte, densidad poblacional tampoco es equivalente a comunidad o tribu, y sus efectos son diametralmente opuestos en cuanto a salud se refiere. Hoy resulta cada vez más imperiosa la necesidad de organizar la sociedad en torno a acciones que promuevan el bienestar y la salud de sus integrantes. Sin embargo, un factor crítico es que definamos qué es salud y bienestar. Si la salud significa tener acceso a diagnósticos, tratamientos y medicamentos, quiere decir que en algún lugar perdimos el rumbo. Debemos saber que, en el pasado, los seres humanos sí vivimos en un mundo prácticamente sin enfermedades físicas o mentales y que estábamos perfectamente adaptados al ambiente y este a nosotros, pues éramos parte de él.

Uno de los efectos más demoledores del aumento demográfico del inicio de la era agrícola fue el descuido en el crecimiento y desarrollo de los niños, aparejado a la falta o la interrupción de la lactancia por el hambre imperante en las nuevas ciudades estado. Las nuevas labores de subsistencia hicieron que los niños sufrieran negligencia, indiferencia y muchas veces maltrato y trauma. Tanto es así que en el Código de Hammurabi, el primer documento jurídico de la historia, ya aparecen las primeras referencias al castigo por el abuso. El retroceso en las condiciones de vida de embarazadas, niños y niñas provocó un cambio significativo en el exposoma que interactuaría con nuestro desarrollo cognitivo, afectivo y social, afectando de manera profunda la percepción de nosotros mismos. Cambiaríamos la seguridad y la estabilidad de la tribu por la incertidumbre en el apego, en las caricias, en el amor y en el sustento vital. La vida se transformaría en una historia peligrosa y acechante, activándose de manera casi permanente los mecanismos de lucha y huida.

La imitación, un fenómeno crucial en la potenciación entre biología y conducta, se verá gravemente perjudicada, pues ya no habrá códigos sociales comunes, tribales o grupales que permitan aprender, sino respuestas improvisadas ante situaciones, por lo general, de amenaza. Los niños aprenderán que el mundo es peligroso y, por ende, activarán mecanismos básicos de sobrevivencia como la agresión, la violencia y la visión tubular del mundo y del prójimo. El mundo ya no se organizaría en torno a la gestante, la madre o el niño, sino en torno a una mentalidad y economía de subsistencia en la escasez material y afectiva. Todo esto provocó un tremendo cambio en nuestra biología y comportamiento.

24

La violencia

Este capítulo, clave en mi «tesis», me ha hecho meditar sobremanera. He pensado en mi historia y en la de miles de seres humanos que han padecido a manos de sus semejantes encarcelamientos, guerra, maltrato, abuso, violación, esclavitud y una serie de eventos traumáticos que no tiene otra explicación que la enajenación. Con este término no me refiero a la locura, sino al estar «fuera de sí», ajeno a sí mismo, pues no hay otra manera de explicar este fenómeno que el de una especie que no se reconoce a sí misma, en la que los que ostentan el poder ya no tienen empatía; aún más, una sociedad en la cual la falta de empatía te empodera.

Con frecuencia recuerdo las ocasiones en las que intentaba oponer alguna resistencia a mi abusador. La mera oposición lo sacaba de sí y su primera reacción era la indiferencia: sencillamente, yo dejaba de existir no solo para él, sino para el mundo. Ejercía tal poder en mi entorno que se encargaba de que los demás participantes de la «parroquia» me evitaran o directamente me reprendieran con argumentos que apuntaban a la falta de lealtad a Dios y a él mismo: su representante. La presión que ejercían sobre mí era enorme y terminaba quebrándome. Nunca se me ocurrió que algunos de ellos, en especial sacerdotes y obispos, estaban al tanto de lo que me pasaba, ni que otros se sometían con gusto a los «tratos» del sacerdote. Era todo tan aberrante que perdía el sentido de las cosas; me era imposible saber dónde era arriba o abajo, la diferencia entre día y noche, qué era lo bueno o lo malo. Era una educación para la desorientación, con el objeto de desarticular cualquier pensamiento o sentimiento aprendido durante nuestra breve vida con el fin de someternos y pervertir nuestra razón.

La realidad del fenómeno que nos tocó vivir a muchos no se aleja de la de los primeros estados fallidos de la Antigüedad, cuando la vida humana pierde su dignidad y valor intrínseco. Gracias a la perspectiva que da la distancia del tiempo, me doy cuenta de que los abusos y depravaciones a los que muchos fuimos sometidos son solo una variación más de las conductas antisociales propias de haber perdido la empatía y conexión que nos hacía *Homo*. No, no ha sido personal; la especie no podrá evitar estas conductas, en especial la de aquellos que han escalado en la montaña del poder, allí donde los límites del bien y del mal se desdibujan ante los territorios de la ambición y el beneficio personal, donde la exitosa cooperación histórica deja paso a la alienación del egoísmo enfermo, producto de la deformación que genera un desarrollo neurobiológico patológico de infantes y niños en la historia reciente.

La única manera de ejercer violencia contra un prójimo desvalido, indefenso o en una posición de inferioridad es la de no reconocerlo como semejante, de no percibirlo como ser humano. La expresión del comportamiento evolutivo e histórico de las relaciones entre homínidos ha sido exactamente lo contrario: la compasión y el cuidado. No se trata de la teoría del aborigen «bueno», se trata de la evidencia evolutiva y lógica de la presencia de nuestros antepasados como otro componente de nuestro biosistema. Es decir, la evidencia antropológica, arqueológica, genética y fisiológica nos muestra que la evolución de millones de años de nuestra especie se desvía violentamente luego del Dryas Reciente, dañando de manera quizá irreversible un proceso armónico y natural de desarrollo de una especie.

Hoy somos otros, seres en desconexión que ya no necesitan del ambiente que los rodea, pues pueden inventar o transformar el que deseen fuera del planeta. Lamentablemente, somos víctimas y victimarios, no hemos entendido que esto no se ha tratado solo de procesos sociales históricos y de sobrepoblación, sino de cambios biológicos explicables que dan cuenta de la profunda tragedia que estamos viviendo. Muchos psicólogos, biólogos y científicos argumentan los avances de la calidad de vida en el planeta, indicando las pésimas condiciones de vida de la Antigüedad, las guerras y enfermedades. ¡Gigante falacia! La humanidad nunca ha estado más cerca de la extinción y más lejos de la felicidad o del bienestar real. La cooperación, el cuidado, el amor y la armonía con la naturaleza eran los pilares fundamentales evolutivos de nuestra especie. Hoy, cual cuadro cubista, nos vemos desfigurados, incapaces de «ver» a los otros en su dimensión real.

El entorno natural que nos sostiene y del que formamos parte es un bien de consumo para satisfacer nuestras necesidades imaginarias, creadas por aquellos que venden ilusiones, que promulgan la «nueva» alimentación, que reparten medicamentos para curarnos de enfermedades nuevas que dicen no saber de dónde provienen. Ignoran, o no nos dicen, que las ciudades que nos aglutinan generan el 90 por ciento de las infecciones por las que nos vacunan, y que alteran los finos sistemas de orientación ecológica que se han coordinado de manera sutil y exquisita durante millones de años, y que «hablan» con la luz del Sol, las estaciones, los colores de la naturaleza, sus olores, sonidos y vibraciones para mantener nuestros ciclos circadianos, neurohormonales, reproductivos y vitales. ¿A quién se le pudo ocurrir que lo que vivimos y como nos comportamos es normal?

Con esto no pretendo, en lo más mínimo, disminuir la responsabilidad personal del abusador o del que ejerce la violencia, sino más bien llamar la atención acerca de un número de factores que predisponen a millones de personas a desenvolverse de manera antisocial, quienes, al no disponer de un desarrollo neurobiológico adecuado, no tendrán la capacidad de empatizar y conectarse con sus semejantes y el mundo que los rodea. No contamos con los mecanismos para inhibir la rabia, la violencia y la agresión. Los mecanismos reguladores neuroquímicos y hormonales que permiten al resto de las especies mantener un comportamiento en armonía con su ambiente han sido alterados en la especie humana por el trauma, el hambre, el frío y la explosión demográfica que ocurriera hace más de doce mil años.

Entender parcialmente los mecanismos involucrados en este profundo desvío evolutivo nos permitirá afrontar los desafíos a los que hoy nos enfrentamos. El mensaje religioso, que nos otorga supremacía sobre la naturaleza, es una respuesta al terror y la fragilidad experimentados frente a los elementos y el cosmos. Necesitábamos crear un ser superior que pudiese controlar el universo y dirigirnos a él para suplicarle su benevolencia frente a las erráticas fuerzas de la naturaleza. Esta comunicación se desarrolló de diversas formas, conceptos animistas que le otorgaban a todo lo existente un espíritu divino, como obra de dioses caprichosos, hipotéticos seres que controlaban los cielos y el destino de los seres vivos del planeta, que saciaban sus frustraciones (proyecciones del temor humano) gracias a sacrificios y ofrendas que, por lo general, requerían la sangre de animales o de personas «puras». También era necesario crear una tradición oral que recopilase y transmitiera de generación en generación las historias del gran impacto y que, al mismo tiempo, sirviese de código de conducta en un mundo en el cual los patrones sociales naturales se habían debilitado por la interrupción del desarrollo neurobiológico, genético y afectivo de los niños del Holoceno que comenzaba.

Más que una revolución agrícola, este periodo me parece una especie de accidente evolutivo. Este proceso no fue parejo entre los habitantes del planeta, sino una consecuencia del ingenio y la búsqueda de mecanismos de supervivencia de un grupo reducido de humanos que vivieron en el creciente fértil, en particular en Anatolia. La enorme plasticidad del cerebro humano y su asombrosa capacidad de adaptación fueron determinando, con base en mecanismos de ensayo y error, las primeras organizaciones que lograron tener éxito hace ya más de cinco mil años.

Tribus alejadas o aisladas geográficamente mantuvieron un sistema basado en un estilo de vida de cazadores-recolectores, y algunas son hoy objeto de estudio y de asimilación a la sociedad moderna, como lo fueron en la antigüedad grupos sometidos mediante invasiones o colonialismo. Una de las principales características de aquellas tribus era el mínimo impacto en el medioambiente. Impopular será hoy considerar que son un ejemplo de coexistencia humana; sin embargo, a la luz de las sombrías predicciones acerca del clima y del futuro del planeta y de sus habitantes, no sería aventurado analizar sus sociedades de una manera más humilde e intentar salvaguardar sus hábitos y costumbres.

Neurobiología de la violencia

La agresión, a pesar de ser metabólicamente costosa, riesgosa y a veces mortal para las especies, se ha hecho cada vez más presente entre los seres humanos.[1] Es la corteza prefrontal de nuestro cerebro la que la regula y la inhibe, en pos de la sociabilidad y las características evolutivas de nuestras conductas ancestrales. Muchos son los efectos que producen las secuelas de trauma en la corteza prefrontal del cerebro y los más importantes son la agresividad, la falta de interés social, el descuido de sí mismo y del entorno. Es la corteza prefrontal la que se desarrolla gracias al efecto de la oxitocina y la vasopresina durante los primero tres años de vida, y necesita de ellas para que se consolide en la etapa prepuberal. Es esta zona del cerebro una de las más afectadas por el cortisol y la adrenalina liberados por el estrés y el trauma. Su interacción con las neuronas productoras de serotonina permitirá al adolescente y al adulto regular su estado emocional y establecer vínculos afectivos sólidos y «nutritivos». Sabemos que los efectos del trauma psicológico crónico o agudo de gran intensidad provocan una alteración de los mecanismos inhibitorios de la conducta humana, favoreciendo la agresión, la hipersexualidad, las conductas riesgosas y la incapacidad de tomar decisiones conforme al beneficio grupal o social. Todos estos procesos se han visto afectados en el desarrollo humano tras el inicio de los «tiempos modernos» La clara disminución de los flujos de oxitocina durante los primeros mil días del desarrollo, así como los marcados cambios en la alimentación y en el entorno afectivo durante esta etapa, han determinado el empobrecimiento en la multiplicación neuronal y sus conexiones, lo que incluso, como ya vimos, ha llevado a una disminución paulatina del tamaño del cerebro de los seres humanos.[2] Estas alteraciones se ven potenciadas por el cambio de la microbiota que ocurre tras la introducción de los cereales en la dieta en reemplazo de las proteínas y grasas animales.

Para entender el alcance de este cambio se hace fundamental transformar las visiones evolutivas tradicionales. El gran error de la teoría actual es no considerar el impacto de la nutrición, el apego y el trauma en el desarrollo de los niños, ya que son ellos los que llevan en su cuerpo las marcas de estas transformaciones violentas de la evolución humana, escribiéndolas en sus genes y transmitiéndoselas a su posterior descendencia. Los cambios conductuales que la modernidad nos trajo también serán imitados y aprendidos, reforzando patrones de conducta en los que la agresividad, el individualismo y la violencia se irán grabando en la cultura para originar y justificar guerras y todo tipo de injusticias. La violencia se irá circunscribiendo a otros patrones éticos y culturales, e incluso se justificará según la «ocasión». Hoy, la imitación de las conductas en el crecimiento de niñas y niños se ve reflejada en agresiones de tipo comunitario, como el acoso.[3]

La violencia ha representado una característica evolutiva de las especies; sin embargo, en los homínidos pasó de ser un mecanismo principalmente defensivo frente a los grandes felinos y depredadores del Pleistoceno (antes del Dryas Reciente) a un proceso grupal de cacería para la subsistencia. Mucho se ha hablado de la violencia intergrupal o entre diversos homínidos como neandertales y sapiens; no obstante, la evidencia antropológica y forense es escasa, sin que esas aseveraciones se puedan confirmar o descartar,[4] lo que sí puede decirse es que, si existieron, fueron esporádicas y serían mínimas en relación con la abundante evidencia de intercambios culturales, cooperación, interacción sexual y descendencia. Muy probablemente prevalecieron la colaboración o las maniobras para evitar otros grupos. Los estudios de violencia en grupos de chimpancés y bonobos son útiles, aunque hay que tener en cuenta que sus linajes se separaron del homínido muchos millones de años atrás y que su ecosistema y características físicas se mantuvieron constante en el tiempo. El *Australopithecus*, más próximo a ellos, ya mostraba rasgos sociales muy diferentes, por lo que no podemos inferir comportamientos posteriores basados en los estudios animales, aunque sí hacer comparaciones evolutivas del comportamiento y sociabilidad.

Entre los restos de neandertales, a pesar de los numerosos signos de lesiones y fracturas, en la mayoría de ellos se ven signos de cicatrización y curación, por lo que no pueden atribuirse a la causa de muerte. Estos hallazgos refuerzan la idea de que poseían conocimientos de medicina y cuidaban a sus enfermos, rasgos inequívocos de cooperación, cuidado y compasión.[5] Los *Homo* presentaban muchas más lesiones que nuestros parientes primates y requerían de mayor cuidado para la subsistencia tanto de infantes como de adultos. En la mayoría de los restos de neandertales se aprecian lesiones, lo que habla de cuán difícil era la supervivencia en las tierras gélidas europeas. En definitiva, no habrían podido sobrevivir sin la ayuda de sus pares. Solo con la llegada de los humanos anatómicamente modernos, hace unos diez mil años, empiezan a aparecer lesiones en los restos óseos atribuibles a la acción directa de otros sapiens. Aunque aisladas, las muestras no siempre representan homicidios o agresiones directas, pues es difícil determinar si se debieron a accidentes o a manipulación *post mortem*.

Durante el periodo pos-Dryas empiezan a aparecer lo que podríamos llamar fosas comunes, en las que un porcentaje considerable de esqueletos presentan signos de trauma posiblemente provocado. Al parecer, en Europa no hubo violencia intraespecie hasta la llegada del hombre moderno. En este sentido, Nam C. Kim y Marc Kissel atribuyen estos cambios del comportamiento del hombre moderno a un proceso evolutivo en el desarrollo cerebral, planteando un cambio desde la era agrícola.[6] No es fácil entender la violencia intergrupal donde era necesario justificar, convencer, persuadir, arriesgar y quizá apelar a motivaciones religiosas. Es poco probable que estas conductas hayan surgido en tribus de menos de cuarenta personas, que era lo propio entre los cazadores-recolectores del Pleistoceno, periodo en el que, más que evidencias de conflictos y violencia intergrupo o interespecie, se aprecia un intercambio de conocimientos y cultura. Más que eso, como ya comentamos, en nuestro ADN se evidencia la presencia de genes tanto neandertales como de denisovanos, lo que habla más de sexo que de guerras.

¿Qué nos ocurre? ¿Por qué es tan marcado y súbito el cambio en nuestro comportamiento, tanto que un investigador ruso nos bautiza no ya como *Homo sapiens* sino como *Homo bellicosus*?[7] Al inicio de los años ochenta, Stephen Schoenthaler publicó un artículo seminal en el que evalúa el efecto de la alimentación en la violencia de poblaciones carcelarias de Estados Unidos.[8] Su estudio pionero analizó la conducta de más de cinco mil jóvenes detenidos en nueve centros carcelarios a quienes se les proporcionó una dieta baja en azúcares con suplementos a base de vitaminas y minerales. Durante dos años se midieron los índices de violencia y delitos dentro de las instituciones, notándose una variación del 54 por ciento inicial a solo un 21 por ciento al final del estudio. Durante los años noventa, el mismo investigador evaluó el efecto del azúcar y sus derivados en jóvenes detenidos por conductas antisociales en otra población penal.[9] En esta ocasión, comparó dos grupos: uno con libertad de consumo de azúcar y otro con su restricción en comidas y bebidas. De nuevo encontró diferencias significativas en la frecuencia y gravedad de agresiones o faltas reglamentarias a favor de quienes no consumían azúcares. A comienzos de 2000 publicó otro estudio prospectivo, aleatorio y doble ciego, en el que evaluó durante tres meses el rendimiento académico de estudiantes de enseñanza básica a quienes se les suministraba una dieta enriquecida con vitaminas y minerales, comparándolos con un grupo cuya dieta era la habitual. Demostró una diferencia significativa entre el rendimiento de los primeros frente a los segundos, y no solo eso, al someter a ambos grupos a pruebas que medían el coeficiente intelectual, aquellos que recibieron una dieta rica en vitaminas y minerales resolvieron mejor los problemas presentados. Estos resultados lo hicieron volver a evaluar, esta vez, a niños con dificultades disciplinarias, encontrando diferencias significativas en reducción de faltas y agresiones a favor de los suplementados.[10]

En línea con lo anterior, en una carta de 2023 al editor de la revista *Health and Justice*, Clair Woods-Brown, Kate Hunt y Hellen Sweeting comentan la urgencia de llevar a cabo una revisión de la dieta suministrada a los detenidos en relación con los efectos sobre su salud mental, resaltando además el ahorro económico que representaría para el país la reducción de la agresividad y la criminalidad en los centros de detención estadounidenses.[11] Las autoras ponen énfasis en el aumento del daño que estarían produciendo los alimentos procesados y ultraprocesados con respecto a los que hace cuarenta años ya producían el azúcar y sus derivados. Los alimentos procesados son aquellos que están formados por azúcares altamente refinados, aceites industriales, sodio, emulsionantes, saborizantes, colorantes, restos de carnes procesadas y aditivos sintéticos. Es muy importante notar que los niños son mucho más sensibles a estos productos, pues tienen una inmunidad menos desarrollada y las dosis son proporcionalmente mucho mayores para ellos.[12] En su mayoría, estos alimentos son pobres en nutrientes, bajos en fibra y muy altos en calorías, con un potencial inflamatorio elevado, pues nuestro sistema inmune digestivo no los reconoce como un alimento natural.

Al respecto, en artículo de 2023, Alan C. Logan y el profesor Shoenthaler hacen una revisión de los efectos adictivos y dañinos para la salud de gran parte de los alimentos que hoy están a disposición de la población en almacenes y supermercados.[13] Las últimas investigaciones asocian los alimentos procesados a depresión y ansiedad, así como a conductas antisociales y agresivas.[14] Tienen un alto potencial adictivo y hoy se consideran como un factor determinante en la alta criminalidad que afecta a las ciudades y centros docentes de todo el mundo.[15]

Por otro lado, se ha visto que el aumento del consumo de ácidos grasos omega-3 reduce las conductas agresivas, el daño autoprovocado y otros trastornos conductuales en individuos con historial de trastornos neuropsiquiátricos.[16] Lo más dramático es que Wolreich *et al.*, a partir de un estudio financiado en 1994 por la industria alimentaria y llevado a cabo durante tres semanas con una muestra de veinticinco estudiantes de preescolar y veintitrés de educación escolar, encontraron que el azúcar y el aspartamo no producían efectos nocivos en la salud.[17] Este estudio se ha referido más de quinientas veces, en publicaciones apoyadas por la industria de los alimentos procesados, y es el único con estas conclusiones, frente a varios miles que demuestran todo lo contrario, realizados en miles de niños y durante años de seguimiento. Hoy se ha demostrado que el uso de endulzantes, que no tendrían calorías, afectan la microbiota y generan trastornos en el umbral del dolor.[18] Los colorantes se han asociado recientemente al trastorno por déficit de atención con hiperactividad en niños.[19] Es importante no olvidar que los principales «devoradores» de azúcares en nuestro sistema digestivo son los hongos, que los transforman principalmente en alcohol, lo que sería uno de los mecanismos que explicaría la pandemia de enfermedades hepáticas, como el hígado graso y la esteatohepatitis, que hoy azotan al mundo. Esta causa es la primera en las listas de espera de trasplantes de hígado, y es la primera causa de cirrosis, superando al alcoholismo.

Al mismo tiempo, los avances en los estudios de microbiota han ido demostrando su relación con las alteraciones conductuales, en especial la agresividad y la violencia. En 2023, María Tcherni-Buzzeo, tras una revisión del efecto de la nutrición sobre la microbiota y el comportamiento humano, concluyó que ya no existe duda de su relación y de la importancia de implementar políticas de intervención nutricional, en especial durante el embarazo, la infancia y el periodo escolar, indicando que de esta manera se podría incidir en el descenso de las tasas de criminalidad entre la población.[20] Finalmente, diferentes estudios hacen énfasis en el uso de probióticos durante la infancia con el objetivo de atenuar los efectos nocivos de la mala alimentación a la que los niños estarán expuestos en la adolescencia y edad adulta. Así, por ejemplo, en una revisión de 2017, Gato *et al.* identifican la microbiota como elemento fundamental en las conductas antisociales y agresivas en un gran abanico de especies, incluido el ser humano.[21]

Cabe mencionar que todos estos estudios, aunque no lo destaquen lo suficiente, se enfocan en el comportamiento delictivo de poblaciones masculinas, pues el de la femenina difiere sustancialmente y, en general, la criminalidad asociada a ellas normalmente no está determinada por iniciativa propia, sino relacionada con la criminalidad masculina.

Como vemos, son muchos los factores que afectan la conducta humana, pero todos terminan en el desbalance de la relación de la testosterona y la oxitocina, los daños traumáticos y las modificaciones producidas en la microbiota, en especial por la alimentación. El principal afectado es el macho de la especie, que involuciona a una faceta más primitiva (grandes simios) en la que se han perdido más de cinco millones de años de desarrollo del sistema oxitocínico tras una catástrofe natural y en el que se aprecia un deterioro en la alimentación y en el desarrollo afectivo, así como la aparición de rasgos y conductas antisociales. La mujer, por el contrario, ha sufrido este efecto en carne propia, y dado que sus hormonas se han visto afectadas en menor medida y sus niveles de testosterona son menores, sus cambios conductuales son ínfimos comparados con los masculinos. Con todo, la mujer también ha visto afectada su salud mental y un desbalance de la testosterona que circula por su sangre; a pesar de esto, dado su biología estrogénica y a que posee menos receptores androgénicos en su organismo, sus cambios conductuales se asocian más a trastornos del estado de ánimo como la depresión y a enfermedades autoinmunes.

En los capítulos precedentes he argumentado una hipótesis, basada en la evidencia actual, en la que describo cómo el mal en el mundo es un subproducto de una catástrofe ambiental y alimentaria que afectó el delicado tejido social de más de cinco millones de años de evolución. Esta trama se rompió por el lado más frágil, el de los niños, en especial los varones. Los infantes se desarrollaban «humanamente» gracias a un proceso de interacción sutil entre sus sistemas hormonales y las conductas maternas, que por años les enseñaron el amor y el cuidado de sus semejantes y del medio que los contenía. Este cambio brusco de la evolución humana afectó particularmente a los machos de la especie, alterando su maduración neurológica y conductual en su percepción del medio y de sus semejantes. Por supuesto, no afectó a todos por igual, pero aquellos que desarrollaron conductas antisociales e indiferentes (para no decir psicóticas) asumieron liderazgos de poder tomados por medio de la violencia que ya no les era ajena.

La disminución del tiempo de lactancia y del cuidado durante la infancia afectó también la percepción y el vínculo que tenían con las madres, provocando una frustración instintiva y profunda que redundó en una deuda afectiva y de desarrollo neurobiológico, alejándolos, resentidos, del género femenino, el cual quedaría con una deuda histórica y evolutiva que hasta hoy pagan bajo las barbaridades que sufren a manos de hombres que a su vez fueron hijos de una madre. Un complejo de Edipo neurobiológico. Como he dicho, esto no es una regla, no ha afectado a todos por igual, sino en su mayoría a los hombres, pero basta con un Stalin o un Hitler cuyas infancias fueron un horror para crear monstruos que han dañado profundamente a la humanidad.

Este fenómeno se dio en especial en los grupos humanos que desarrollaron el creciente fértil y que poblaron el resto de Europa y parte de Asia. Grupos en los que la violencia y la guerra fue parte de las reglas del juego y cuyo expansionismo y violencia «psicótica» no tuvo parangón en los millones de años previos. Son los descendientes de estos primeros habitantes, los más dañados con el proceso que he descrito en este libro, los que se transformarían en «conquistadores» y someterían al resto de los pueblos del planeta que aún mantenían cierto equilibrio con las formas de antaño, y cuyo respeto por la naturaleza les permitió mantener zonas verdes exuberantes que ya casi no existían en Europa, producto de la agricultura y ganadería. El Holoceno es la historia de cómo algunos machos de nuestra especie, en una zona determinada del planeta, se desajustan de la evolución normal y pasan de ser cuidadores sociables a ser competidores agresivos e indiscriminados, conquistando gran parte del planeta, transfiriendo su cultura, alimentación y reglas masculinas.

Si seguimos viviendo en un mundo dual donde alma y espíritu van cada cual por su camino, no seremos capaces de entender el impacto que el exposoma, en especial la alimentación y sus sistemas de producción, tiene en todos nosotros. El comportamiento y la conducta son un subproducto de nuestro desarrollo integral, donde el componente biológico es la base en la que se sustenta nuestra experiencia del mundo que nos rodea y de cómo reaccionamos a él. Siempre se ha asociado la violencia a un fenómeno sociocultural propio de la era agrícola; sin embargo, emerge como una respuesta a múltiples factores ambientales, entre los cuales las modificaciones del delicado equilibrio entre el desarrollo en la infancia, la nutrición, la microbiota y el sistema digestivo y neurovegetativo alteran el comportamiento que definió nuestra evolución como *Homo*.

25

Los machos

En lo que todos los investigadores coinciden es que la guerra y la violencia son un subproducto reciente de la vida del ser humano. Todos estamos de acuerdo en que la humanidad sufre hoy de enfermedades nunca antes vistas y que el ecosistema ha sido grave y artificialmente dañado. También está claro que la mayoría de estos fenómenos se originan en el hombre. No es un problema atribuible a la mujer. Seguir metiendo en el mismo saco a mujeres y hombres ya no resiste análisis; no podemos seguir contemplando lo que nos ha pasado como especie incluyendo en esta definición a lo femenino. En este análisis debemos ser lúcidos, sinceros y sin sesgos. Debemos evaluar lo que nos ha pasado de una manera «científica» y aceptar los números. Por ejemplo, en el caso del abuso sexual, los hombres son los perpetradores más del 90 por ciento de las veces. La pedofilia es también una patología principalmente masculina. La guerra ha sido un invento masculino, y más del 90 por ciento de los crímenes de la humanidad han sido y son cometidos por hombres. Lo que aquí propongo es un análisis para intentar explicar las causas evolutivas que explican esto. No se trata solo de un efecto biológico, sino de entender el desarrollo humano como un todo en el que cuerpo y mente son uno, y que lo que los afecta, altera a ambos por igual.

El desarrollo evolutivo de los machos de nuestra especie tuvo una construcción biológica y conductual de más de cinco millones de años. Estuvo orientado a la supervivencia y tomó un rumbo cooperativo y, siguiendo la opinión de Darcia Narvaez en *The evolved nest*, descubrió que el cuidado, el afecto y el amor eran las fuerzas más poderosas de nuestra existencia.[1] Es la misma evolución la que fue modelando nuestras conductas y nuestros genes, incluso desactivando los circuitos genéticos androgénicos; sin embargo, y a pesar de ello, la dependencia por parte del hombre de la nutrición y de un ecosistema en balance ha sido más poderosa. Desconocíamos la potencia que ejercían pequeñas bacterias en nuestra vida y subestimamos la importancia de la imitación y el apego de los niños a sus madres. Nunca imaginamos que una caricia o la succión del pezón materno sería clave en el desarrollo de nuestro cerebro.

Sin embargo, en la actualidad vemos que la dominancia masculina sigue siendo una constante en muchas áreas de la sociedad. En la política, los negocios, los deportes e incluso en el ámbito doméstico, los hombres continúan teniendo un papel predominante. Esto puede ser atribuido a una larga historia de evolución que ha moldeado la conducta y las interacciones sociales de los seres humanos.

Es importante reconocer que la masculinidad tóxica, que promueve la agresividad, la dominación y la violencia, no es un rasgo innato de los hombres, sino más bien una construcción social que ha sido reforzada a lo largo del tiempo. La presión para ser fuerte, dominante y competitivo puede ser abrumadora para muchos hombres, y esto puede llevar a comportamientos perjudiciales tanto para ellos mismos como para los demás.

El reto actual es desafiar y desmantelar estas estructuras de poder que perpetúan la dominancia masculina y trabajar en pro de una sociedad más equitativa y justa para todos. Esto implica un cambio profundo en la forma en que educamos a nuestros hijos, en cómo se representan los roles de género en los medios de comunicación y en la forma en que se abordan las cuestiones de género en las políticas públicas.

En última instancia, debemos reconocer que la evolución de la humanidad ha sido compleja y multifacética, y que la violencia y la dominación no son el único camino posible. Al comprender mejor nuestras raíces evolutivas y desafiar las normas sociales dañinas, podemos avanzar hacia una sociedad más empática, equitativa y sostenible para todos.

26

La mujer y los niños

Los efectos del impacto del cometa en la región de Anatolia y en la mayoría de las zonas habitables de Europa fueron devastadores para las mujeres sobrevivientes. La ausencia de sol, alimentos, vegetación y agua limpia alteró su ciclo reproductivo y les impidió criar a sus hijos de manera adecuada. En esas condiciones, la mortalidad periparto y maternoinfantil se disparó tanto que para aquellos pequeños grupos de cazadores-recolectores significó un descenso dramático del número de individuos e incluso la extinción.[1] La imposibilidad de generar leche para amamantar a los bebés por la falta de fuentes de proteínas, la grave desnutrición y la falta de vitamina D por la ausencia de radiación solar con el tiempo produjeron un efecto paradojal. Al pasar los siglos y buscar fuentes alternativas de alimentación, como los cereales silvestres, cambió el balance histórico de millones de años, reduciendo el porcentaje de proteínas y aumentando el de los hidratos de carbono procedentes de los granos. No mejoró el acceso a la materia prima para producir la leche humana, lo que acortó los ciclos de fertilidad natural, que eran de tres a cuatro años, en muchos casos a meses. En combinación con otros factores demográficos y sociales, se produjo un ascenso persistente de la población; sin embargo, no ya en las condiciones en las que los seres humanos habían evolucionado durante millones de años. Ahora se enfrentaban a un nuevo desafío: sobrevivir.

La consecuencia inmediata fue un aumento dramático de la mortalidad infantojuvenil, que se mantuvo hasta hace menos de dos siglos.[2] Un tercio de los nacidos vivos no sobrepasaba el año de edad, y menos de la mitad de la población llegaba a superar los quince. La interrupción del periodo natural de lactancia y apego alteró el desarrollo cerebral de niñas y niños y modificó su desempeño social. Niños agresivos y desconectados; niñas asustadas, frágiles y temerosas. La premisa ya no era educar en el amor y la cooperación sino luchar desde pequeños por ver un día más. Aunque parezca impensable, junto con las infecciones digestivas y respiratorias, los traumas y el infanticidio, en especial de las niñas, eran las causas más frecuentes de mortalidad. Sin duda la desnutrición, los ambientes insalubres y la anemia determinaban la predisposición a todo tipo de infecciones, que, como decíamos, eran raras antes.[3] Así pues, la sobrevivencia de la especie ya no dependía de la solidaridad y el cuidado sino de la capacidad de resistir los nuevos flagelos.

Las mejoras en el higiene implementadas en el siglo XIX tuvieron un impacto inmediato en la mortalidad durante el parto y en la de las niñas y los niños. A partir de ese momento se disparó el crecimiento poblacional que durante varios miles de años se reguló por la muerte de madres, niños y adolescentes. Es este el tipo de violencia a la que la humanidad se había acostumbrado.

En el caso de las mujeres, la disminución de proteínas en la dieta afectó la síntesis de tejido muscular, pues ellas no tenían los niveles de testosterona masculinos ni los receptores androgénicos que se activaran por su presencia en la sangre circulante, lo que las dejaba más expuestas y débiles frente al ambiente, en particular frente a los hombres.

Estos, que antaño crecían orientados al cuidado y la cooperación, dejaron de estar conectados a sí mismos y en especial a sus prójimos, creciendo en una lucha por sobrevivir, cayendo en una especie de psicosis que los hizo crear un mundo de competencia en el que someterían a los más débiles para su uso y beneficio. La mujer ya no estaba en condiciones de mostrar oposición.

Uno de los primeros documentos jurídicos que se conservan de la Antigüedad, el Código de Hammurabi, escrito hace cuatro mil años, en su artículo 154 indica que si un hombre abusa de su hija este debe ser exiliado, estableciendo una ley para regular una conducta ya frecuente y profundamente dañina para la sociedad durante esa época. Sin embargo, este código y el de Ur-Nammu, que le precedió en al menos trescientos años, establecen claramente un mundo cuyos regentes eran los hombres que tenían que regular conductas masculinas, dada su agresividad y violencia, con la mujer como un objeto de intercambio y de severos castigos si cometía algún acto que afectara a cualquier hombre. Un hombre que dañara a una mujer física o moralmente no era castigado, salvo que dañara los intereses de otro hombre al cual debía compensar.

Queda claro que la vida en las ciudades fue requiriendo códigos de comportamiento para regular la convivencia. Nuevas necesidades, nuevas normas y castigos. Empieza así a quedar en evidencia la violencia, la guerra, la esclavitud y la discriminación hacia la mujer. La mayoría de las reglas hablan de herencias, dinero, tierras, esclavos, delitos y transgresiones sexuales. Tanto niños como mujeres solo representaban un interés económico y definitivamente se transformaron en una casta inferior a la de los hombres. Que estas leyes se hayan dictado hace casi cinco mil años indica que este comportamiento ya se prolongaba hacia atrás en el tiempo, y que los cambios de conducta masculinos se dieron de forma abrupta y en un tiempo récord considerando los lapsos evolutivos naturales. El hombre cambió de súbito.

Epílogo

Llego al final de este libro satisfecho y con muchas respuestas. La tranquilidad de haber recorrido este camino intenso, a veces duro, pero lleno de luz y descubrimientos, como un explorador que traza en un mapa las coordenadas para avanzar paso a paso por terrenos desconocidos, desentrañando las bases del conocimiento que nos hace libres y soberanos, es el único camino posible en un futuro incierto. Es un intento de entender quiénes somos y dónde cambiamos de dirección, de pensar posibles caminos de acción que le devuelvan a la humanidad el sentido de existencia y de pertenencia al cosmos.

El futuro del mundo y de la evolución de la especie está en el binomio madre-hijo/a, a los que debemos volver a mirar con detenimiento, amor y cuidado. Ellos deben ser el principal foco de inversión social y económica de todas nuestras sociedades.

Los eventos adversos sufridos durante la infancia y la adolescencia en el seno del hogar, en la comunidad, por parte de pares o instituciones se originan en la desregulación afectiva y en relaciones interpersonales tóxicas, causadas principalmente por la ausencia biológica de empatía, solidaridad y cooperación del macho.

La bifurcación de caminos a la que se enfrentó la humanidad desde el cataclismo del Dryas Reciente alteró el desarrollo de la especie; perdimos en gran parte nuestras habilidades sociales y nos desconectamos paulatinamente de nuestro medio. Por ese motivo es de suma importancia entender que esta desconexión tiene un componente biológico basado principalmente en el cambio alimentario forzado por mitos religiosos, una nueva sociedad y una cultura que surgen de la era agrícola.

Nos enfrentamos a un gran dilema: no podemos mantener las conductas alimentarias actuales y necesitamos desarrollar mecanismos que nos hagan recuperar la naturaleza y a sus seres vivos, sin por ello dejar de alimentar a la población de *Homo* más grande de la historia. Debemos realizar una ingeniería alimenticia inversa y cuidar de todos los débiles y enfermos, pues de su salud va a depender la nuestra y la del planeta. Es necesario cambiar la concepción de la vida en las grandes urbes, considerando el bienestar de mujeres, niñas y niños basado en un diseño al servicio del ser humano y su entorno. No se podrán combatir las infecciones virales, la resistencia a los antibióticos ni las nuevas epidemias si seguimos viviendo hacinados, pues tarde o temprano y por sorpresa superarán nuestra capacidad de reaccionar para defendernos.

Me abusó una persona antisocial, cuyo desarrollo emocional se truncó en alguna fase de su desarrollo. Fue, como muchos otros, fruto del descuido, de una cultura y una religiosidad alejadas de un proceso evolutivo que ha durado varios millones de años. No fue algo personal, pues mis vulnerabilidades fueron aprovechadas por un depredador sin competencias sociales ni altruismo, producto de los mismos procesos neuroevolutivos que han afectado a buena parte de la humanidad a lo largo de su historia. Cuando me refiero a buena parte de la humanidad, en realidad debería decir de los machos de nuestra especie. El «mal» en el mundo no es un problema de manzanas o serpientes, sino de género y descuido. Si no nos enfrentamos a la realidad seguiremos rumbo al desfiladero a pasos agigantados y a una velocidad vertiginosa.

No solo me enfrenté a un perverso, sino a una sociedad enferma tratando de ajustarse en busca de una salud cada vez más lejana, víctima de un nuevo proceso evolutivo que se está cobrando millones de víctimas, hijos y nietos de otros millones de personas que a su vez nos han heredado sus traumas. La solución no está solo en la búsqueda de justicia y en el cambio de mentalidad global, sino en reconocer que nosotros, especialmente los hombres, hemos sido de alguna manera agentes o testigos impávidos, a veces cómplices del abuso en el mundo.

Y ¿por qué yo? Porque, por motivos de mi historia, mi *self* fue lo suficientemente frágil como para someterse a una promesa de pertenencia y aceptación, asustado por la magia de una religión malentendida y trastocada. Era un joven vulnerable que buscaba cariño paterno y que estaba dispuesto a todo para merecerlo. Pero esta no es la historia de millones de niñas y mujeres abusadas que no tienen una explicación para un crimen de tal magnitud. Subestimar el daño que hemos causado los machos de nuestra especie es mantenernos con los ojos vendados al borde de un precipicio.

Pero no estoy solo, hoy lo sé, y mi familia me lo demuestra día a día. Tampoco ustedes, quienes, si buscan con paciencia, se darán cuenta de que hay muchos motivos para seguir adelante, entendiendo que nada ha sido personal y que no están dañados en su origen. Aún existen miles de personas solidarias y dispuestas a dar amor.

Debemos reinventarnos y reinventar nuestra sociedad basados en el conocimiento, discerniendo entre quienes buscan sacar provecho de nosotros de aquellos que nos ven como semejantes y nos demuestran amor en los hechos. De no ser así, la competitividad y el egoísmo en pos de las distintas formas de poder, en especial el económico, nos destruirán. Necesitamos un proceso mancomunado y cooperativo, transformando nuestras sociedades y los conceptos ideológicos que nos rigen. No nos queda mucho tiempo y este libro, espero revelador para ustedes, es un grano de arena que busca mostrar una visión distinta, original y constructiva que nos permita dejar atrás las diferencias y nos aboquemos a un destino común. El planeta y los seres vivos aún podemos cambiar y resistir. Seamos los hijos del cambio que basan su nuevo caminar siguiendo las huellas de nuestra humanidad y del planeta del que formamos parte. Sé el cambio que quieres ver en el mundo, ningún experimento de colonización espacial dará mejores resultados que lo que la evolución nos ha dado.

Notas

2. Rumbo al Vaticano

1. J. Prusak (2020). Paraphilias among Roman Catholic priests: What we know, and do not know, about sexual clergy-abusers of minors. *Psychiatria Polska*, 54, 571-590, <https://doi.org/10.12740/PP/118599>; A. Amrom, C. Calkins y J. Fargo (2019). Between the pew and the pulpit: Can personality measures help identify sexually abusive clergy? *Sexual Abuse: A Journal of Research and Treatment*, 31, 686-706, <https://doi.org/10.1177/107906 3217716442>; J. J. C. R. Team (2004). *The nature and scope of sexual abuse of minors by Catholic priests and deacons in the United States, 1950-2002*. Washington: United States Conference of Catholic Bishops; T. G. Plante y A. Aldridge (2005). Psychological patterns among Roman Catholic clergy accused of sexual misconduct. *Pastoral Psychology*, 54, 73-80, <https://doi.org/10.1007/s11089-005-6184-8>.

2. Wu, W. (ed.) (2024). *Oxytocin and Social Function*. Londres: IntechOpen, <https://doi.org/10.5772/intechopen.107645>.

3. M. R. Dadds *et al.* (2014). Polymorphisms in the oxytocin receptor gene are associated with the development of psychopathy. *Development and Psychopathology*, 26, 21-31, <https://doi.org/10.1017/S0954579413 000485>.

4. Los primeros pasos: Ausangate y Amazonas

1. C. M. Couto-Silva *et al.* (2023). Indigenous people from Amazon show genetic signatures of pathogen-driven selection. *Science Advances*, 9, eabo0234, <https://doi.org/10.1126/sciadv.abo0234>.

2. H. O. Bang, J. Dyerberg y A. B. Nielsen (1971). Plasma lipid and

lipoprotein pattern in Greenlandic West-coast Eskimos. *The Lancet*, <https://doi.org/10.1016/s0140-6736(71)91658-8>.

3. P. Bjerregaard et al. (2022). The Greenland population health survey 2018: Methods of a prospective study of risk factors for lifestyle-related diseases and social determinants of health amongst Inuit. *International Journal of Circumpolar Health*, *81*, 2090067, <https://doi.org/10.1080/22423982.2022.2090067>; E. Dewailly et al. (2001). n-3 Fatty acids and cardiovascular disease risk factors among the Inuit of Nunavik. *American Journal of Clinical Nutrition*, *74*, 464-473, <https://doi.org/10.1093/ajcn/74.4.464>; P. Bjerregaard, G. Mulvad y H. S. Pedersen (1997). Cardiovascular risk factors in Inuit of Greenland. *International Journal of Epidemiology*, *26*, 1182-1190, <https://doi.org/10.1093/ije/26.6.1182>.

4. T. Chen, Y. Deng y R. Gong (2023). Cardiovascular Protection of Aspirin in Chronic Kidney Disease Patients: An Updated Systematic Review and Meta-Analysis. *Current Vascular Pharmacology*, <https://doi.org/10.2174/1570161121666230530154647>; J. M. Guirguis-Blake, C. V. Evans, L. A. Perdue, S. I. Bean y C. A. Senger (2022). Aspirin Use to Prevent Cardiovascular Disease and Colorectal Cancer: Updated Evidence Report and Systematic Review for the US Preventive Services Task Force. *JAMA*, *327*, 1585-1597, <https://doi.org/10.1001/jama.2022.3337>.

5. D. Patel et al. (2018). Aspirin binds to PPARα to stimulate hippocampal plasticity and protect memory. *Proceedings of the National Academy of Sciences of the United States of America*, *115*, E7408-E7417, <https://doi.org/10.1073/pnas.1802021115>.

6. M. Bakierzynska, M. C. Cullinane, H. P. Redmond y M. Corrigan (2023). Prophylactic aspirin intake and breast cancer risk; A systematic review and meta-analysis of observational cohort studies. *European Journal of Surgical Oncology*, *49*, 106940, <https://doi.org/10.1016/j.ejso.2023.05.015>.

7. F. Y. Zaman, S. G. Orchard, A. Haydon y J. R. Zalcberg (2022). Non-aspirin non-steroidal anti-inflammatory drugs in colorectal cancer: A review of clinical studies. *British Journal of Cancer*, *127*, 1735-1743, <https://doi.org/10.1038/s41416-022-01882-8>.

8. P. C. Elwood et al. (2021). Aspirin and cancer survival: A systematic review and meta-analyses of 118 observational studies of aspirin and 18 cancers. *Ecancermedicalscience*, *15*, 1258, <https://doi.org/10.3332/ecancer.2021.1258>.

9. I. B. Laumer et al. (2024). Active self-treatment of a facial wound with a biologically active plant by a male Sumatran orangutan. *Scientific Reports*, *14*, 5, <https://doi.org/10.1038/s41598-024-58988-7>.

10. S. I. Arriola Apelo y D. W. Lamming (2016). Rapamycin: An Inhibitor of Aging Emerges From the Soil of Easter Island. *The Journals of Ge-*

rontology: Series A, Biological Sciences and Medical Sciences, 71, 841-849, <https://doi.org/10.1093/gerona/glw090>.
11. J. D. Watson y F. H. Crick (1953). Molecular structure of nucleic acids; A structure for deoxyribose nucleic acid. *Nature*, 171, 737-738, <https://doi.org/10.1038/171737a0>.

6. Daño en evolución

1. R. Artigas, F. Vega-Tapia, J. Hamilton y B. J. Krause (2021). Dynamic DNA methylation changes in early versus late adulthood suggest nondeterministic effects of childhood adversity: A meta-analysis. *Journal of Developmental Origins of Health and Disease*, 12, 768-779, <https://doi.org/10.1017/S2040174420001075>; B. J. Krause, R. Artigas, A. F. Sciolla y J. Hamilton (2020). Epigenetic mechanisms activated by childhood adversity. *Epigenomics*, 12, 1239-1255, <https://doi.org/10.2217/epi-2020-0042>.
2. B. Mueller, A. Figueroa y J. Robinson-Papp (2022). Structural and functional connections between the autonomic nervous system, hypothalamic-pituitary-adrenal axis, and the immune system: A context and time dependent stress response network. *Neurological Sciences*, 43, 951-960, <https://doi.org/10.1007/s10072-021-05810-1>; K. A. Kalmakis, J. S. Meyer, L. Chiodo y K. Leung (2015). Adverse childhood experiences and chronic hypothalamic-pituitary-adrenal activity. *Stress: The International Journal on the Biology of Stress*, 18, 446-450, <https://doi.org/10.3109/10253890.2015.1023791>; F. M. Alhowaymel, K. A. Kalmakis, L. M. Chiodo, N. M. Kent y M. Almuneef (2023). Adverse childhood experiences and chronic diseases: Identifying a cut-point for ACE scores. *International Journal of Environmental Research and Public Health*, 20, 1651, <https://doi.org/10.3390/ijerph20021651>.
3. G. Ji, V. Yakhnitsa, T. Kiritoshi, P. Presto y V. Neugebauer (2018). Fear extinction learning ability predicts neuropathic pain behaviors and amygdala activity in male rats. *Molecular Pain*, 14, 1744806918804441, <https://doi.org/10.1177/1744806918804441>; A. E. Agoglia y M. A. Herman (2018). The center of the emotional universe: Alcohol, stress, and CRF1 amygdala circuitry. *Alcohol*, 72, 61-73, <https://doi.org/10.1016/j.alcohol.2018.03.009>; J. Debiec y R. M. Sullivan (2014). Intergenerational transmission of emotional trauma through amygdala-dependent mother-to-infant transfer of specific fear. *Proceedings of the National Academy of Sciences of the United States of America*, 111, 12.222-12.227, <https://doi.org/10.1073/pnas.1316740111>.
4. M. H. Teicher, C. M. Anderson y A. Polcari (2012). Childhood maltreatment is associated with reduced volume in the hippocampal sub-

fields CA3, dentate gyrus, and subiculum. *Proceedings of the National Academy of Sciences of the United States of America*, *109*, E563-572, <https://doi.org/10.1073/pnas.1115396109>.

5. Section on Radiology, American Academy of Pediatrics (2009). Diagnostic imaging of child abuse. *Pediatrics*, *123*, 1430-1435, <https://doi.org/10.1542/peds.2009-0558>.

6. R. A. Morey *et al.* (2017). Genome-wide association study of subcortical brain volume in PTSD cases and trauma-exposed controls. *Translational Psychiatry*, 7, 1265, <https://doi.org/10.1038/s41398-017-0021-6>; M. D. De Bellis *et al.* (2015). Posterior structural brain volumes differ in maltreated youth with and without chronic posttraumatic stress disorder. *Development and Psychopathology*, *27*, 1555-1576, <https://doi.org/10.1017/S0954579415000942>; Teicher, Anderson y Polcari, Childhood maltreatment is associated with reduced volume in the hippocampal subfields CA3, *op. cit.*

7. M. Flaviano y E. W. Harville (2020). Adverse childhood experiences on reproductive plans and adolescent pregnancy in the Gulf Resilience on Women's Health Cohort. *International Journal of Environmental Research and Public Health*, *18*, 165, <https://doi.org/10.3390/ijerph18010165>.

8. Kalmakis, Meyer, Chiodo y Leung, Adverse childhood experiences and chronic hypothalamic-pituitary-adrenal activity, *op. cit.*

9. C. H. Demers *et al.* (2022). Maternal adverse childhood experiences and infant subcortical brain volume. *Neurobiology of Stress*, *21*, 100487, <https://doi.org/10.1016/j.ynstr.2022.100487>.

7. Eventos adversos durante la infancia

1. M. A. Bellis *et al.* (2019). Life course health consequences and associated annual costs of adverse childhood experiences across Europe and North America: A systematic review and meta-analysis. *The Lancet Public Health*, *4*, e517-e528.

2. V. J. Felitti *et al.* (1998). Relationship of childhood abuse and household dysfunction to many of the leading causes of death in adults: The Adverse Childhood Experiences (ACE) Study. *American Journal of Preventive Medicine*, *14*, 245-258, <https://doi.org/10.1016/S0749-3797(98)00017-8>.

3. V. J. Felitti (2019). Origins of the ACE Study. *American Journal of Preventive Medicine*, *56*, 787-789, <https://doi.org/10.1016/j.amepre.2019.02.011>.

4. V. J. Felitti (2019). Health appraisal and the Adverse Childhood Experiences study: National implications for health care, cost, and utilization.

The Permanente Journal, 23, 18-026, <https://doi.org/10.7812/TPP/18-026>; Felitti, Origins of the ACE Study, *op. cit.*

5. D. W. Brown *et al.* (2009). Adverse childhood experiences and the risk of premature mortality. *American Journal of Preventive Medicine*, 37, 389-396, <https://doi.org/10.1016/j.amepre.2009.06.021>.

6. Alhowaymel, Kalmakis, Chiodo, Kent y Almuneef, Adverse childhood experiences and chronic diseases, *op. cit.*

7. M. P. Santelices *et al.* (2024). Analyzing the relationship between individual and cumulative score of adverse childhood experiences (ACEs) with self-reported mental health disorders in Chile. *Child Abuse & Neglect*, 155, 106997, <https://doi.org/10.1016/j.chiabu.2024.106997>; S. Ramírez Labbé, M. P. Santelices, J. Hamilton y C. Velasco (2022). Adverse Childhood Experiences: Mental Health Consequences and Risk Behaviors in Women and Men in Chile. *Children (Basel)*, 9, 1841, <https://doi.org/10.3390/children9121841>.

8. Krause, Artigas, Sciolla y Hamilton, Epigenetic mechanisms activated by childhood adversity, *op. cit.*; Artigas, Vega-Tapia, Hamilton y Krause, Dynamic DNA methylation changes in early versus late adulthood suggest nondeterministic effects of childhood adversity, *op. cit.*

8. SI DARWIN HUBIESE SABIDO

1. B. Arneth (2021). Leftovers of viruses in human physiology. *Brain Structure and Function*, 226, 1649-1658, <https://doi.org/10.1007/s00429-021-02306-8>; K. Moelling y F. Broecker (2019). Viruses and Evolution – Viruses First? A Personal Perspective. *Frontiers in Microbiology*, 10, 523, <https://doi.org/10.3389/fmicb.2019.00523>; F. Ryan (2009). *Virolution*. Londres: Collins.

2. H. H. Kazazian y J. V. Moran (2017). Mobile DNA in Health and Disease. *New England Journal of Medicine*, 377, 361-370, <https://doi.org/10.1056/NEJMra1510092>.

3. F. H. de Souza Barbosa, K. de O. Porpino, B. M. Rothschild, R. C. da Silva y D. Capone (2021). First cancer in an extinct Quaternary non-human mammal. *Historical Biology*, 33, 2878-2882, <https://doi.org/10.1080/08912963.2020.1833001>; F. H. D. S. Barbosa, P. V. L. G. da Costa Pereira, L. Paglarelli Bergqvist y B. M. Rothschild (2016). Multiple neoplasms in a single sauropod dinosaur from the Upper Cretaceous of Brazil. *Cretaceous Research*, 62, 13-17, <https://doi.org/10.1016/j.cretres.2016.01.010>; Y. Haridy *et al.* (2019). Triassic Cancer-Osteosarcoma in a 240-Million-Year-Old Stem-Turtle. *JAMA Oncology*, 5, 425-426, <https://doi.org/10.1001/jamaoncol.2018.6766>.

9. Orígenes

1. C. Malaterre (2015). Chemical evolution and life. *BIO Web of Conferences*, *4*, 00002, <https://doi.org/10.1051/bioconf/20150400002>.
2. A. Cornish-Bowden y M. L. Cárdenas (2022). The essence of life revisited: how theories can shed light on it. *Theory in Biosciences*, *141*, 105-123, <https://doi.org/10.1007/s12064-021-00342-w>.
3. N. Kitadai y S. Maruyama (2018). Origins of building blocks of life: A review. *Geoscience Frontiers*, *9*, 1117-1153, <https://doi.org/10.1016/j.gsf.2017.07.007>.
4. V. A. Kordium (2021). Defining life and evolution: Essay on the origin, expansion, and evolution of living matter. *Biosystems*, *209*, 104500, <https://doi.org/10.1016/j.biosystems.2021.104500>.
5. Kitadai y Maruyama, Origins of building blocks of life, *op. cit.*
6. E. Meléndez-Hevia, N. Montero-Gómez y F. Montero (2008). From prebiotic chemistry to cellular metabolism – The chemical evolution of metabolism before Darwinian natural selection. *Journal of Theoretical Biology*, *252*, 505-519, <https://doi.org/10.1016/j.jtbi.2007.11.012>.
7. A. M. Poole (2011). The RNA world hypothesis: The worst theory of the early evolution of life (except for all the others). En R. Egel, D.-H. Lankenau y A. Y. Mulkidjanian (eds.), *Origins of life: The primal self-organization* (pp. 209-223). Berlín: Springer.
8. P. C. J. Donoghue, C. J. Harrison, J. Paps y H. Schneider (2021). The evolutionary emergence of land plants. *Current Biology*, *31*, R1281-R1298, <https://doi.org/10.1016/j.cub.2021.07.038>; T. W. Lyons, C. T. Reinhard y N. J. Planavsky (2014). The rise of oxygen in Earth's early ocean and atmosphere. *Nature*, *506*, 307-315, <https://doi.org/10.1038/nature13068>; J. Gutierrez, S. W. Ballinger, V. M. Darley-Usmar y A. Landar (2006). Free radicals, mitochondria, and oxidized lipids. The emerging role in signal transduction in vascular cells. *Circulation Research*, *99*, 924-932, <https://doi.org/10.1161/01.res.0000248212.86638.e9>.

10. Vitaminas y ácido úrico

1. Hanel y Carlberg, Vitamin D and evolution, *op. cit.*
2. V. Acosta-Rodríguez *et al.* (2022). Circadian alignment of early onset caloric restriction promotes longevity in male C57BL/6J mice. *Science*, *376*, 1192-1202, <https://doi.org/10.1126/science.abk0297>.
3. Hanel y Carlberg, Vitamin D and evolution, *op. cit.*
4. P. Duque, C. P. Vieira, B. Bastos y J. Vieira (2022). The evolution

of vitamin C biosynthesis and transport in animals. *BMC Ecology and Evolution*, *22*, 84, <https://doi.org/10.1186/s12862-022-02040-7>.

5. L. Pauling (1970). Evolution and the need for ascorbic acid. *Proceedings of the National Academy of Sciences of the United States of America*, *67*, 1643-1648, <https://doi.org/10.1073/pnas.67.4.1643>; P. C. J. Donoghue, C. J. Harrison, J. Paps y H. Schneider (2021). The evolutionary emergence of land plants. *Current Biology*, *31*, R1281-R1298, <https://doi.org/10.1016/j.cub.2021.07.038>.

6. Duque, Vieira, Bastos y Vieira, The evolution of vitamin C biosynthesis and transport in animals, *op. cit.*

7. R. J. Johnson y P. Andrews (2010). Fructose, uricase, and the Back-to-Africa hypothesis. *Evolutionary Anthropology: Issues, News, and Reviews*, *19*, 250-257, <https://doi.org/10.1002/evan.20266>.

8. P. K. Tan, J. E. Farrar, E. A. Gaucher y J. N. Miner (2016). Coevolution of URAT1 and Uricase during Primate Evolution: Implications for Serum Urate Homeostasis and Gout. *Molecular Biology and Evolution*, *33*, 2193-2200, <https://doi.org/10.1093/molbev/msw116>.

9. R. J. Johnson, S. Titte, J. R. Cade, B. A. Rideout y W. J. Oliver (2005). Uric acid, evolution and primitive cultures. *Seminars in Nephrology*, *25*, 3-8, <https://doi.org/10.1016/j.semnephrol.2004.09.002>; B. Álvarez-Lario y J. Macarrón-Vicente (2010). Uric acid and evolution. *Rheumatology (Oxford)*, *49*, 2010-2015, <https://doi.org/10.1093/rheumatology/keq204>.

10. T. Nakagawa, K. R. Tuttle, R. A. Short y R. J. Johnson (2005). Hypothesis: fructose-induced hyperuricemia as a causal mechanism for the epidemic of the metabolic syndrome. *Nature Clinical Practice Nephrology*, *1*, 80-86, <https://doi.org/10.1038/ncpneph0019>.

11. Y. Chittaranjan (2020). Vitamin B12: An Intergenerational Story. *Nestle Nutrition Institute Workshop Series*, *93*, 91-102, <https://doi.org/10.1159/000503358>.

12. A. C. Williams y L. J. Hill (2017). Meat and nicotinamide: A causal role in human evolution, history, and demographics. *International Journal of Tryptophan Research*, *10*, 1178646917704661, <https://doi.org/10.1177/1178646917704661>.

13. A. C. Williams y L. J. Hill (2020). The 4D's of Pellagra and Progress. *International Journal of Tryptophan Research*, *13*, 117864692091015-117864692091015, <https://doi.org/10.1177/1178646920910159>.

14. A. C. Williams y L. J. Hill (2019). Nicotinamide and Demographic and Disease transitions: Moderation is Best. *International Journal of Tryptophan Research*, *12*, 1178646919855940, <https://doi.org/10.1177/1178646919855940>.

15. A. C. Williams y L. J. Hill (2018). Nicotinamide's Ups and Downs: Consequences for Fertility, Development, Longevity and Diseases of Poverty and Affluence. *International Journal of Tryptophan Research*, *11*, 1178646918802289, <https://doi.org/10.1177/1178646918802289>.

16. N. A. Gorbunova (2024). Assessing the role of meat consumption in human evolutionary changes. A review. *Theory and Practice of Meat Processing*, *9*, 53-64, <https://doi.org/10.21323/2414-438x-2024-9-1-53-64>.

11. Cambios en el adn y epigenética

1. K. Zhu *et al.* (2017). Plant microRNAs in larval food regulate honeybee caste development. *PLOS Genetics*, *13*, e1006946, <https://doi.org/10.1371/journal.pgen.1006946>.

2. J. Torday y W. Miller (2020). *Cellular-molecular mechanisms in epigenetic evolutionary biology*. Cham: Springer International Publishing

3. C. Chen *et al.* (2023). Applications of multi-omics analysis in human diseases. *MedComm*, *4*, e315, <https://doi.org/10.1002/mco2.315>.

4. J. Kaplanis *et al.* (2018). Quantitative analysis of population-scale family trees with millions of relatives. *Science*, *360*, 171-175, <https://doi.org/10.1126/science.aam9309>.

5. N. van den Berg *et al.* (2019). Longevity defined as top 10% survivors and beyond is transmitted as a quantitative genetic trait. *Nature Communications*, *10*, 35, <https://doi.org/10.1038/s41467-018-07925-0>.

6. L. H. Lumey, M. D. Khalangot y A. M. Vaiserman (2015). Association between type 2 diabetes and prenatal exposure to the Ukraine famine of 1932-33: a retrospective cohort study. *Lancet Diabetes and Endocrinology*, *3*, 787-794, <https://doi.org/10.1016/S2213-8587(15)00279-X>.

7. P. Ekamper, F. van Poppel, A. D. Stein y L. H. Lumey (2014). Independent and additive association of prenatal famine exposure and intermediary life conditions with adult mortality between age 18-63 years. *Social Science & Medicine*, *119*, 232-239, <https://doi.org/10.1016/j.socscimed.2013.10.027>.

8. A. D. Stein *et al.* (2007). Anthropometric measures in middle age after exposure to famine during gestation: evidence from the Dutch famine. *The American Journal of Clinical Nutrition*, *85*, 869-876, <https://doi.org/10.1093/ajcn/85.3.869>; R. C. Painter *et al.* (2008). Transgenerational effects of prenatal exposure to the Dutch famine on neonatal adiposity and health in later life. *BJOG*, *115*, 1243-1249, <https://doi.org/10.1111/j.1471-0528.2008.01822.x>.

9. L. H. Lumey, A. D. Stein, H. S. Kahn y J. A. Romijn (2009). Lipid

profiles in middle-aged men and women after famine exposure during gestation: the Dutch Hunger Winter Families Study. *The American Journal of Clinical Nutrition*, *89*, 1737-1743, <https://doi.org/10.3945/ajcn.2008.27038>.

10. Ekamper, Van Poppel, Stein y Lumey, Independent and additive association of prenatal famine exposure, *op. cit.*

11. S. Lv *et al.* (2020). Association between exposure to the Chinese famine during early life and the risk of chronic kidney disease in adulthood. *Environmental Research*, *184*, 109312, <https://doi.org/10.1016/j.envres.2020.109312>.

12. Y. Li y Z. Hong (2022). Exposure to the Chinese famine in early life and self-reported arthritis risk in adulthood. *Psychology, Health & Medicine*, *27*, 1553-1562, <https://doi.org/10.1080/13548506.2021.1903052>; C. Li y L. H. Lumey (2022). Early-Life Exposure to the Chinese Famine of 1959-1961 and Type 2 Diabetes in Adulthood: A Systematic Review and Meta-Analysis. *Nutrients*, *14*, 2855, <https://doi.org/10.3390/nu14142855>; D. Liu, J. Yang y S. Wang (2022). Early-life exposure to famine and the risk of general and abdominal obesity in adulthood: a 22-year cohort study. *Public Health*, *202*, 113-120, <https://doi.org/10.1016/j.puhe.2021.11.014>; G. Arage *et al.* (2021). Impact of early life famine exposure on adulthood anthropometry among survivors of the 1983-1985 Ethiopian Great famine: a historical cohort study. *BMC Public Health*, *21*, 94, <https://doi.org/10.1186/s12889-020-09982-x>; Y. Wang, J. Jin, Y. Peng y Y. Chen (2021). Exposure to Chinese Famine in the Early Life, Adulthood Obesity Patterns, and the Incidence of Hypertension: A 22-Year Cohort Study. *Annals of Nutrition and Metabolism*, 77, 109-115, <https://doi.org/10.1159/000515060>; Z. Wang *et al.* (2021). Early-Life Exposure to the Chinese Great Famine and Later Cardiovascular Diseases. *International Journal of Public Health*, *66*, 603859, <https://doi.org/10.3389/ijph.2021.603859>; J. Liu *et al.* (2021). Early-Life Exposure to Famine and Risk of Metabolic Associated Fatty Liver Disease in Chinese Adults. *Nutrients*, *13*, 4063, <https://doi.org/10.3390/nu13114063>; J. Wang *et al.* (2016). Exposure to the Chinese Famine in Childhood Increases Type 2 Diabetes Risk in Adults. *The Journal of Nutrition*, *146*, 2289-2295, <https://doi.org/10.3945/jn.116.234575>; Z. Shi, C. Zhang, M. Zhou, S. Zhen y A. W. Taylor (2013). Exposure to the Chinese famine in early life and the risk of anaemia in adulthood. *BMC Public Health*, *13*, 904, <https://doi.org/10.1186/1471-2458-13-904>; A. F. van Abeelen *et al.* (2012). Famine exposure in the young and the risk of type 2 diabetes in adulthood. *Diabetes*, *61*, 2255-2260, <https://doi.org/10.2337/db11-1559>; X. Zhang *et al.* (2021). In utero and childhood exposure to the Great Chinese Famine and risk of cancer in adulthood: the Kailuan Study. *The American Journal of*

Clinical Nutrition, *114*, 2017-2024, <https://doi.org/10.1093/ajcn/nqab282>; Y. Li *et al.* (2010). Exposure to the Chinese famine in early life and the risk of hyperglycemia and type 2 diabetes in adulthood. *Diabetes*, *59*, 2400-2406, <https://doi.org/10.2337/db10-0385>.

13. Y. Liang, J. Cheng, J. I. Ruzek y Z. Liu (2019). Posttraumatic stress disorder following the 2008 Wenchuan earthquake: A 10-year systematic review among highly exposed populations in China. *Journal of Affective Disorders*, *243*, 327-339, <https://doi.org/10.1016/j.jad.2018.09.047>; M. Y. Du *et al.* (2015). Altered functional connectivity in the brain default-mode network of earthquake survivors persists after 2 years despite recovery from anxiety symptoms. *Social Cognitive and Affective Neuroscience*, *10*, 1497-1505, <https://doi.org/10.1093/scan/nsv040>; L. Chen *et al.* (2013). Impact of acute stress on human brain microstructure: An MR diffusion study of earthquake survivors. *Human Brain Mapping*, *34*, 367-373, <https://doi.org/10.1002/hbm.21438>; S. Lui *et al.* (2009). High-field MRI reveals an acute impact on brain function in survivors of the magnitude 8.0 earthquake in China. *Proceedings of the National Academy of Sciences*, *106*, 15412-15417, <https://doi.org/10.1073/pnas.0812751106>.

14. Zhang *et al.*, In utero and childhood exposure to the Great Chinese Famine and risk of cancer in adulthood, *op. cit.*

15. A. Zanobetti y M. S. O'Neill (2018). Longer-Term Outdoor Temperatures and Health Effects: A Review. *Current Epidemiology Reports*, *5*, 125-139, <https://doi.org/10.1007/s40471-018-0150-3>.

16. E. N. Inman, R. J. Hobbs y Z. Tsvuura (2020). No safety net in the face of climate change: The case of pastoralists in Kunene Region, Namibia. *PLOS One*, *15*, e0238982, <https://doi.org/10.1371/journal.pone.0238982>.

17. B. Straight *et al.* (2022). Epigenetic mechanisms underlying the association between maternal climate stress and child growth: characterizing severe drought and its impact on a Kenyan community engaging in a climate change-sensitive livelihood. *Epigenetics*, *17*, 2421-2433, <https://doi.org/10.1080/15592294.2022.2135213>.

18. F. Y. Wu y R. X. Yin (2022). Recent progress in epigenetics of obesity. *Diabetology & Metabolic Syndrome*, *14*, 171, <https://doi.org/10.1186/s13098-022-00947-1>; B. B. Boutwell, C. S. Narvey, J. J. Helton y A. R. Piquero (2022). Why twin studies are important for health span science research: the case of maltreatment of aging adults. *BMC Geriatrics*, *22*, 943, <https://doi.org/10.1186/s12877-022-03440-6>; F. A. Hagenbeek *et al.* (2023). Maximizing the value of twin studies in health and behaviour. *Nature Human Behaviour*, *7*, 849-860, <https://doi.org/10.1038/s41562-023-01609-6>.

19. S. Israel, L. Hasenfratz y A. Knafo-Noam (2015). The genetics of morality and prosociality. *Current Opinion in Psychology*, *6*, 55-59, <https://doi.org/10.1016/j.copsyc.2015.03.027>.

20. A. Tomoda *et al.* (2024). The neurobiological effects of childhood maltreatment on brain structure, function, and attachment. *European Archives of Psychiatry and Clinical Neuroscience*, <https://doi.org/10.1007/s00406-024-01779-y>.

12. Una historia de abejas

1. N. Weaver (1957). Effects of Larval Age on Dimorphic Differentiation of the Female Honey Bee. *Annals of the Entomological Society of America*, *50*, 283-294, <https://doi.org/10.1093/aesa/50.3.283>; W. Mao, M. A. Schuler y M. R. Berenbaum (2015). A dietary phytochemical alters caste-associated gene expression in honey bees. *Science Advances*, *1*, e1500795, <https://doi.org/10.1126/sciadv.1500795>.

2. Zhu *et al.*, Plant microRNAs in larval food regulate honeybee caste development, *op. cit.*

3. H. Liu, G. F. Luo y Z. Shang (2024). Plant-derived nanovesicles as an emerging platform for cancer therapy. *Acta Pharmaceutica Sinica B*, *14*, 133-154, <https://doi.org/10.1016/j.apsb.2023.08.033>.

4. S. Ramprosand, J. Govinden-Soulange, V. M. Ranghoo-Sanmukhiya y N. Sanan-Mishra (2024). miRNA, phytometabolites and disease: Connecting the dots. *Phytotherapy Research*, <https://doi.org/10.1002/ptr.8287>.

5. Liu, Luo y Shang, Plant-derived nanovesicles as an emerging platform for cancer therapy, *op. cit.*

6. Q. Chen *et al.* (2022). Natural exosome-like nanovesicles from edible tea flowers suppress metastatic breast cancer via ROS generation and microbiota modulation. *Acta Pharm Sin B*, *12*, 907-923, <https://doi.org/10.1016/j.apsb.2021.08.016>.

7. L. Zhang *et al.* (2012). Exogenous plant MIR168a specifically targets mammalian LDLRAP1: evidence of cross-kingdom regulation by microRNA. *Cell Research*, *22*, 107-126, <https://doi.org/10.1038/cr.2011.158>.

8. E. Díez-Sainz, F. I. Milagro, P. Aranaz, J. I. Riezu-Boj y S. Lorente-Cebrián (2024). MicroRNAs from edible plants reach the human gastrointestinal tract and may act as potential regulators of gene expression. *Journal of Physiology and Biochemistry*, <https://doi.org/10.1007/s13105-024-01023-0>.

9. R. Cuttano, F. Mazzarelli, K. M. Afanga, F. Bianchi y E. Dama (2024). MicroRNAs and the Mediterranean diet: a nutri-omics perspective for lung

cancer. *Journal of Translational Medicine*, 22, 632, <https://doi.org/10.1186/s12967-024-05454-7>.

10. Ramprosand, Govinden-Soulange, Ranghoo-Sanmukhiya y Sanan-Mishra, miRNA, phytometabolites and disease, *op. cit.*

11. Cuttano, Mazzarelli, Afanga, Bianchi y Dama, MicroRNAs and the Mediterranean diet, *op. cit.*

12. C. Hu *et al.* (2020). Heat shock proteins: Biological functions, pathological roles, and therapeutic opportunities. *MedComm*, 3, e161, <https://doi.org/10.1002/mco2.161>.

13. Liu, Luo y Shang, Plant-derived nanovesicles as an emerging platform for cancer therapy, *op. cit.*

13. LOS CUATRO COMPONENTES DE LAS ESPECIES Y LA MICROBIOTA

1. J. A. Shapiro (2017). Exploring the read-write genome: mobile DNA and mammalian adaptation. *Critical Reviews in Biochemistry and Molecular Biology*, 52, 1-17, <https://doi.org/10.1080/10409238.2016.1226748>; J. H. Kaas (ed.) (2020). *Evolutionary Neuroscience*. San Diego: Academic Press.

2. J. J. Dennehy (2014). What ecologists can tell virologists. *Annual Review of Microbiology*, 68, 117-135, <https://doi.org/10.1146/annurev-micro-091313-103436>.

3. K. Moelling y F. Broecker (2019). Viruses and evolution – Viruses first? A personal perspective. *Frontiers in Microbiology*, 10, 523, <https://doi.org/10.3389/fmicb.2019.00523>.

4. A. P. de Koning, W. Gu, T. A. Castoe, M. A. Batzer y D. D. Pollock (2011). Repetitive elements may comprise over two-thirds of the human genome. *PLOS Genetics*, 7, e1002384, <https://doi.org/10.1371/journal.pgen.1002384>; Dennehy, What ecologists can tell virologists, *op. cit.*

5. N. V. Matusheski *et al.* (2021). Diets, nutrients, genes, and the microbiome: Recent advances in personalised nutrition. *British Journal of Nutrition*, 126, 1489-1497, <https://doi.org/10.1017/s0007114521000374>.

6. S. P. Wiertsema, J. van Bergenhenegouwen, J. Garssen y L. M. J. Knippels (2021). The interplay between the gut microbiome and the immune system in the context of infectious diseases throughout life and the role of nutrition in optimizing treatment strategies. *Nutrients*, 13, 886, <https://doi.org/10.3390/nu13030886>.

7. M. F. Ribeiro *et al.* (2020). Diet-dependent gut microbiota impacts on adult neurogenesis through mitochondrial stress modulation. *Brain Communications*, 2, fcaa165, <https://doi.org/10.1093/braincomms/fcaa165>.

8. Columbia University Irving Medical Center (2022). Sugar disrupts microbiome, eliminates protection against obesity and diabetes. *ScienceDaily*, <www.sciencedaily.com/releases/2022/08/220829194721.htm>.

9. M. Langmajerová, R. Roubalová, A. Šebela y J. Vevera (2023). The effect of microbiome composition on impulsive and violent behavior: A systematic review. *Behavioral Brain Research*, *440*, 114266, <https://doi.org/10.1016/j.bbr.2022.114266>; M. Tcherni-Buzzeo (2023). Dietary interventions, the gut microbiome, and aggressive behavior: Review of research evidence and potential next steps. *Aggressive Behavior*, *49*, 15-32, <https://doi.org/10.1002/ab.22050>.

10. D. Mateo, M. Marquès, J. L. Domingo y M. Torrente (2024). Influence of gut microbiota on the development of most prevalent neurodegenerative dementias and the potential effect of probiotics in elderly: A scoping review. *American Journal of Medical Genetics B: Neuropsychiatric Genetics*, *195*, e32959, <https://doi.org/10.1002/ajmg.b.32959>.

11. *Ibid.*

12. R. Jäger *et al.* (2019). International Society of Sports Nutrition Position Stand: Probiotics. *Journal of the International Society of Sports Nutrition*, *16*, 62, <https://doi.org/10.1186/s12970-019-0329-0>; S. P. Bhagavata Srinivasan, M. J. Raipuria, H. Bahari, N. O. Kaakoush y M. J. Morris (2018). Impacts of Diet and Exercise on Maternal Gut Microbiota Are Transferred to Offspring. *Frontiers in Endocrinology (Lausanne)*, *9*, 716, <https://doi.org/10.3389/fendo.2018.00716>; V. Aya, P. Jiménez, E. Muñoz y J. D. Ramírez (2023). Effects of exercise and physical activity on gut microbiota composition and function in older adults: A systematic review. *BMC Geriatrics*, *23*, 364, <https://doi.org/10.1186/s12877-023-04066-y>.

13. A. Couce *et al.* (2024). Changing fitness effects of mutations through long-term bacterial evolution. *Science*, *383*, eadd1417, <https://doi.org/10.1126/science.add1417>.

14. E. Sherwin, S. R. Bordenstein, J. L. Quinn, T. G. Dinan y J. F. Cryan (2019). Microbiota and the social brain. *Science*, *366*, eaar2016, <https://doi.org/10.1126/science.aar2016>.

14. Las hormonas del comportamiento

1. S. E. Erdman y T. Poutahidis (2016). Microbes and oxytocin: Benefits for host physiology and behavior. *International Review of Neurobiology*, *131*, 91-126, <https://doi.org/10.1016/bs.irn.2016.07.004>.

2. M. F. Donadon, R. Martin-Santos y F. L. Osório (2018). The Associations Between Oxytocin and Trauma in Humans: A Systematic Re-

view. *Frontiers in Pharmacology*, *9*, 154, <https://doi.org/10.3389/fphar.2018.00154>.

3. N. L. Ritz *et al.* (2024). Social anxiety disorder-associated gut microbiota increases social fear. *Proceedings of the National Academy of Sciences*, *121*, <https://doi.org/10.1073/pnas.2308706120>.

4. B. J. Varian, K. T. Weber y S. E. Erdman (2023). Oxytocin and the microbiome. *Comprehensive Psychoneuroendocrinology*, *16*, 100205, <https://doi.org/10.1016/j.cpnec.2023.100205>.

5. C. S. Carter (2014). Oxytocin pathways and the evolution of human behavior. *Annual Review of Psychology*, *65*, 17-39, <https://doi.org/10.1146/annurev-psych-010213-115110>.

6. L. M. Coolen y D. R. Grattan (eds.) (2019). *Neuroendocrine regulation of behavior*. Cham: Springer International Publishing.

7. A. J. Horn y C. S. Carter (2021). Love and longevity: A social dependency hypothesis. *Comprehensive Psychoneuroendocrinology*, *8*, 100088, <https://doi.org/10.1016/j.cpnec.2021.100088>.

8. L. Yuan *et al.* (2016). Oxytocin inhibits lipopolysaccharide-induced inflammation in microglial cells and attenuates microglial activation in lipopolysaccharide-treated mice. *Journal of Neuroinflammation*, *13*, 77, <https://doi.org/10.1186/s12974-016-0541-7>.

9. J. R. Poganik *et al.* (2023). Biological age is increased by stress and restored upon recovery. *Cell Metabolism*, *35*, 807-820.e5, <https://doi.org/10.1016/j.cmet.2023.03.015>.

10. Donadon, Martin-Santos y Osório, The Associations Between Oxytocin and Trauma in Humans: A Systematic Review, *op. cit.*

11. E. J. Kraaijenvanger *et al.* (2019). Epigenetic variability in the human oxytocin receptor (OXTR) gene: A possible pathway from early life experiences to psychopathologies. *Neuroscience & Biobehavioral Reviews*, *96*, 127-142, <https://doi.org/10.1016/j.neubiorev.2018.11.016>.

12. M. Matsushita *et al.* (2022). Firmicutes in gut microbiota correlate with blood testosterone levels in elderly men. *World Journal of Men's Health*, *40*, 517-525, <https://doi.org/10.5534/wjmh.210190>.

13. M. Matsushita *et al.* (2023). Emerging relationship between the gut microbiome and prostate cancer. *World Journal of Men's Health*, *41*, 759-768, <https://doi.org/10.5534/wjmh.220202>.

14. T. X. Zhao *et al.* (2020). The gut-microbiota-testis axis mediated by the activation of the Nrf2 antioxidant pathway is related to prepuberal steroidogenesis disorders induced by di-(2-ethylhexyl) phthalate. *Environmental Science and Pollution Research*, *27*, 35261-35271, <https://doi.org/10.1007/s11356-020-09854-2>.

15. C. Stefanaki, F. Bacopoulou y G. P. Chrousos (2022). Gut Mi-

crosex/Genderome, Immunity and the Stress Response in the Sexes: An Updated Review. *Sexes*, *3*, 533-545, <https://doi.org/10.3390/sexes3040039>.

16. E. Mondo *et al.* (2020). Gut microbiome structure and adrenocortical activity in dogs with aggressive and phobic behavioral disorders. *Heliyon*, *6*, e03311, <https://doi.org/10.1016/j.heliyon.2020.e03311>.

17. K. Mikami *et al.* (2023). Impact of gut microbiota on host aggression: Potential applications for therapeutic interventions early in development. *Microorganisms*, *11*, 1008, <https://doi.org/10.3390/microorganisms11041008>.

18. Stefanaki, Bacopoulou y Chrousos, Gut Microsex/Genderome, Immunity and the Stress Response in the Sexes, *op. cit.*

19. M. J. Bakermans-Kranenburg *et al.* (2022). Is paternal oxytocin an oxymoron? Oxytocin, vasopressin, testosterone, oestradiol and cortisol in emerging fatherhood. *Philos Trans R Soc Lond B Biol Sci*, *377*, 20210060, <https://doi.org/10.1098/rstb.2021.0060>.

20. Poganik *et al.*, Biological age is increased by stress and restored upon recovery, *op. cit.*

21. T. Poutahidis *et al.* (2013). Microbial symbionts accelerate wound healing via the neuropeptide hormone oxytocin. *PLOS One*, *8*, e78898, <https://doi.org/10.1371/journal.pone.0078898>.

22. B. J. Varian, K. T. Weber y S. E. Erdman (2023). Oxytocin and the microbiome. *Comprehensive Psychoneuroendocrinology*, *16*, 100205, <https://doi.org/10.1016/j.cpnec.2023.100205>.

23. M. Wang *et al.* (2019). Alteration of gut microbiota-associated epitopes in children with autism spectrum disorders. *Brain Behav Immun*, *75*, 192-199, <https://doi.org/10.1016/j.bbi.2018.10.006>.

24. K. Mikami *et al.* (2023). Impact of gut microbiota on host aggression: Potential applications for therapeutic interventions early in development. *Microorganisms*, *11*, 1008, <https://doi.org/10.3390/microorganisms11041008>; B. M. González Olmo, M. J. Butler y R. M. Barrientos (2021). Evolution of the human diet and its impact on gut microbiota, immune responses, and brain health. *Nutrients*, *13*, 196, <https://doi.org/10.3390/nu13010196>.

25. S. Rampelli *et al.* (2024). Consumption of only wild foods induces large-scale, partially persistent alterations to the gut microbiome. *bioRxiv*, <https://doi.org/10.1101/2024.01.08.574648>.

26. B. M. González Olmo, M. J. Butler y R. M. Barrientos (2021). Evolution of the human diet and its impact on gut microbiota, immune responses, and brain health. *Nutrients*, *13*, 196, <https://doi.org/10.3390/nu13010196>.

27. M. Konner y S. B. Eaton (2023). Hunter-gatherer diets and activity as a model for health promotion: Challenges, responses, and confirmations. *Evolutionary Anthropology*, *32*, 206-222, <https://doi.org/10.1002/evan.21987>.

28. Mikami *et al.*, Impact of gut microbiota on host aggression, *op. cit.*; N. Watanabe *et al.* (2021). Effect of gut microbiota early in life on aggressive behavior in mice. *Neuroscience Research*, *168*, 95-99, <https://doi.org/10.1016/j.neures.2021.01.005>.

15. HOMO EXUL

1. L. Leung (2016). Diabetes mellitus and the Aboriginal diabetic initiative in Canada: An update review. *Journal of Family Medicine and Primary Care*, *5*, 259-265, <https://doi.org/10.4103/2249-4863.192362>.

2. D. Ougrin, E. Woodhouse, G. Tucker, A. Ronaldson y I. Bakolis (2023). The prevalence of behavioural symptoms and psychiatric disorders in Hadza children. *Scientific Reports*, *13*, 22061, <https://doi.org/10.1038/s41598-023-48114-4>; H. X. T. Nguyen *et al.* (2023). Risk, protective, and biomarkers of dementia in Indigenous peoples: A systematic review. *Alzheimer's & Dementia*, *20*, 563-592, <https://doi.org/10.1002/alz.13458>; H. E. Erskine *et al.* (2017). The global coverage of prevalence data for mental disorders in children and adolescents. *Epidemiology and Psychiatric Sciences*, *26*, 395-402, <https://doi.org/10.1017/S2045796015001158>.

3. W. Nakahashi, S. Horiuchi y Y. Ihara (2018). Estimating hominid life history: The critical interbirth interval. *Population Ecology*, *60*, 127-142, <https://doi.org/10.1007/s10144-018-0610-0>.

4. D. P. Watts (2020). Meat eating by nonhuman primates: A review and synthesis. *Journal of Human Evolution*, *149*, 102882, <https://doi.org/10.1016/j.jhevol.2020.102882>.

5. Nakahashi, Horiuchi y Ihara, Estimating hominid life history, *op. cit.*

6. X. Boës *et al.* (2023). Aridity, availability of drinking water and freshwater foods, and hominin and archeological sites during the Late Pliocene-Early Pleistocene in the western region of the Turkana Basin (Kenya): A review. *Journal of Human Evolution*, *186*, 103466, <https://doi.org/10.1016/j.jhevol.2023.103466>.

7. D. Majou (2018). Evolution of the human brain: The key roles of DHA (omega-3 fatty acid) and Δ6-desaturase gene. *OCL*, *25*, A401, <https://doi.org/10.1051/ocl/2017059>.

8. Y. Sahle, S. El Zaatari y T. D. White (2017). Hominid butchers and biting crocodiles in the African Plio-Pleistocene. *Proceedings of the National Academy of Sciences of the United States of America*, *114*, 13164-13169, <ht-

tps://doi.org/10.1073/pnas.1716317114>; R. Hanon et al. (2022). Early Pleistocene hominin subsistence behaviors in South Africa: Evidence from the hominin-bearing deposit of Cooper's D (Bloubank Valley, South Africa). *Journal of Human Evolution*, *162*, 103116, <https://doi.org/10.1016/j.jhevol.2021.103116>.

9. K. L. Bryant, C. Hansen y E. E. Hecht (2023). Fermentation technology as a driver of human brain expansion. *Communications Biology*, *6*, 1190, <https://doi.org/10.1038/s42003-023-05517-3>.

10. S. Prat (2022). Emergence of the genus *Homo*: From concept to taxonomy. *L'Anthropologie*, *126*, 103068, <https://doi.org/10.1016/j.anthro.2022.103068>.

11. Ú. Árnason (2021). The unidirectional phylogeny of *Homo sapiens* anchors the origin of modern humans in Eurasia. *Hereditas*, *158*, 36, <https://doi.org/10.1186/s41065-021-00197-7>; Ú. Árnason y B. Hallström (2020). The reversal of human phylogeny: *Homo* left Africa as erectus, came back as sapiens sapiens. *Hereditas*, *157*, 51, <https://doi.org/10.1186/s41065-020-00163-9>.

16. SE HACE CAMINO AL ANDAR

1. G. Daver et al. (2022). Postcranial evidence of late Miocene hominin bipedalism in Chad. *Nature*, *609*, 94-100, <https://doi.org/10.1038/s41586-022-04901-z>.

2. L. Sarringhaus, R. Srivastava y L. MacLatchy (2024). The influence of multiple variables on bipedal context in wild chimpanzees: Implications for the evolution of bipedality in hominins. *Frontiers in Ecology and Evolution*, *12*, <https://doi.org/10.3389/fevo.2024.1321115>.

3. L. T. Gruss y D. Schmitt (2015). The evolution of the human pelvis: Changing adaptations to bipedalism, obstetrics and thermoregulation. *Philosophical Transactions of the Royal Society B: Biological Sciences*, *370*, 20140063, <https://doi.org/10.1098/rstb.2014.0063>.

4. R. Wrangham (2017). Control of fire in the Paleolithic. Evaluating the cooking hypothesis. *Current Anthropology*, *58*, S303-S313, <https://doi.org/10.1086/692113>.

5. S. Hlubik et al. (2019). Hominin fire use in the Okote member at Koobi Fora, Kenya: New evidence for the old debate. *Journal of Human Evolution*, *133*, 214-229, <https://doi.org/10.1016/j.jhevol.2019.01.010>.

6. Wrangham, Control of fire in the Paleolithic, *op. cit.*

7. Hlubik et al., Hominin fire use in the Okote member at Koobi Fora, Kenya, *op. cit.*

8. M. Lombard y P. Gärdenfors (2023). Minds on fire: Cognitive aspects of early firemaking and the possible inventors of firemaking kits. *Cambridge Archaeological Journal*, *33*, 499-519, <https://doi.org/10.1017/s0959774322000439>.

9. Wrangham, Control of fire in the Paleolithic, *op. cit.*

10. Hlubik *et al.*, Hominin fire use in the Okote member at Koobi Fora, Kenya, *op. cit.*

11. Lombard y Gärdenfors, Minds on fire, *op. cit.*

12. A. Key, S. R. Merritt y T. L. Kivell (2018). Hand grip diversity and frequency during the use of Lower Paleolithic stone cutting-tools. *Journal of Human Evolution*, *125*, 137-158, <https://doi.org/10.1016/j.jhevol.2018.08.006>.

13. J. C. Thompson, S. Carvalho, C. W. Marean y Z. Alemseged (2019). Origins of the human predatory pattern: The transition to large-animal exploitation by early hominins. *Current Anthropology*, *60*, 1-23, <https://doi.org/10.1086/701477>.

14. R. Wrangham (2013). The evolution of human nutrition. *Current Biology*, *23*, R354-R355, <https://doi.org/10.1038/s41467-020-16060-8>; P. S. Ungar, F. E. Grine y M. F. Teaford (2006). Diet in early *Homo*: A review of the evidence and a new model of adaptive versatility. *Annual Review of Anthropology*, *35*, 209-228, <https://doi.org/10.1146/annurev.anthro.35.081705.123153>.

15. T. J. Morgan *et al.* (2015). Experimental evidence for the co-evolution of hominin tool-making teaching and language. *Nature Communications*, *6*, 6029, <https://doi.org/10.1038/ncomms7029>.

16. O. Güntürkün, M. Stacho y F. Ströckens (2020). The brains of reptiles and birds. J. H. Kaas (ed.), *Evolutionary Neuroscience* (pp. 159-212). Londres: Academic Press; C. M. Aamodt, M. Farias-Virgens y S. A. White (2020). Birdsong as a window into language origins and evolutionary neuroscience. *Philosophical Transactions of the Royal Society B: Biological Sciences*, *375*, 20190060, <https://doi.org/10.1098/rstb.2019.0060>.

17. R. C. Berwick, A. D. Friederici, N. Chomsky y J. J. Bolhuis (2013). Evolution, brain, and the nature of language. *Trends in Cognitive Sciences*, *17*, 89-98, <https://doi.org/10.1016/j.tics.2012.12.002>.

18. O. Güntürkün (2021). The conscious crow. *Learning and Behavior*, *49*, 3-4, <https://doi.org/10.3758/s13420-021-00466-5>.

19. S. Pika, M. J. Sima, C. R. Blum, E. Herrmann y R. Mundry (2020). Ravens parallel great apes in physical and social cognitive skills. *Scientific Reports*, *10*, 20617, <https://doi.org/10.1038/s41598-020-77060-8>; T. Bugnyar (2021). Raven Social Cognition and Behavior. En A. B. Kaufman, J. Call, y J. C. Kaufman (eds.), *The Cambridge Handbook of Animal Cognition*

(pp. 322-342). Cambridge: Cambridge University Press; C. R. Blum, W. T. Fitch y T. Bugnyar (2020). Rapid Learning and Long-Term Memory for Dangerous Humans in Ravens (*Corvus corax*). *Frontiers in Psychology*, *11*, 581794, <https://doi.org/10.3389/fpsyg.2020.581794>.

20. J. H. Kaas, H.-X. Qi y I. Stepniewska (2018). The evolution of parietal cortex in primates. *Handbook of Clinical Neurology*, *151*, 31-52, <https://doi.org/10.1016/B978-0-444-63622-5.00002-4>.

21. A. C. Williams y L. J. Hill (2018). Nicotinamide's Ups and Downs: Consequences for Fertility, Development, Longevity and Diseases of Poverty and Affluence. *International Journal of Tryptophan Research*, *11*, 117864 6918802289, <https://doi.org/10.1177/1178646918802289>; A. C. Williams y L. J. Hill (2019). Nicotinamide and Demographic and Disease transitions: Moderation is Best. *International Journal of Tryptophan Research*, *12*, 1178646919855940, <https://doi.org/10.1177/1178646919855940>; A. C. Williams y L. J. Hill (2019). Nicotinamide as Independent Variable for Intelligence, Fertility, and Health: Origin of Human Creative Explosions. *International Journal of Tryptophan Research*, *12*, 1178646919855944, <https://doi.org/10.1177/1178646919855944>.

22. Y. Saito *et al.* (2023). Effect of Nicotinamide Mononucleotide Concentration in Human Milk on Neurodevelopmental Outcome: The Tohoku Medical Megabank Project Birth and Three-Generation Cohort Study. *Nutrients*, *16*, 145, <https://doi.org/10.3390/nu16010145>.

17. Reproducción e hibridación del *Homo*

1. C. Mogielnicki y K. Pearl (2020). Hominid sexual nature. *Theory in Biosciences*, *139*, 191-207, <https://doi.org/10.1007/s12064-020-00312-8>.

2. R. Haas *et al.* (2020). Female hunters of the early Americas. *Science Advances*, *6*, eabd0310, <https://doi.org/10.1126/sciadv.abd0310>.

3. M. Dyble *et al.* (2015). Human behavior. Sex equality can explain the unique social structure of hunter-gatherer bands. *Science*, *348*, 796-798, <https://doi.org/10.1126/science.aaa5139>.

4. Mogielnicki y Pearl, Hominid sexual nature, *op. cit.*

5. Nakahashi, Horiuchi y Ihara, Estimating hominid life history, *op. cit.*

6. C. B. Ruff y M. L. Burgess (2015). How much more would KNM-WT 15000 have grown? *Journal of Human Evolution*, *80*, 74-82, <https://doi.org/10.1016/j.jhevol.2014.09.005>.

7. S. L. Smith (2004). Skeletal age, dental age, and the maturation of KNM-WT 15000. *American Journal of Physical Anthropology*, *125*, 105-120, <https://doi.org/10.1002/ajpa.10376>.

8. P. Cerrito *et al.* (2022). Dental cementum virtual histology of Neanderthal teeth from Krapina (Croatia, 130-120 kyr): An informed estimate of age, sex, and adult stressors. *Journal of the Royal Society Interface*, *19*, 20210820, <https://doi.org/10.1098/rsif.2021.0820>.

9. R. R. Ackermann *et al.* (2019). Hybridization in human evolution: Insights from other organisms. *Evolutionary Anthropology*, *28*, 189-209, <https://doi.org/10.1002/evan.21787>; M. Caparros y S. Prat (2021). A Phylogenetic Networks perspective on reticulate human evolution. *iScience*, *24*, <https://doi.org/10.1016/j.isci.2021.102359>.

10. F. L. Mendez, G. D. Poznik, S. Castellano y C. D. Bustamante (2016). The Divergence of Neandertal and Modern Human Y Chromosomes. *American Journal of Human Genetics*, *98*, 728-734, <https://doi.org/10.1016/j.ajhg.2016.02.023>; A. Pfennig y J. Lachance (2024). The evolutionary fate of Neanderthal DNA in 30,780 admixed genomes with recent African-like ancestry. *bioRxiv*, 2024.07.25.605203, <https://doi.org/10.1101/2024.07.25.605203>.

11. L. Chen, A. B. Wolf, W. Fu, L. Li y J. M. Akey (2020). Identifying and Interpreting Apparent Neanderthal Ancestry in African Individuals. *Cell*, *180*, 677-687.e16, <https://doi.org/10.1016/j.cell.2020.01.012>; Y. Zhang y S. Huang (2019). The Out of East Asia model versus the African Eve model of modern human origins in light of ancient mtDNA findings. *bioRxiv*, 546234, <https://doi.org/10.1101/546234>.

12. Williams y Hill, Nicotinamide and Demographic and Disease transitions, *op. cit.*; Williams y Hill, Nicotinamide's Ups and Downs, *op. cit.*

13. Nakahashi, Horiuchi y Ihara, Estimating hominid life history, *op. cit.*

14. *Ibid.*

15. M. S. Tarsha y D. Narvaez (2023). The evolved nest, oxytocin functioning, and prosocial development. *Frontiers in Psychology*, *14*, 1113944, <https://doi.org/10.3389/fpsyg.2023.1113944>; S. Israel, L. Hasenfratz y A. Knafo-Noam (2015). The genetics of morality and prosociality. *Current Opinion in Psychology*, *6*, 55-59, <https://doi.org/10.1016/j.copsyc.2015.03.027>.

16. L. R. Berger *et al.* (2023). Evidence for deliberate burial of the dead by *Homo naledi*. *bioRxiv*, <https://doi.org/10.1101/2023.06.01.543127>.

17. A. Fuentes *et al.* (2023). Burials and engravings in a small-brained hominin, *Homo naledi*, from the late Pleistocene: Contexts and evolutionary implications. *bioRxiv*, <https://doi.org/10.1101/2023.06.01.543135>.

18. D. Reich (2018). *Who we are and how we got here: Ancient DNA and the new science of the human past*. Oxford University Press. [Hay trad. cast.: *Quiénes somos y cómo hemos llegamos hasta aquí. ADN antiguo y la nueva ciencia*

del pasado humano, trad. de Dulcinea Otero-Piñeiro, Barcelona, Antoni Bosch, 2019].

19. C. R. Moore *et al.* (2023). Paleoamerican exploitation of extinct megafauna revealed through immunological blood residue and microwear analysis, North and South Carolina, USA. *Scientific Reports*, *13*, 9464, <https://doi.org/10.1038/s41598-023-36617-z>.

18. Cazadores-recolectores: las revelaciones de Abu-Hureyra

1. T. D. Dillehay *et al.* (2012). A late Pleistocene human presence at Huaca Prieta, Peru, and early Pacific Coastal adaptations. *Quaternary Research*, 77, 418-423, <https://doi.org/10.1016/j.yqres.2012.02.003>..
2. C. Smith (ed.) (2014). *Encyclopedia of Global Archaeology*. Nueva York: Springer.
3. A. Smith, A. Oechsner, P. Rowley-Conwy y A. M. T. Moore (2022). Epipalaeolithic animal tending to Neolithic herding at Abu Hureyra, Syria (12,800-7,800 calBP): Deciphering dung spherulites. *PLOS ONE*, *17*, e0272947, <https://doi.org/10.1371/journal.pone.0272947>.
4. *Ibid.*
5. F. d'Errico *et al.* (2018). The origin and evolution of sewing technologies in Eurasia and North America. *Journal of Human Evolution*, *125*, 71-86, <https://doi.org/10.1016/j.jhevol.2018.10.004>.
6. I. Gilligan (2023). The textile hypothesis: A paradigm shift for farming origins. *Archaeologies*, *19*, 555-596, <https://doi.org/10.1007/s11759-023-09488-z>.
7. K. Dudgeon (2023). New perspectives on plant-use at Neolithic Abu Hureyra, Syria: An integrated phytolith and spherulite study. *Vegetation History and Archaeobotany*, <https://doi.org/10.1007/s00334-023-00945-x>.
8. D. J. Kennett *et al.* (2023). Trans-Holocene Bayesian chronology for tree and field crop use from El Gigante rockshelter, Honduras. *PLOS ONE*, *18*, e0287195, <https://doi.org/10.1371/journal.pone.0287195>.
9. Á. Lizama-Catalán y R. Labarca (2023). Who eats what: Unravelling a complex taphonomic scenario in the lacustrine deposits of the late Pleistocene archaeological site, Taguatagua 1, central Chile. *Quaternary Science Reviews*, *300*, 107831, <https://doi.org/10.1016/j.quascirev.2022.107831>.
10. Dillehay *et al.*, A late Pleistocene human presence at Huaca Prieta, *op. cit.*
11. M. Konner y S. B. Eaton (2023). Hunter-gatherer diets and activity as a model for health promotion: Challenges, responses, and confirmations. *Evolutionary Anthropology*, *32*, 206-222, <https://doi.org/10.1002/evan.21987>.

12. D. Singh y A. Singh (2023). The Paleolithic diet. *Cureus*, *15*, e34214, <https://doi.org/10.7759/cureus.34214>.

13. W. S. Harris, N. L. Tintle y V. S. Ramachandran (2018). Erythrocyte n-6 fatty acids and risk for cardiovascular outcomes and total mortality in the Framingham Heart Study. *Nutrients*, *10*, 2012, <https://doi.org/10.3390/nu10122012>; M. Cao *et al.* (2024). Are the ratio and amount of n-6 and n-3 fatty acids associated with cardiovascular outcomes? A GRADE-assessed systematic review and dose-response meta-analysis of randomized controlled trials. *Food Bioscience*, *59*, 104066, <https://doi.org/10.1016/j.fbio.2024.104066>.

19. Un planeta peligroso

1. D. Reich (2018). *Who we are and how we got here: Ancient DNA and the new science of the human past*. Oxford: Oxford University Press. [Hay trad. cast.: *Quiénes somos y cómo hemos llegamos hasta aquí. ADN antiguo y la nueva ciencia del pasado humano*, trad. de Dulcinea Otero-Piñeiro, Barcelona, Antoni Bosch, 2019].

2. I. Lazaridis *et al.* (2024). The genetic origin of the Indo-Europeans. *bioRxiv*, <https://doi.org/10.1101/2024.04.17.589597>.

3. A. Quiquet, D. M. Roche, C. Dumas, N. Bouttes y F. Lhardy (2021). Climate and ice sheet evolutions from the last glacial maximum to the pre-industrial period with an ice-sheet-climate coupled model. *Climate of the Past*, *17*(6), 2179-2199, <https://doi.org/10.5194/cp-17-2179-2021>.

4. S. J. Fiedel (2022). Initial human colonization of the Americas, redux. *Radiocarbon*, *64*, 845-897, <https://doi.org/10.1017/rdc.2021.103>; C. R. Moore, M. J. Brooks, L. R. Kimball, M. E. Newman y B. P. Kooyman (2016). Early hunter-gatherer tool use and animal exploitation: Protein and microwear evidence from the central Savannah River valley. *American Antiquity*, *81*, 132-147.

5. Q. Fu *et al.* (2016). The genetic history of Ice Age Europe. *Nature*, *534*, 200-205, <https://doi.org/10.1038/nature17993>; Reich, *Who we are and how we got here, op. cit.*; I. Lazaridis *et al.* (2016). Genomic insights into the origin of farming in the ancient Near East. *Nature*, *536*, 419-424, <https://doi.org/10.1038/nature19310>.

6. M. K. Le *et al.* (2022). 1,000 ancient genomes uncover 10,000 years of natural selection in Europe. *bioRxiv*, <https://doi.org/10.1101/2022.08.24.505188>; Lazaridis *et al.*, The genetic origin of the Indo-Europeans, *op. cit.*

7. J. Mangerud (2021). The discovery of the Younger Dryas, and com-

ments on the current meaning and usage of the term. *Boreas, 50,* 1-5, <https://doi.org/10.1111/bor.12481>; T. L. Daulton *et al.* (2017). Comprehensive analysis of nanodiamond evidence relating to the Younger Dryas Impact Hypothesis. *Journal of Quaternary Science, 32,* 7-34, <https://doi.org/10.1002/jqs.2892>.

8. W. S. Wolbach *et al.* (2018). Extraordinary biomass-burning episode and impact winter triggered by the Younger Dryas cosmic impact ~12,800 years ago. 1. Ice cores and glaciers. *The Journal of Geology, 126,* 165-184, <https://doi.org/10.1086/695703>.

9. I. Rassokha (2020). The Younger Dryas catastrophe as the biggest catastrophe in human history: Evidence of the most sustainable human lexemes. Disponible en SSRN 4254153, <https://dx.doi.org/10.2139/ssrn.4254153>.

10. F. Sirocko *et al.* (2022). Thresholds for the presence of glacial megafauna in central Europe during the last 60,000 years. *Scientific Reports, 12,* 20055, <https://doi.org/10.1038/s41598-022-22464-x>.

11. N. Sun, A. D. Brandon, S. L. Forman, M. R. Waters y K. S. Befus (2020). Volcanic origin for Younger Dryas geochemical anomalies ca. 12,900 cal B.P. *Science Advances, 6,* eaax8587, <https://doi.org/10.1126/sciadv.aax8587>; F. Reinig *et al.* (2021). Precise date for the Laacher See eruption synchronizes the Younger Dryas. *Nature, 595,* 66-69, <https://doi.org/10.1038/s41586-021-03608-x>.

12. T. J. Murchie *et al.* (2021). Collapse of the mammoth-steppe in central Yukon as revealed by ancient environmental DNA. *Nature Communications, 12,* 7120, <https://doi.org/10.1038/s41467-021-27439-6>.

13. O. Freitas, L. M. Wahl y P. R. A. Campos (2021). Robustness and predictability of evolution in bottlenecked populations. *Physical Review E, 103,* 042415, <https://doi.org/10.1103/PhysRevE.103.042415>; W. Amos y J. I. Hoffman (2010). Evidence that two main bottleneck events shaped modern human genetic diversity. *Proceedings of the Royal Society B: Biological Sciences, 277,* 131-137, <https://doi.org/10.1098/rspb.2009.1473>; J. Hawks, K. Hunley, S.-H. Lee y M. Wolpoff (2000). Population bottlenecks and Pleistocene human evolution. *Molecular Biology and Evolution, 17,* 2-22, <https://doi.org/10.1093/oxfordjournals.molbev.a026233>; U. Ramakrishnan, E. A. Hadly y J. L. Mountain (2005). Detecting past population bottlenecks using temporal genetic data. *Molecular Ecology, 14,* 2915-2922, <https://doi.org/10.1111/j.1365-294X.2005.02586.x>; W. Hu *et al.* (2023). Genomic inference of a severe human bottleneck during the Early to Middle Pleistocene transition. *Science, 381,* 979-984, <https://doi.org/10.1126/science.abq7487>.

14. W. S. Wolbach *et al.* (2018). Extraordinary biomass-burning episode and impact winter triggered by the Younger Dryas cosmic impact ~12,800

years ago. 1. Ice cores and glaciers. *The Journal of Geology*, *126*, 165-184, <https://doi.org/10.1086/695703>.

15. W. C. Mahaney y P. Somelar (2024). The Encke Comet Impact/Airburst and the Younger Dryas Boundary: Testing the Impossible Hypothesis (YDIH). *Geologos*, *30*, 17-31, <https://doi.org/10.14746/logos.2024.30.1.02>.

20. Fuego del cielo

1. T. Encrenaz (1997). La collision de la comète Shoemaker-Levy 9 avec Jupiter. *Comptes Rendus de l'Académie des Sciences-Series IIB-Mechanics-Physics-Chemistry-Astronomy*, *324*, 591-601

2. H. B. Hammel et al. (1995). HST imaging of atmospheric phenomena created by the impact of comet Shoemaker-Levy 9. *Science*, *267*, 1288-1296, <https://doi.org/10.1126/science.7871425>.

3. P. J. Leonard (1995). Comet Shoemaker-Levy 9. Impact consensus emerges. *Nature*, *375*, 358, <https://doi.org/10.1038/375358a0>.

4. K. Arimatsu, K. Tsumura, F. Usui y J.-i. Watanabe (2023). Modelling the optical energy profile of the 2021 October Jupiter impact flash. *Monthly Notices of the Royal Astronomical Society*, *522*, 976-981, <https://doi.org/10.1093/mnras/stad1042>.

5. L. W. Alvarez, W. Alvarez, F. Asaro y H. V. Michel (1980). Extraterrestrial cause for the Cretaceous-Tertiary extinction. *Science*, *208*, 1095-1108, <https://doi.org/10.1126/science.208.4448.1095>.

6. S. Goderis et al. (2021). Globally distributed iridium layer preserved within the Chicxulub impact structure. *Sci Adv*, *7*, eabe3647, <https://doi.org/10.1126/sciadv.abe3647>.

7. P. Schulte et al. (2010). The Chicxulub asteroid impact and mass extinction at the Cretaceous-Paleogene boundary. *Science*, *327*, 1214-1218, <https://doi.org/10.1126/science.1177265>.

8. C. Senel et al. (2022). Another one bites the dust: Photosynthetic collapse after the Chicxulub impact. *Research Square*, <https://doi.org/10.21203/rs.3.rs-1859469/v1>.

9. P. M. Sheehan, P. J. Coorough y D. E. Fastovsky (1996). Biotic selectivity during the K/T and Late Ordovician extinction events. *Special Paper of the Geological Society of America*, *307*, 477, <https://doi.org/10.1130/0-8137-2307-8.477>.

10. *Ibid.*

11. M. Fu, D. S. Abbot, C. Koeberl y A. Fedorov (2024). Impact-induced initiation of Snowball Earth: A model study. *Science Advances*, *10*, eadk5489, <https://doi.org/10.1126/sciadv.adk5489>.

12. *Ibid.*

13. A. M. T. Elewa y A. A. Abdelhady (2020). Past, present, and future mass extinctions. *Journal of African Earth Sciences*, *162*, 103678, <https://doi.org/10.1016/j.jafrearsci.2019.103678>.

14. Y. Wei *et al.* (2014). Oxygen escape from the Earth during geomagnetic reversals: Implications to mass extinction. *Earth and Planetary Science Letters*, *394*, 94-98, <https://doi.org/10.1016/j.epsl.2014.03.018>.

15. J. Uri (2023). 115 Years Ago: The Tunguska Asteroid Impact Event. NASA, <https://www.nasa.gov/history/115-years-ago-the-tunguska-asteroid-impact-event/>.

16. Wolbach *et al.*, Extraordinary biomass-burning episode and impact winter triggered by the Younger Dryas cosmic impact, *op. cit.*

17. J. Borovička *et al.* (2013). The trajectory, structure and origin of the Chelyabinsk asteroidal impactor. *Nature*, *503*, 235-237, <https://doi.org/10.1038/nature12671>.

18. *Ibid.*

19. O. P. Popova *et al.* (2013). Chelyabinsk airburst, damage assessment, meteorite recovery, and characterization. *Science*, *342*, 1069-1073, <https://doi.org/10.1126/science.1242642>.

20. E. Peña-Asensio, P. Grèbol-Tomàs, J. M. Trigo-Rodríguez, P. Ramírez-Moreta y R. Kresken (2024). The 18 May 2024 superbolide over the Iberian Peninsula: USG space sensors and ground-based independent observations. *Monthly Notices of the Royal Astronomical Society: Letters*, *533*, L92-L96, <https://doi.org/10.1093/mnrasl/slae065>.

21. El impacto de Abu-hureyra

1. R. B. Firestone, A. West y J. P. Kennett (2007). Evidence for an extraterrestrial impact 12,900 years ago that contributed to the megafaunal extinctions and the Younger Dryas cooling. *Proceedings of the National Academy of Sciences*, *104*, 16016-16021, <https://doi.org/10.1073/pnas.0706977104>.

2. D. J. Meltzer, (2021). Clovis Adaptations and Pleistocene Megafaunal Extinctions. En *First Peoples in a New World* (pp. 226-267). Berkeley: University of California Press.

3. A. West *et al.* (2020). Evidence from Pilauco, Chile suggests a catastrophic cosmic impact occurred near the site ~12,800 years ago. En M. Pino y G. A. Astorga (eds.), *Pilauco: A Late Pleistocene Archaeo-paleontological Site* (pp. 249-270). Cham: Springer International Publishing.

4. *Ibid.*

5. J. P. Kennett *et al.* (2015). Bayesian chronological analyses consistent

with synchronous age of 12,835-12,735 Cal B.P. for Younger Dryas boundary on four continents. *Proceedings of the National Academy of Sciences*, *112*, E4344-E4353, <https://doi.org/10.1073/pnas.1507146112>.

6. Wolbach *et al.*, Extraordinary Biomass-Burning Episode and Impact Winter Triggered by the Younger Dryas Cosmic Impact, *op. cit.*

7. A. M. T. Moore *et al.* (2020). Evidence of cosmic impact at Abu Hureyra, Syria at the Younger Dryas onset (~12.8 ka): High-temperature melting at >2200°C. *Scientific Reports*, *10*, 4185, <https://doi.org/10.1038/s41598-020-60867-w>.

8. T. A. Surovell *et al.* (2009). An independent evaluation of the Younger Dryas extraterrestrial impact hypothesis. *Proceedings of the National Academy of Sciences*, *106*, 18155-18158, <https://doi.org/10.1073/pnas.0907857106>.

9. Firestone, West y Kennett, Evidence for an extraterrestrial impact 12,900 years ago that contributed to the megafaunal extinctions, *op. cit.*

10. J. H. Wittke *et al.* (2013). Evidence for deposition of 10 million tonnes of impact spherules across four continents 12,800 y ago. *Proceedings of the National Academy of Sciences*, *110*, E2088-E2097, <https://doi.org/10.1073/pnas.1301760110>; W. S. Wolbach *et al.* (2020). Extraordinary biomass-burning episode and impact winter triggered by the Younger Dryas cosmic impact ~12,800 years ago: A reply. *The Journal of Geology*, *128*, 95-107, <https://doi.org/10.1086/706265>.

11. W. C. Mahaney y P. Somelar (2023). The Encke Comet Impact/Airburst and the Younger Dryas Boundary: Testing the Impossible Hypothesis (YDIH). *Research Square*, <https://doi.org/10.21203/rs.3.rs-2880031/v1>.

12. W. C. Mahaney y P. Somelar (2023). The Encke Comet Impact/Airburst and the Younger Dryas Boundary: Testing the Impossible Hypothesis (YDIH). *Research Square*, <https://doi.org/10.21203/rs.3.rs-2880031/v1>.

13. W. Nakahashi, S. Horiuchi y Y. Ihara (2018). Estimating hominid life history: The critical interbirth interval. *Population Ecology*, *60*, 127-142, <https://doi.org/10.1007/s10144-018-0610-0>; B. Bogin (2020). *Patterns of human growth*. Cambridge: Cambridge University Press.

14. W. M. Napier (2019). The hazard from fragmenting comets. *Monthly Notices of the Royal Astronomical Society*, *8*, <https://doi.org/10.1093/mnras/stz1769>.

15. W. C. Mahaney y P. Somelar (2024). The Encke comet impact/airburst and the Younger Dryas Boundary: Testing the impossible hypothesis (YDIH). *Geologos*, *30*, 17-31, <https://doi.org/10.14746/logos.2024.30.1.02>.

16. M. B. Sweatman (2024). Representations of calendars and time at Göbekli Tepe and Karahan Tepe support an astronomical interpretation of

their symbolism. *Time and Mind*, 1-57, <https://doi.org/10.1080/1751696X.2024.2373876>.

17. E. B. Banning (2023). Paradise found or common sense lost? Göbekli Tepe's last decade as a pre-farming cult centre. *Open Archaeology*, *9*, 2, <https://doi.org/10.1515/opar-2022-0317>.

18. H. Pellet, B. Arfib, P. Henry, S. Touron y G. Gassier (2024). Mesoscale permeability variations estimated from natural airflows in the decorated Cosquer Cave (southeastern France). *Hydrology and Earth System Sciences*, *28*, 4035-4057, <https://doi.org/10.5194/hess-28-4035-2024>; H. Valladas *et al.* (2017). Radiocarbon dating of the decorated Cosquer Cave (France). *Radiocarbon*, *59*, 621-633, <https://doi.org/10.1017/rdc.2016.87>; F. d'Errico (1994). Birds of the Grotte Cosquer: The Great Auk and Palaeolithic prehistory. *Antiquity*, *68*, 39-47, <https://doi.org/10.1017/s0003598x00046172>.

22. El trauma individual y colectivo

1. A. M. T. Moore *et al.* (2023). Abu Hureyra, Syria, Part 3: Comet airbursts triggered major climate change 12,800 years ago that initiated the transition to agriculture. *Airbursts and Cratering Impacts*, *1*, <https://doi.org/10.14293/aci.2023.0004>.

2. T. Molleson y K. Jones (1991). Dental evidence for dietary change at Abu Hureyra. *Journal of Archaeological Science*, *18*, 525-539, <https://doi.org/10.1016/0305-4403(91)90052-Q>; T. Molleson (1994). The eloquent bones of Abu Hureyra. *Scientific American*, *271*, 70-75, <https://doi.org/10.1038/scientificamerican0894-70>.

3. F. Masood (2020). The effect of agriculture on health in Neolithic populations in the Levant. *Pathways*, *1*, 11, <https://doi.org/10.29173/pathways11>.

4. Molleson, The eloquent bones of Abu Hureyra, *op. cit.*

5. K. N. Harper y G. J. Armelagos (2013). Genomics, the origins of agriculture, and our changing microbe-scape: Time to revisit some old tales and tell some new ones. *American Journal of Physical Anthropology*, *152*, 135-152, <https://doi.org/10.1002/ajpa.22396>.

6. *Ibid.*

7. N. van Vliet *et al.* (2022). Understanding factors that shape exposure to zoonotic and food-borne diseases across wild meat trade chains. *Human Ecology Interdisciplinary Journal*, *50*, 983-995, <https://doi.org/10.1007/s10745-022-00361-1>.

23. La expulsión del edén: la revolución agrícola

1. A. G. Nikitin et al. (2019). Interactions between earliest Linearbandkeramik farmers and central European hunter-gatherers at the dawn of European Neolithization. *Scientific Reports*, 9, 19544, <https://doi.org/10.1038/s41598-019-56029-2>.
2. Lazaridis et al., The Genetic Origin of the Indo-Europeans, *op. cit.*; M. E. Allentoft et al. (2024). Population genomics of post-glacial western Eurasia. *Nature*, 625, 301-311, <https://doi.org/10.1038/s41586-023-06865-0>.
3. C. Townsend, J. V. Ferraro, H. Habecker y M. V. Flinn (2023). Human cooperation and evolutionary transitions in individuality. *Philosophical Transactions of the Royal Society B: Biological Sciences*, 378, 20210414, <https://doi.org/10.1098/rstb.2021.0414>.
4. J. Hawks (2011). Selection for smaller brains in Holocene human evolution. *arXiv preprint arXiv:1102.5604v1*, <https://doi.org/10.48550/arXiv.1102.5604>.
5. S. Marciniak et al. (2022). An integrative skeletal and paleogenomic analysis of stature variation suggests relatively reduced health for early European farmers. *Proceedings of the National Academy of Sciences*, 119, e2106743119, <https://doi.org/10.1073/pnas.2106743119>.
6. J. Hawks (2011). Selection for smaller brains in Holocene human evolution. *arXiv preprint arXiv:1102.5604v1*, <https://doi.org/10.48550/arXiv.1102.5604>.
7. J. DeSilva et al. (2023). Human brains have shrunk: the questions are when and why. *Frontiers in Ecology and Evolution*, 11, <https://doi.org/10.3389/fevo.2023.1191274>.
8. J. M. DeSilva, J. F. A. Traniello, A. G. Claxton y L. D. Fannin (2021). When and why did human brains decrease in size? A new change-point analysis and insights from brain evolution in ants. *Frontiers in Ecology and Evolution*, 9, <https://doi.org/10.3389/fevo.2021.742639>.
9. B. J. Crespi (2016). Oxytocin, testosterone, and human social cognition. *Biological Reviews of the Cambridge Philosophical Society*, 91, 390-408, <https://doi.org/10.1111/brv.12175>; H. Fukui y K. Toyoshima (2023). Testosterone, oxytocin and co-operation: A hypothesis for the origin and function of music. *Frontiers in Psychology*, 14, 1055827, <https://doi.org/10.3389/fpsyg.2023.1055827>.
10. Fukui y Toyoshima, Testosterone, oxytocin and co-operation, *op. cit.*
11. M. S. Tarsha y D. Narvaez (2023). The evolved nest, oxytocin functioning, and prosocial development. *Frontiers in Psychology*, 14, 1113944, <https://doi.org/10.3389/fpsyg.2023.1113944>.

24. La violencia

1. J. E. Lischinsky y D. Lin (2020). Neural mechanisms of aggression across species. *Nature Neuroscience*, 23, 1317-1328, <https://doi.org/10.1038/s41593-020-00715-2>.

2. B. Villmoare y M. Grabowski (2022). Did the transition to complex societies in the Holocene drive a reduction in brain size? A reassessment of the DeSilva et al. (2021) hypothesis. *Frontiers in Ecology and Evolution*, 10, <https://doi.org/10.3389/fevo.2022.963568>.

3. M. Pally (2020). Philosophical questions and biological findings, Part I: Human cooperativity, competition, and aggression; Part II: Play, Art, Ritual, and Ritual Sacrifice. *Zygon®*, 55, 1058-1089, <https://doi.org/10.1111/zygo.12645>.

4. L. Glowacki (2023). Myths about the evolution of war: Apes, foragers, and the stories we tell. *EcoEvoRxiv*. <https://ecoevorxiv.org/repository/object/5201/download/10259/>.

5. P. Spikins et al. (2019). Living to fight another day: The ecological and evolutionary significance of Neanderthal healthcare. *Quaternary Science Reviews*, 217, 98-118, <https://doi.org/10.1016/j.quascirev.2018.08.011>.

6. N. C. Kim y M. Kissel (2018). *Emergent warfare in our evolution past*. Nueva York: Routledge.

7. L. B. Vishnyatsky e Institute of the History of Material Culture (2021). The Origins of Homo Bellicosus (Armed Violence and Warfare in the Stone Age). *Vestnik of Saint Petersburg University. History*, 66, 845-866, <https://doi.org/10.21638/11701/spbu02.2021.310>.

8. S. J. Schoenthaler y W. E. Doraz (1983). Types of offenses which can be reduced in an institutional setting using nutritional intervention: A preliminary empirical evaluation. *International Journal of Biosocial Research*, 4, 74-84.

9. S. J. Schoenthaler (1991). Abstracts of early papers on the effects of vitamin and mineral supplementation on IQ and behavior. *Personality and Individual Differences*, 12, 335-341.

10. S. J. Schoenthaler y I. D. Bier (2000). The effect of vitamin-mineral supplementation on juvenile delinquency among American schoolchildren: A randomized, double-blind placebo-controlled trial. *Journal of Alternative and Complementary Medicine*, 6, 7-17, <https://doi.org/10.1089/acm.2000.6.7>.

11. C. Woods-Brown, K. Hunt y H. Sweeting (2023). Food and the prison environment: A meta-ethnography of global first-hand experiences of food, meals, and eating in custody. *Health Justice*, 11, 23, <https://doi.org/10.1186/s40352-023-00222-z>.

12. S. L. Prescott *et al.* (2024). Nutritional criminology: Why the emerging research on ultra-processed food matters to health and justice. *International Journal of Environmental Research and Public Health*, *21*, 120, <https://doi.org/10.3390/ijerph21020120>.

13. A. C. Logan y S. J. Schoenthaler (2023). Nutrition, behavior, and the criminal justice system: What took so long? An interview with Dr. Stephen J. Schoenthaler. *Challenges*, *14*, 37, <https://doi.org/10.3390/challe14030037>.

14. Prescott *et al.*, Nutritional criminology, *op. cit.*

15. M. Robinson (2022). Eating ourselves to death: How food is a drug and what food abuse costs. *Drug Science, Policy and Law*, *8*, 205032452211125, <https://doi.org/10.1177/20503245221112577>.

16. Prescott *et al.*, Nutritional criminology, *op. cit.*

17. M. L. Wolraich *et al.* (1994). Effects of diets high in sucrose or aspartame on the behavior and cognitive performance of children. *New England Journal of Medicine*, *330*, 301-307, <https://doi.org/10.1056/NEJM199402033300501>.

18. B. J. A. Brant *et al.* (2023). Dietary monosodium glutamate increases visceral hypersensitivity in a mouse model of visceral pain. *Neurogastroenterology and Motility*, *35*, e14596, <https://doi.org/10.1111/nmo.14596>.

19. Prescott *et al.*, Nutritional criminology, *op. cit.*

20. M. Tcherni-Buzzeo (2023). Dietary interventions, the gut microbiome, and aggressive behavior: Review of research evidence and potential next steps. *Aggressive Behavior*, *49*, 15-32, <https://doi.org/10.1002/ab.22050>.

21. W. E. Gato, C. Posick, A. Williams y C. Mays (2018). Examining the link between the human microbiome and antisocial behavior: Why criminologists should care about biochemistry, too. *Deviant Behavior*, *39*, 1191-1201, <https://doi.org/10.1080/01639625.2017.1410373>.

25. Los machos

1. D. Narvaez (2020). *The evolved nest: Nature's way of raising children.* Nueva York: Norton & Company.

26. La mujer y los niños

1. J. Fernández-López de Pablo *et al.* (2019). Palaeodemographic modelling supports a population bottleneck during the Pleistocene-Holocene transition in Iberia. *Nature Communications*, *10*, 1872, <https://doi.org/

10.1038/s41467-019-09833-3>; K. L. Kramer, R. Schacht y A. Bell (2017). Adult sex ratios and partner scarcity among hunter-gatherers: Implications for dispersal patterns and the evolution of human sociality. *Philosophical Transactions of the Royal Society B: Biological Sciences, 372*, 2016036, <https://doi.org/10.1098/rstb.2016.0316>.

2. A. A. Volk y J. A. Atkinson (2013). Infant and child death in the human environment of evolutionary adaptation. *Evolution and Human Behavior, 34*, 182-192, <https://doi.org/10.1016/j.evolhumbehav.2012.11.007>.

3. S. Corbett, A. Courtiol, V. Lummaa, J. Moorad y S. Stearns (2018). The transition to modernity and chronic disease: mismatch and natural selection. *Nature Reviews Genetics, 19*, 419-430.